謎解き
Investigating the Supernatural Ⅳ
超常現象Ⅳ

——ASIOS（超常現象の懐疑的調査のための会）——

彩図社

【はじめに】

オカルトの醍醐味

ASIOS代表　本城達也

最近、テレビのオカルト番組が減ってきたという話を聞きます。確かに一時期に比べれば、現在はレギュラー番組と呼べるような番組は少ない時期かもしれません。

しかし不定期に放送される番組や、編成期に定期的に放送される番組の数はそれほど変わっていないというのが、普段からこういった番組をチェックしている私の実感です。本なども同様で、いつの時代も一定の人気と、人々を惹き付ける魅力がオカルトというテーマにはあるようです。

そこには様々な人達が集まってきます。神秘的なものに惹かれる人、真相を知りたい人、軽いネタとして楽しみたい人、科学を否定したい人、非合理を批判したい人、などなど。こういった中には、面白くないからという理由で懐疑的な真相を否定したがる人もいれば、しっかり調べようという姿勢はあるけれど、現実的な仮説は軽く否定してしまい、超常的な結論に飛躍してしまう人もいます。

また一方で、こういった人達を批判する人達の中にも、いろいろいるものです。自分の無知からアポロ11号の月着陸を否定する大学教授。番組映像を見てテレビ局のヤラセだと頭ごなしに決めつける人。正体は照明弾の可能性が高いＵＦＯ画像を、ＬＥＤ電球を付けた電飾凧と完全に一致していると主張し、単なる光点のピンぼけ映像にまで、その電飾凧の形を見てしまう人もいました。

私がここ数年で気になっているのは、否定的・懐疑的な人達の中にも、主張と行動の間にギャップを感じる人が多いことです。否定が目的ではない、好きだから調べるという人はよく見かけます。けれどもオカルトを扱ったテレビ番組や本を見て、いつも文句や批判ばかりになっていないでしょうか？　本当に真相が知りたいと思っているならば、そういったものの中にある、すぐには真相がわからないわずかな事例でも調べる姿勢を示してほしいものです。ぜひ一度、日頃の主張が、ただのポーズになっていないか、心当たりのある方はよく考えてほしいと思っています。

さて、前置きが長くなってしまいました。本書の紹介に移りましょう。本書は、一般にオカルトや超常現象といわれるような事例をピックアップし、その真相を追った本です。構成はわかりやすくするため、最初は巷に流布する話を【伝説】と題してまとめ、その伝説について各担当者が調べた結果を【真相】と題して紹介しています。

各項目は、結論ありきで選んでいるわけではありません。そのため、調べてみたけれど、今回はこれが真相だといえるものにはたどりつけなかったという項目も少数ながらあります。

すっきり結論が出るものばかりではないのも、こうした調査をしているとよくあることです。それがまた面白くもあり、自分でも調べてみようと思う動機になる場合もあります。これも謎解きと同じく、オカルトの醍醐味と言えるかもしれません。読者の皆さんにも、こうした醍醐味を、本書をお読みいただくことで少しでも味わっていただけたら幸いです。

謎解き超常現象Ⅳ　目次

第2章　奇想天外「怪奇・ミステリー事件」の真相　55

第3章　異星人の襲来!?「UFO事件」の真相　119

第4章　未知なる怪生物「UMA事件」の真相　199

第5章　失われた過去の遺産「超古代文明」の真相　237

第一章　人智を超えた奇跡の力「超能力事件」の真相……

1 超能力者ユリ・ゲラーの真実
【科学者と裁判所が本物と認めた?】

伝説

世界で最も有名な超能力者といえば、ユリ・ゲラー[※①]をもって他にいない。ユリ・ゲラーは3歳の頃、近所の家の庭で宙に浮くアルミニウムのような球体に遭遇し、そこから発射された光線を浴びたことによって超能力者となったとされる。

彼は1969年から、イスラエルで超能力ショーを行っていたが、超心理学者のアンドリヤ・プハーリックに見いだされて72年に渡米。さらにゲラーの超能力を見て感動した元宇宙飛行士のエドガー・ミッチェル[※②]によってスタンフォード研究所に紹介された。スタンフォード研究所では、ゲラーは鉄の箱の中に入れたサイコロの目を箱に触りもせずズバリ透視して見せたり、外部と絶対通信ができないよう隔離されたシールドルームの中で、テレパシー能力を駆使して、送信者が書いた図形を受け取って当ててみせたりした。

ゲラーがスタンフォード研究所で受けた一連の科学実験は、74年10月に、科学界で最も権

※①ユリ・ゲラー
1946年生まれ。イスラエルのテルアビブ出身の自称超能力者。軍隊を除隊後、奇術をベースにした超能力ショーを行っていたところを超心理学者のアンドリヤ・プハーリックに見出されて渡米。スターダムにのし上がった。

※②エドガー・ミッチェル
1930年生まれ。アポロ14号の搭乗員として、月の表面を歩いた。もともとオカルトや超常現象に興味が

威ある雑誌『ネイチャー』※③に学術論文として掲載された。だから、ゲラーの超能力は、科学界でもすでに公認されたものといってよい。

ゲラーは1973年に初来日し、テレビの前でスプーン曲げの妙技を見せたほか、日本中の家庭に念力を送って、茶の間に用意させた止まっている時計を動かしてみせ、日本中に一大超能力ブームを巻き起こした。

米国の奇術師※④ジェームズ・ランディなど、ゲラーを単なる「マジシャン」だと批判する一部の懐疑主義者などがいまだ残っていることは確かだ。だが、日本の雑誌でランディから投げかけられた侮辱的な言論に対して、ゲラーは日本で名誉毀損の訴訟を起こし、1993年に勝訴もしている。

ゲラーの超能力は科学界でも法曹界でも、すでに確立したものだといえるだろう。

スイスのモールでスプーン曲げを披露するユリ・ゲラー（©Aquarius2000）

真相

●『ネイチャー』に掲載された論文の内容

ゲラーの超能力実験が、著名な科学雑誌『ネイ

あり、アポロ14号搭乗中も個人的な超能力実験を行っていた。詳しくは『謎解き超常現象』を参照。

E・ミッチェル

※③『ネイチャー』
1869年にイギリスで発刊された総合学術誌。記事の多くを学術論文が占める。

※④ジェームズ・ランディ
1928年生まれ。カナダのトロント出身のマジシャン、懐疑論者。CSICOPの創設メンバー。数々の自称超能力者と対決し、イカサマを暴露してきた。

チャー』に掲載されたということは事実だ。だがそれは、多くの科学者に彼の超能力を確信させるには、ほど遠い質の悪い論文だった。

たとえば、ゲラーは鉄の箱に触らず、中に入っているサイコロの目を当てたということになっていたが、後の調査によれば実際には、**箱に何度か触れていた**とされる。

また、テレパシー実験の際に、ゲラーは外部と接触できないシールドルームに入っていたことになっているが、あとでこの実験室を調べた心理学者などによると、部屋は全然シールド状態になっておらず[※⑤]、**壁には3、4インチ（約8～10センチ）の穴が空いていて、そこから隣の部屋の中が覗ける**ようになっていた。さらには、部屋には透けて見えるハーフミラーの窓まで付いていたという。

奇術師のジェームズ・ランディは、テレパシー実験の際に、**ゲラーの助手が研究所内を自由に見て回れる状態にあった**ことを問題視している。助手が覗き見たターゲットの情報をゲラーに伝えていた恐れがあるというのだ。

さらにいえば、ゲラー自身にも監視が付けられておらず、ゲラー本人が研究室内を歩きまわって、他の部屋を覗けたはずだとさえ指摘されている。

『ネイチャー』誌には、この論文を事前に読んだ外部の3人の査読者の批評も同時に掲載されていた。査読者からは「（論文の著者らは）油断も隙もないこの複雑怪奇な領域について、超心理学者が過去に学んできた教訓を何も考慮してない」とか、「心理学雑誌だったら、受諾されない論文」など、**さんざんな評価を受けていた。**

※⑤全然シールド状態になっておらず～
部屋には遮断性を高めるために、部屋の中から外に連絡をとるためのインターフォンが設置されていた。当初は「内から外」の一方的な会話しかできないとされていたが、実際はボタンを押せば外からの会話も可能だった。

あとで問題視されることが確実な、ここまでボロクソに言われているような質の低い超能力論文を、『ネイチャー』がなぜ掲載したのかが不思議なくらいだ。

ちなみに『ネイチャー』の論文には、ゲラー十八番のはずの「スプーン曲げ」は扱われていない。これは、コントロールされた状況下で、ゲラーが**スプーン曲げの超能力を発揮することに失敗**したためだ。さらに封をした封筒の中身を読むという透視実験も、研究所のコントロール下で失敗に終わっている。

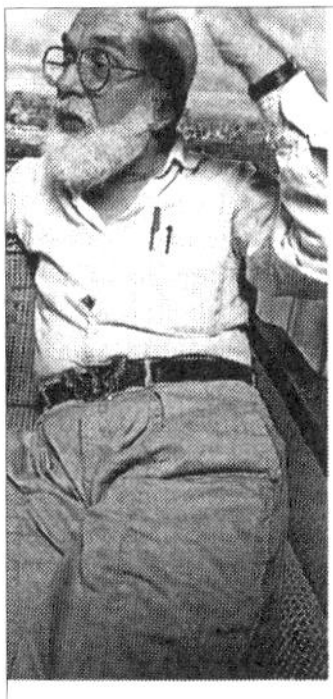

たんだ。そんなことがあっても何の罪悪感も持たないゲラーは、完全な人格異常、社会的病質者だと思うね。

ここでちょっとゲラーがよくやったデモンストレーションを、私がやって見せよう。時計に手を触れずに針を進めるパフォーマンスだ（P156参照）。これは実に簡単なマジックといえる。しかし、カリフォルニアのスタンフォード研究所の科学者たちはこのトリックに引っ掛かり、アメリカ政府に220万ドルもの予算を出させて、ありもしない超常現象の調査を始めたんだ。ほんとうに罪作りな男さ。

——超能力トリックの見分け方というのは、何かありますか。

ランディ　よく聞いてくれたね。少し抽象的な

問題になった『DAYS　JAPAN』（1989年8月号）のインタビュー記事

●名誉毀損裁判の真相

1993年に日本で判決が出たゲラーとランディの名誉毀損の訴訟も、単純にゲラーの勝訴とは言いがたい判決だった。

月刊誌『DAYS　JAPAN』※⑥（1989年8月号）に掲載された、ランディのゲラーに関するコメントが名誉毀損として争われた裁判だった。具体的には、ゲラーが行った超能力マジックをランディがみな暴露してしまったため、ゲラーの超能力を心底信じていたウィルバー・フランクリンというジャーナリス

※⑥『DAYS　JAPAN』
1988年から1990年にかけて講談社が発行していた総合雑誌。一度廃刊するが、同誌に関わっていた編集スタッフたちの手で復活。デイズ・ジャパン社から復刊された。

トが恥じいって「拳銃自殺してしまった」ということと、ランディがゲラーのことを「完全な人格異常、社会的病質者」と同誌上で述べた、ということが問題視された。この発言でゲラーの社会的信用が失墜し、同時期に日本で行われた超能力ショーの入りが悪くなり、1億5000万円相当の損害を被ったので支払え、として起こされた裁判であった。

だが実際には、入手した判決文によると認められたのは**50万円の支払い**だけ。つまり、請求額の300分の1だ。その上、訴訟費用については95%をユリ・ゲラー側が持つこととされていた。弁護士費用など、もろもろの費用を考慮すれば、どう考えてもゲラーにとって**赤字となった裁判**※⑦だったはずだ。

肝心の名誉棄損について裁判所は「原告の社会的評価を低下させるような原告自身に関する具体的な事実の摘示は含まれていない」と判断し、「完全な人格異常、社会的病質者だと思うね」と述べている部分についても、「原告の人格価値について社会的評価が低下するとは考え難い」とした。つまり、ランディの発言によってゲラーの社会的評価が下がった、という主張は退けられている。

ただ「人格異常云々」の下りについては「原告の名誉感情を害し、その程度も社会通念上許される限度を超える」とみなされ、その精神的苦痛に対し、50万円払えと命令されたのに過ぎなかった。

以上をまとめると、この裁判で妥当と判断されたことは、「超能力者を批判することが、その社会的信用を失墜させることになる」という主張でもなければ、ましてや、ゲラーが

※⑦ゲラーにとって赤字
ちなみにランディは、支払い命令を受けた50万円もゲラーには支払っていない。

持つと称している「超能力の実在性」などではまったくない。認められたのは**「人格異常、社会的病質者ってのは、やっぱ言い過ぎだよね」**ということに過ぎなかった。

ちなみにゲラーは、この他にもランディや、ランディが所属していた懐疑主義団体CSICOP（現CSI）に対して米国で数多くの訴訟を起こしていた。だが裁判所は1995年に、「軽薄な苦情」で裁判を起こしたとしてゲラー側に対し12万ドルの賠償金をCSICOPに払うよう求め、ゲラーとCSICOPの間の和解が成立している。**裁判合戦はゲラーにとって、かなりの赤字**となったようだ。

2014年に来日した際にゲラーは、読売新聞紙上※⑧で「私が有名になったのは、私を否定し、批判した人たちのおかげ。無料で宣伝してくれるのだから、花を贈りたいぐらいさ。名前さえ正しく書いてくれれば、何を書かれても構わないよ」と述べていた。**ゲラーもずいぶん丸くなった**ものである。

（皆神龍太郎）

■参考資料：
Barry Karr「The Geller Case Ends:'Psychic' Begins Court-Ordered Payment of Up to $120,000 to CSICOP」『Skeptical Inquirer』（Vol.19, No.3, May/Jun 1995）
『Nature』（Vol.251, October 18,1974）
Davit Marks & Richard Kammann『The Psychology of the Psychics』（Prometheus Books,1980）

※⑧読売新聞紙上
ゲラーのインタビューが掲載されたのは、2014年10月21日の朝刊。記事の中で80～90年代に表舞台から姿を消していた理由を聞かれたゲラーは「米の情報機関で秘密の仕事をしていた」と答えている。

2 【犯人逮捕で実証された透視の実力】FBI超能力捜査官VSオウム逃亡犯

伝説……

2004年9月18日、日本テレビ系列で放映された『FBI超能力捜査官　第7弾』の中で、「FBI超能力捜査官」のナンシー・マイヤー※①が、95年3月30日に起きた警察庁長官※②狙撃事件に関する透視を行った。

彼女はオウム真理教幹部の平田信が狙撃犯を訓練したと主張。逃亡中の平田は秋田県の大きな湖（田沢湖か？）の周辺に潜伏していると透視した。

翌2005年4月10日に放映された『FBI超能力捜査官　第8弾』では、やはり「FBI超能力捜査官」のジョー・マクモニーグル※③が、当時まだ逃亡中だったオウム真理教の菊地直子と高橋克也の行方を透視している。

菊地直子は1995年から翌年にかけ、指名手配されていた他の信者とともに、千葉県市川市、名古屋市、京都市などを転々とし、96年11月までは埼玉県所沢市のマンションに

※①ナンシー・マイヤー
1945年生まれ。アメリカの超能力者。これまで450件の殺人事件のうち350件を解決したと主張、「マダム・モンタージュ」という異名を持つ。彼女が『FBI超能力捜査官』の中で行った消費者金融放火殺人事件の透視の真相については、『謎解き超常現象Ⅱ』を参照されたい。

※②警察庁長官狙撃事件
1995年3月30日、当時

潜伏していたことが判明している。だが、それ以降の足取りが途絶えていた。

番組中で、マクモニーグルは菊地直子の写真を見て、こう断言する。

マクモニーグル「この女性はターゲットとしてふさわしくありません。もう死んでいるからです。おそらく1996年に死んでいます」（【写真1】）

【写真1】菊地直子の行方を透視するジョー・マクモニーグル（『FBI超能力捜査官 第8弾』より）

また彼は、高橋克也が海外に逃亡しているとも言っていた。

マクモニーグル「彼が今いる場所を強く感じます」

マクモニーグル「（島の地図を描きながら）この場所にいる。日本ではない。東南アジアの小さな島。彼はここにいる」

マクモニーグル「彼は山の中の小さな村で暮らしている。テロリストの組織……もしくは海賊などに匿われている」

の警察庁長官・國松孝次が、自宅マンション前で何者かに狙撃され、重傷を負った事件。オウムの犯行とする説もあったが、未解明のまま、2010年に時効が成立した。

※③ジョー・マクモニーグル　1946年生まれ。アメリカの超能力者。『FBI超能力捜査官』シリーズの常連。番組内では多くの失踪者を探し当てたことになっていたが、実際はスタッフによる捏造で、ナレーションで語られるマクモニーグルの経歴も嘘だらけだった。詳しくは山本弘『超能力番組を10倍楽しむ本』（楽工社）を参照されたい。

【写真２】ナンシー・マイヤーの透視（『ＦＢＩ超能力捜査官 第８弾』より）

司会のみのもんたは、マクモニーグルが描いた島の地図を、「これ、すごい似てない？」と言って、インドネシアの地図と比較してみせた。

みのもんた「この湾になってるとこと、この島が……はっはあ、驚きましたね、これ」

この番組には、先のナンシー・マイヤーや、やはり「ＦＢＩ超能力捜査官」であるジョン・オリバー※④も出演していた。彼らは菊地直子の写真を見て、このように透視した。

マイヤー「この写真からは彼女（菊地直子）が生きているという反応が感じられません。亡くなっています」（【写真２】）

オリバー「彼女（菊地直子）は彼（高橋克也）と行動を共にしていません。なぜなら彼女はすでに殺されていて、大きな山の中に埋められています。富士山です」（【写真３】）

※④ジョン・オリバー
生年不明。マクモニーグル、マイヤーと同じく、『ＦＢＩ超能力捜査官』シリーズの常連。

真相……

実際はどうであったか、読者のみなさんはすでにご存知だろう。

2011年12月31日、平田信[※⑤]は丸の内警察署に出頭し、逮捕された。逮捕後に判明したところによると、彼は95年から96年にかけて、元信者の女性とともに、福島、宮城、青森、仙台と転々としたが、96年2月以降は大阪府に住み、2004年6月から逮捕時まで、大阪府東大阪市のマンションに潜伏していた。『FBI超能力捜査官　第7弾』が放映された2004年9月頃、**秋田にはいなかったのだ。**

平田は高校時代にエアライフル競技でインターハイに出場した経験があることから、警察庁長官狙撃事件の主犯とする説もあったが、現在では事件とは無関係とされている。

翌2012年6月3日、警視庁は神奈川県相模原市緑区に潜伏していた菊地直子[※⑥]の身柄を確保、逮捕した。彼女は97年以降、神奈川県川崎市川崎区のア

【写真3】ジョン・オリバーの透視（『FBI超能力捜査官 第8弾』より）

※⑤平田信は丸の内警察署に出頭　平田にかけられた容疑は95年2月28日の公証人役場事務長逮捕監禁致死事件、および95年3月19日の島田裕巳宅爆弾事件だった。2014年、東京地裁にて懲役9年の実刑判決を受けるが、不服として控訴している。

※⑥菊地直子の身柄を確保　菊地直子は、1995年3月20日の地下鉄サリン事件において、土谷正実を中心とするサリン製造プロジェクトに参加したとされていた。同年5月の東京都庁小包爆破事件にも関与したとされ、殺人、殺人未遂、爆発物取締罰則違反の容疑で特別指名手配されていた。2014年、東京地裁にて懲役5年の実刑判決を受けるが、不服として控訴している。

【写真４】マクモニーグルが描いた島の絵（右）。みのもんたの指し示す世界地図（左）は、ぼかしがかかっているが、位置から見て小スンダ列島のスンバワ島を指している（『ＦＢＩ超能力捜査官 第８弾』より）。

パートに潜伏。２００７年３月からは、相模原市で教団外の男性と暮らしていた。

３人の透視能力者が、揃いも揃って、菊地直子が**まだ生きていることを透視できなかった**のだ。おそらく、マクモニーグルが最初に「（菊地直子は）１９９６年に死んでいます」と断言してしまったので、マイヤーとオリバーもそれに調子を合わせるしかなかったのだろう。オリバーなど「大きな山の中に埋められています。富士山です」などと、まったく見当違いのことを言っていた。

高橋克也の場合、97年から２００１年頃まで、菊地直子と夫婦を装って、川崎市川崎区のアパートで暮らしていたことが分かっている。２００１年から川崎市幸区南幸町のアパートに移り、２０１１年まで暮らしていた。『ＦＢＩ超能力捜査官　第８弾』が放映された２００５年当時、**海外になどいなかった**のだ。菊地直子逮捕の12日後の６月15日、東京都[※⑦]大田区西蒲田で逮捕されている。

逮捕以前、「[※⑧]オウム指名手配犯は海外に逃亡している」という噂が流れていた。おそらく

※⑦大田区西蒲田で逮捕
高橋克也は公証人役場事務長逮捕監禁致死事件、および地下鉄サリン事件に関与したとされ、指名手配されていた。

マクモニーグルはそれに振り回され、高橋がインドネシアに逃亡したことにしたのではないかと思われる。

なお、番組内で「ＦＢＩ超能力捜査官」と呼ばれているマクモニーグル、マイヤー、オリバーだが、**実際にはＦＢＩに所属してなどいない**ことは、以前に『謎解き超常現象』で述べた通りである。

この番組には他にも疑惑がある。みのもんたが「これ、すごい似てない？」と言って示した島の地図だ。画面上では、地図の一部にぼかしがかかっていて、本当に島の形がマクモニーグルの描いた絵と一致しているのかどうか分からない（**【写真４】**）。

しかし、世界地図と比較してみると、みのもんたが指さしている位置は、**ジャワ島の東にあるスンバワ島**であることは間違いない。そして、スンバワ島とマクモニーグルの描いた絵は、**まったく似ても似つかない**のである（**【図１】**）。

みのもんたの目がいくら節穴でも、これを「似てる」と思うはずがない。おそらく、最初から放映ではぼかしを入れる前提で、スタッフがみのもんたに

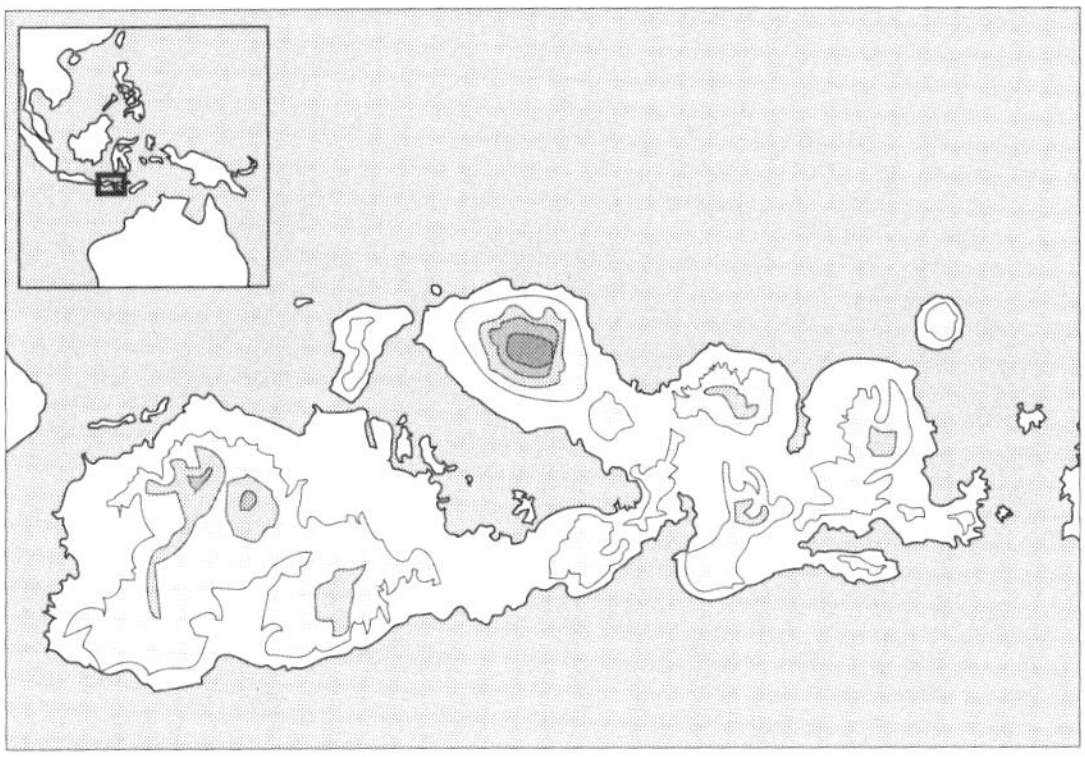

【図１】実際のスンバワ島の地形。マクモニーグルの図と似ているだろうか？

※⑧「オウム指名手配犯は海外に逃亡している」たとえば吾妻博勝『王国への追跡』（晋遊舎・２０１０年）は、菊地直子・平田信・高橋克也の３人はタイに高飛びし、ミャンマーに潜伏していると断言していた。

「すごい似てない？」と言わせたのではないだろうか。

日本テレビのスタッフは、「番組を録画して、いちいち世界地図と見比べたり、逮捕後に透視が当たっていたか検証するようなヒマな視聴者なんていやしない」と侮ったのだろう。**僕みたいな視聴者もいることをお忘れなく**。

（山本弘）

■**参考資料：**

吾妻博勝『王国への追跡』（晋遊舎、2010年）

『FBI超能力捜査官　第7弾』（日本テレビ／2004年9月18日放映）

『FBI超能力捜査官　第8弾』（日本テレビ／2005年4月10日放映）

時事ドットコム／【図解・社会】平田信、斎藤明美両容疑者の足取り（2012年1月）

(http://www.jiji.com/jc/graphics?p=ve_soc_jiken-oumu20120113j-08-w380)

時事ドットコム／【図解・社会】菊地直子容疑者の足取り（2012年6月）

(http://www.jiji.com/jc/graphics?p=ve_soc_jiken-oumu20120604j-12-w290)

時事ドットコム／【図解・社会】高橋克也容疑者の主な足取り（2012年6月）

(http://www.jiji.com/jc/graphics?p=ve_soc_jiken-oumu20120615j-02-w320)

3 【湖底の死体を発見する驚異の能力者】マリア・ローザ・ブージィの千里眼

伝説……


「何かあるぞ。慎重に近づけ」

「彼女じゃないのか？」

「ハイヒールを履いている……」

「発見！　発見！　水深156メートル、女性の水死体を発見！」

　2013年10月29日、「トリハダ［秘］スクープ映像100科ジテン」（テレビ朝日）という番組にて、イタリア人失踪夫婦の遺体が発見される瞬間の衝撃映像※①が紹介された。

　この遺体を発見に導いたのが、イタリアの超能力者、マリア・ローザ・ブージィである。

　彼女は言う。

「2人の霊が私の所に助けを求めに来たんです」

「テレビで写真を見て、すぐに妻も湖にいる事がわかりました」

※①衝撃映像　同じ映像は、2006年6月26日放送の「奇跡の扉　TVのチカラ」（テレビ朝日）でも紹介された。

ここでの「二人の霊」とは、２００３年に失踪し、イタリアで大きな話題を呼んだある夫婦のことを指している。事件はイタリアのカステネドロという町で起きた。２００３年、この町に住むロベルト・モレニ、ジョバンナ夫妻が謎の失踪。夫は、自宅から約60キロ離れた湖に沈んだ車の中から※②遺体で発見された。

ところが周辺から妻のバッグは発見されたものの、一緒にいたはずの妻の遺体は見つからない。そこで妻による偽装事故、夫の殺害疑惑まで浮上。イタリア中が注目する一大事件となった。しかし警察の捜査は難航をきわめ、一向に手がかりが得られない。

そんな中、「妻の居場所がわかった」と名乗りを上げたのがマリアである。夫と同じ湖に沈む遺体をピンポイントで透視できたという。場所は湖の西側、※③岸から約３００メートル離れた湖底。そこに妻の遺体はあると透視したのだ。

ところが警察はマリアの透視結果をまったく信じようとしない。そこでマリアは、民間の捜索団体「セビーノ」に協力を依頼する。そして２００３年11月、セビーノが所有する※④最新の潜水ロボットを使い、水深１５６メートルの湖底で、ついに遺体を発見するのである。そのときの様子が冒頭のやり取りだ。潜水ロボットには水中カメラが付けられており、遺体発見時の様子は克明に記録されている。

このニュースはイタリア中を駆け巡り、マリアは一躍、時の人となった。しかし話はここで終わらない。彼女はさらにもう一件、謎の失踪事件を解決に導くのである。

事件が起きたのは２００２年11月30日の深夜。イタリアのデルヴィオという町で、キアー

※②遺体で発見
自宅には自殺をほのめかす手紙が残されていたため、自殺と考えられた。

※③岸から約３００メートル離れた湖底
夫の遺体と車が発見されたところからは、１００メートルほど岸に近かった。

※④最新の潜水ロボット
「マーキュリー号」という。水深５００メートルまで潜水可能。

ラ・バリッフィという女性カメラマンが姿を消した。キアーラは友人と飲んだあと、「家に帰る」と言って別れて以降、そのまま行方がわからなくなっていた。

心配した家族は警察に捜索を依頼。警察は事件に巻き込まれた可能性も視野に入れて捜査を行ったものの、キアーラの行方は一向につかめなかった。

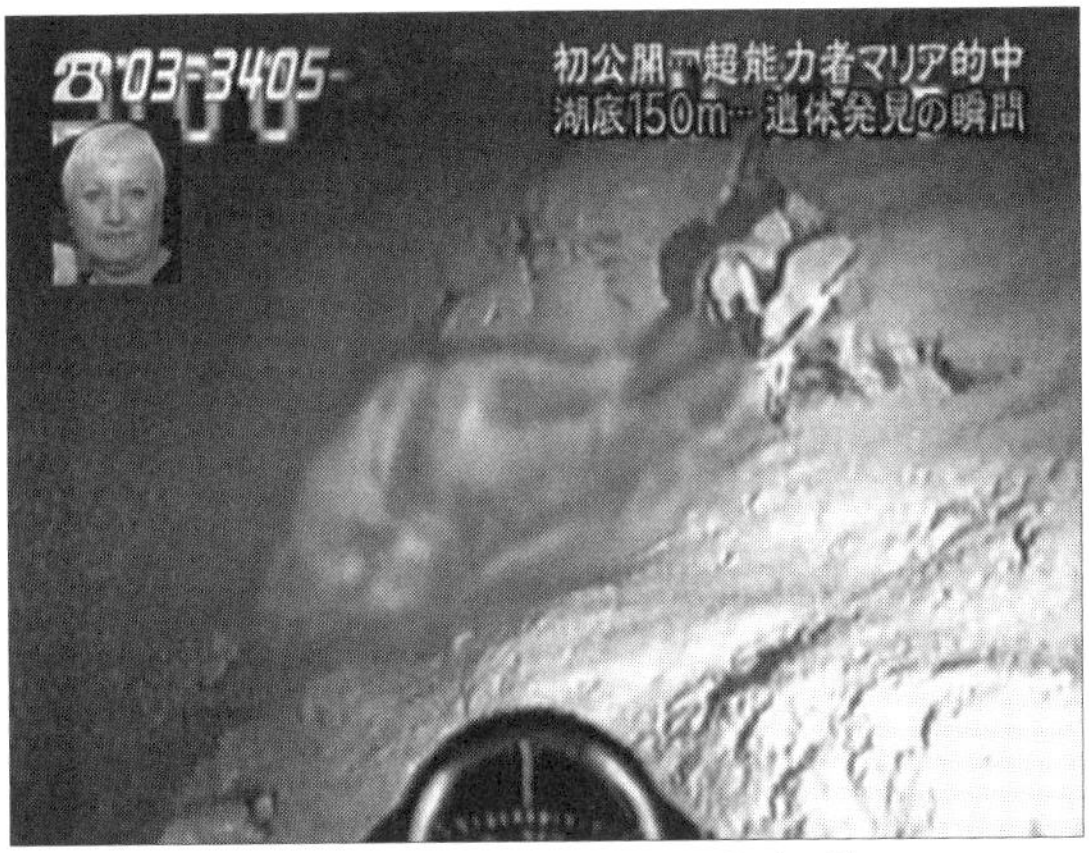

ジョバンナの遺体発見時の水中映像（※⑤）

そこでキアーラの両親が協力を求めたのがマリアである。依頼を受けたマリアはすぐに透視を行い、その結果、キアーラはデルヴィオの町の近くにあるコモ[※⑥]という湖に沈んでいることがわかったという。彼女は亡くなっているというのだ。

マリアはさっそく前出のセビーノに協力を要請すると、2005年9月11日、再び、水中での捜索を行い、水深122メートルのところで、またしても遺体を発見するのである。それは紛れもなくキアーラの遺体だった。

こうしてマリアの透視は、2回続けてピンポイントで的中したのである。

※⑤画像の出典
2006年6月26日放送の「奇跡の扉 TVのチカラ」（テレビ朝日）より。

※⑥コモという湖
イタリアの都市ミラノの北部に位置し、縦40キロ、横26キロの広さがある湖。漢字の「人」に似た独特の形をしている。

キアーラの写真を掲げるマリア（※⑦）

真相

●ジョバンナ事件の真相

この事件は遺体発見時の映像記録が残っていることから、それだけで【伝説】で言われていることが本当だと思ってしまいがちである。

ところが実は、ジョバンナの遺体を潜水ロボットが発見したことは事実であるものの、肝心のマリアは**捜索に関わっていなかったことが判明**している。遺体を捜索し、発見したのは、それまで120件の遺体を発見してきたセビーノだったのである。

セビーノは警察の捜索範囲よりさらに広い範囲を捜索することで遺体の発見につなげたという。次に紹介するのは同団体の代表、レーモ・ボネッティーの言葉である。

「マリアは後になって来たんですよ。**すべてが終わった後にね**」

つまり後だしジャンケンだったのだ。当然ながら、マリアのおかげで遺体発見に至ったわけではないため、彼女がこの事件で一躍、時の人になった事実はない。彼女が注目を集めるようになるのは、次のキアーラ事件でのことである。

●キアーラ事件の真相

※⑦画像の出典
Marco Morocutti「Unnuovo, triste fallimento per iveggenti "detective"」(http://www.cicap.org/new/articolo.php?id=102095）より

この事件では、マリアの透視をきっかけに再捜索が行われた。その点は事実である。結果的に遺体が発見されたのも事実だ。それでは【伝説】で主張される内容は正しかったのだろうか。残念ながら、そうでもない。実は、マリアが透視した場所から、**遺体がピンポイントで発見されたわけではなかった**のだ。

マリアが遺体の場所を示した地図（※⑧）

上の地図をご覧いただきたい。この地図には、マリアが遺体の場所を示した印が付いている。地図の中央やや下の印が付けられた範囲がその場所である。遺体は水深４００メートルにあるとされた。

一方、実際に遺体が発見されたのは次のページの地図で示したＡの場所である。ここの水深１２２メートルのところでキアーラの遺体は発見された。

比較していただければ一目瞭然のように、**全然一致していない**。実際、マリアの透視をもとにした最初の捜索は２００５年８月に失敗し、その後も失敗を繰り返しては範囲を広げるやり方で、ようやく２００５年９月11日に遺体が発見されている。

それでも、湖に遺体があることを透視できただけでもすごいのではないか。ところが、この点も実は

※⑧画像の出典
２００６年６月26日放送の「奇跡の扉　ＴＶのチカラ」（テレビ朝日）より。

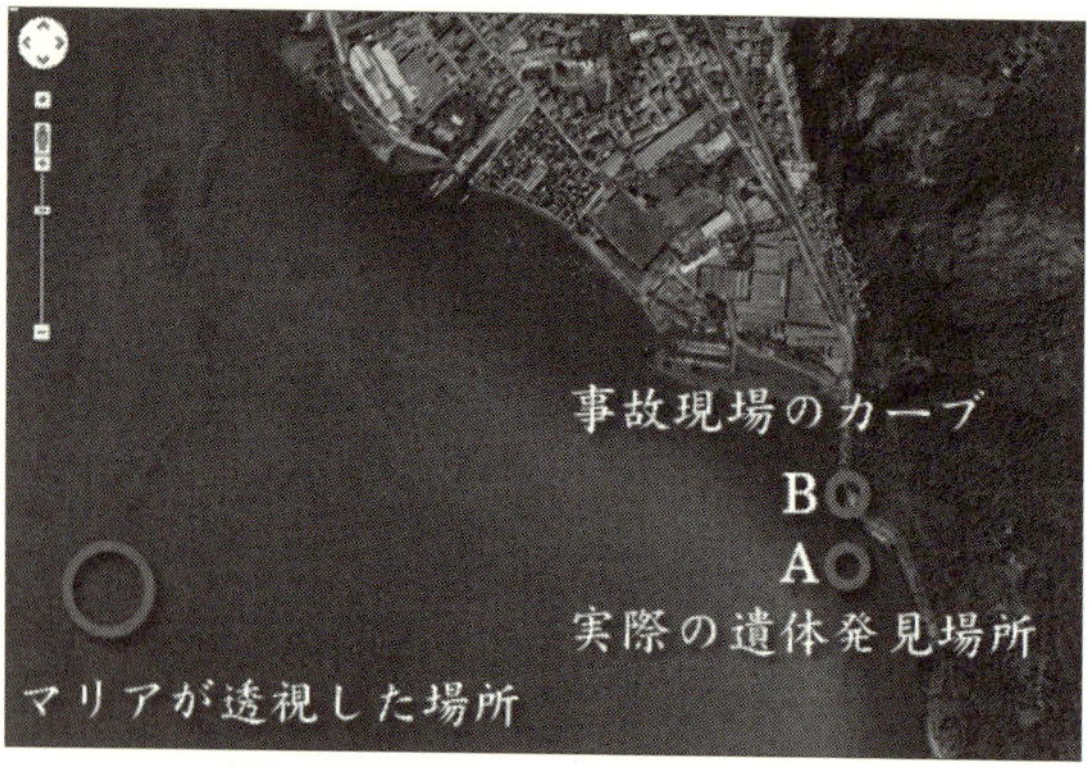

実際の遺体発見場所（引用元：Google Map）

そうでもない。警察は、遺体発見現場から１００メートルほど離れた湖沿いの道路で、キアーラが事故を起こしたのではないかと疑っていたからだ。

警察の捜査によれば、失踪当時、キアーラが最後に目撃されたデルヴィオの町から彼女の自宅がある隣町の一帯は嵐に見舞われていた。大雨が降り、途中の道では土砂崩れまで起きていたというのだ。そのため警察は、キアーラが車で通ったと考えられる道を捜索し、最初のカーブにあたる場所で事故を起こしたのではないかと考えた。ここでは実際、過去[※⑨]に何度も事故が起きており、事故の可能性を考えるならば**筆頭にあげられる危険な場所**だったからだ。

現場には高さ80センチほどの石垣はあるものの、工事のために土砂が積まれていて、視界が悪い中で突っ込めば簡単に乗り越えられた。

そのため警察はマリアよりも早く、このカーブ周辺の水中を捜索している。しかし捜索範囲が数十メートル以内だったため、残念ながらキアーラの遺体発見には至らなかった。

マリアは、こうした経緯のあと登場し、何度かの失敗を経て、最終的に遺体を発見する

※⑨過去に何度も事故
カーブの近くには、事故の犠牲者を弔う墓が３つ建っている。

ことになった。もちろんマリアが関わったことで再捜索が行われ、結果的にキアーラの遺体が発見された点は賞賛されて然るべきである。けれども、それが超能力や霊能力によってピンポイントで発見されたものだと主張されるのであれば、その点には疑問符が付く。
遺体は誰も予想していなかった場所から発見されたのではなかった。当初から有力視されていた場所の比較的近くから発見された。マリアの透視した場所はピンポイントではなかった。※⑩何度も失敗していた。そんな中での、**おそらく偶然の発見**であったという点には留意しておきたい。

（本城達也）

参考資料：
「奇跡の扉　TVのチカラ」（テレビ朝日、２００６年6月26日放送）
「トリハダ［秘］スクープ映像１００科ジテン」（テレビ朝日、２０１３年10月29日放送）
Marco Morocutti「Il ritrovamento di Chiara Bariffi（caso della "medium" Mariarosa Busi）」(http://www.cicap.org/new/articolo.php?id=271851)
Massimo Polidoro「Il caso della veggente detective」(http://www.cicap.org/new/articolo.php?id=101999)
Giliberti Luigina「Spouses disappeared. the lake reveals the sensory」(http://archiviostorico.corriere.it/2006/novembre/26/Coniugi_scomparsi_lago_tradisce_sensitiva_co_7_061126043.shtml)
Marco Morocutti「Un nuovo, triste fallimento per i veggenti "detective"」(http://www.cicap.org/new/articolo.php?id=102095)

※⑩何度も失敗していた
マリアが関わった事件は他にも複数あるが、いずれも役には立っていない。日本では奈良県で失踪した少女の行方を２００６年に透視したものの、手がかりは何ひとつ得られずに終わってしまった。

4 伝説の霊能者ブラヴァツキー夫人

【神智学協会を創設したオカルトの巨人】

伝説

※①ヘレナ・ペトロヴナ・ブラヴァツキーはロシア出身の偉大な霊能者であり、東洋思想の神髄を西欧にもたらした※②神智学協会の創設者でもある。ブラヴァツキー夫人はチベット奥地のマハトマと呼ばれる聖者たちの下で修業したことがあったが、彼女が1879年にインドのマドラスに設置した神智学協会の本部にはマハトマから彼女にあてた大量の手紙がどこからともなくもたらされていた。その手紙は信者の頭上にいきなりふってくることさえあったという。さらにマハトマたちが霊体となって本部に姿を現すこともあった。

また、彼女が1884年にパリに滞在していた時、彼女の叔母から一通の手紙が届いた。その場にいたブラヴァツキー夫人の妹は日頃からオカルティズムを快く思っておらず、姉に対して「貴方は力があると言っているのに、どうして開封する前に読んでしまわないの？」と挑発した。そこでブラヴァツキー夫人は未開封の手紙を額にあて、精神を集中すると大声

※①ヘレナ・ペトロヴナ・ブラヴァツキー（1831〜1891）
神智学の創設者。ロシア帝国出身。貴族の家庭に生まれ、17歳のときにニキフォル・ブラヴァツキー将軍と結婚するも、ほどなくして事実上の離婚状態となり、世界各地を放浪し、交霊術などを学ぶ。その後、交霊術が盛んだったアメリカに渡り、霊媒として名を馳せ、1875年に神智学協会を設立。その思想は画家や文人、学者などに大きな影響

で読み始めた。その場にいた客の一人がそれを書き写した紙にブラヴァツキー夫人は印を描き「手紙の同じ場所に出てこさせるよ」と宣言した。その封筒を開封したところ、文面が一致していただけでなくブラヴァツキー夫人が描いた印も同じ位置に描かれていたのである。居合わせた大勢の客は封筒や手紙を念入りに調べ、ブラヴァツキー夫人が何のトリックも用いていないことを確認した。

ブラヴァツキー夫人（左）と神智学協会の初代会長オルコット大佐（右）

ところが1884年、イギリスの超常現象研究団体SPR※③（心霊研究協会）のメンバーであるリチャード・ホジソン※④はマドラスでの現地調査を行い、かつて神智学協会本部でブラヴァツキー夫人のアシスタントをつとめていたクーロン夫妻にあてたブラヴァツキー夫人からの手紙を入手した。そこには手品のトリックを用いて「奇跡」を演じ、信者たちをあざむくための指示が明記されていたのである。

本部に現れたマハトマの霊体はブラヴァツキー夫人の共犯者の変装だった。信者の頭上に降ってきた手紙はあらかじめ本部の天井の梁に隠した手紙を紐で操作して落としたものだった。つまりすべてはトリックだったというわけである。

を与えた。

※②神智学
様々な宗教や神秘主義などをミックスした思想。万物の事象の根底にある普遍的な真理を追究することを目的とする。

※③SPR
1882年にイギリスの名門・ケンブリッジ大学で設立された超常現象や心霊現象の真相を研究する団体。1885年にはアメリカでも同様の団体（ASPR）が設立され、1890年に正式な支部となった。

※④リチャード・ホジソン（1855〜1905）
オーストラリア・メルボルン出身。史上初めて心霊研究を本職にした人物。優れた調査手腕で様々な霊媒師のイカサマを暴いたが、アメリカの霊媒師レオノーラ・パイパー夫人には10年にわたる調査の末、肯定的な評価を下している。

ホジソンはクーロン夫妻宛という証拠の手紙がブラヴァツキー夫人自身の筆跡であることを示した。SPRはホジソンの報告書に基づき夫人が詐欺師であるとの判断をくだした。これにより神智学協会の歴史は終焉を迎えるかに思われた。

しかし、その疑惑の真相はたわいないものだった。クーロン夫妻の妻の方のエンマは神智学協会本部にいた頃の自分の待遇に不満を抱いていた。夫のアレクシスは文書偽造のプロだった。神智学協会を追い出された2人はブラヴァツキー夫人を陥れるために夫人の手紙を偽造したのである。ホジソンはその陰謀に利用されたというわけである。

1986年、SPRはホジソンの調査は不徹底だったとしてその報告書の内容を否定し、ブラヴァツキー夫人に謝罪している。

ブラヴァツキー夫人は『ベールをとったイシス』（1877年）、『シークレット・ドクトリン』（1888年）などでその広範な知識に基づき世界の創造と人類の魂の進化に関するビジョンを記している。特に『シークレット・ドクトリン』は、はるかな太古に失われたアトランティス大陸[※⑤]で書かれ、マハトマたちが門外不出の書として守っていた奥義書『ジャーンの書』からの引用が多数見られる点でも貴重な書物である。

真相

1986年、SPRの研究員だったヴァーノン・ハリソン[※⑥]が**ホジソンの報告書の結論を**

※⑤アトランティス大陸　古代ギリシアの哲学者プラトンが著書に残した幻の大陸。高度な文明と強大な軍事力を有したが、神の怒りに触れて海に没したとされる。19世紀にオカルト思想と結びつき、爆発的なブームを呼んだ。詳しくは『謎解き超常現象』（彩図社）を参照。

否定する発表を行ったというのは事実である。

しかし、それは新資料の発見で過去の知見が修正されたものというより**神智学協会との政治的和解**という意味合いで理解すべきものである。その内容はホジソンの報告を彼個人の見解とし、ホジソンは彼自身とブラヴァツキー夫人との対立にSPRを巻き込もうとしたとするものだった。神智学はブラヴァツキー夫人没後も広まり続け、今はオカルト業界における一大勢力となっている。

ホジソンの報告書が示したようにブラヴァツキー夫人が起こした奇跡と称するものは手品のトリックで再現可能なものばかりである。パリでの一件も、あらかじめ中身を読んで印をつけた手紙を封筒に戻し、未開封であるかのように封筒に細工すれば手品の心得がない客を騙すくらいは容易だろう。

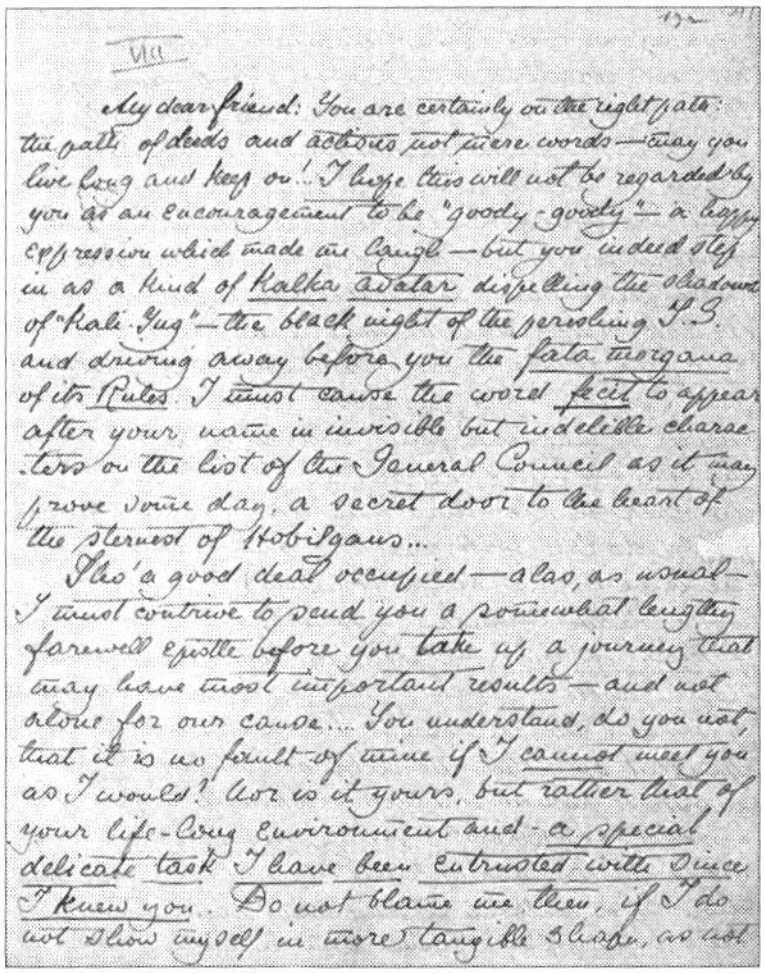
My dear friend: You are certainly on the right path: the path of deeds and actions not mere words — may you live long and keep on! I hope this will not be regarded by you as an encouragement to be "goody-goody" — a happy expression which made me laugh — but you indeed step in as a kind of Kalka avatar dispelling the shadows of "Kali-Yug" — the black night of the persisting T.S. and driving away before you the fata morgana of its Rules. I must cause the word fecit to appear after your name in invisible but indelible characters on the list of the General Council as it may prove some day, a secret door to the heart of the sternest of Hobilgans...

Tho' a good deal occupied — alas, as usual — I must contrive to send you a somewhat lengthy farewell epistle before you take up a journey that may have most important results — and not alone for our cause... You understand, do you not, that it is no fault of mine if I cannot meet you as I would! Nor is it yours, but rather that of your life-long environment and - a special delicate task I have been entrusted with since I knew you. Do not blame me then, if I do not show myself in more tangible shape, as not

マハトマから授かったという手紙。ブラヴァツキー夫人らによれば、物質化したものだという。

ここで考えるべきは手品のトリックで可能なことが行なわれた場合、それが**トリックである可能性と超常現象である可能性とどちらが高いか**ということである。オッカム※⑦の剃刀を用いるなら可能性が高いのは前者だろう。しかし、神

※⑥ヴァーノン・ハリソン（1912～2001）
王立写真協会の元会長。物理を学んだ後、切手や紙幣の印刷を行うイギリスのデ・ラ・ルー社に入社。偽造の調査・研究を行っていた。SPRに参加するとともに、雑誌「フォーティアン・タイムズ」の設立者で編集者のボブ・リカードらと超常現象や心霊現象を研究するASSAPを設立した。

※⑦オッカムの剃刀
14世紀の哲学者オッカムが提唱した指針。「ある事物を説明するのに、必要以上の仮定を用いてはならない」とする考え。

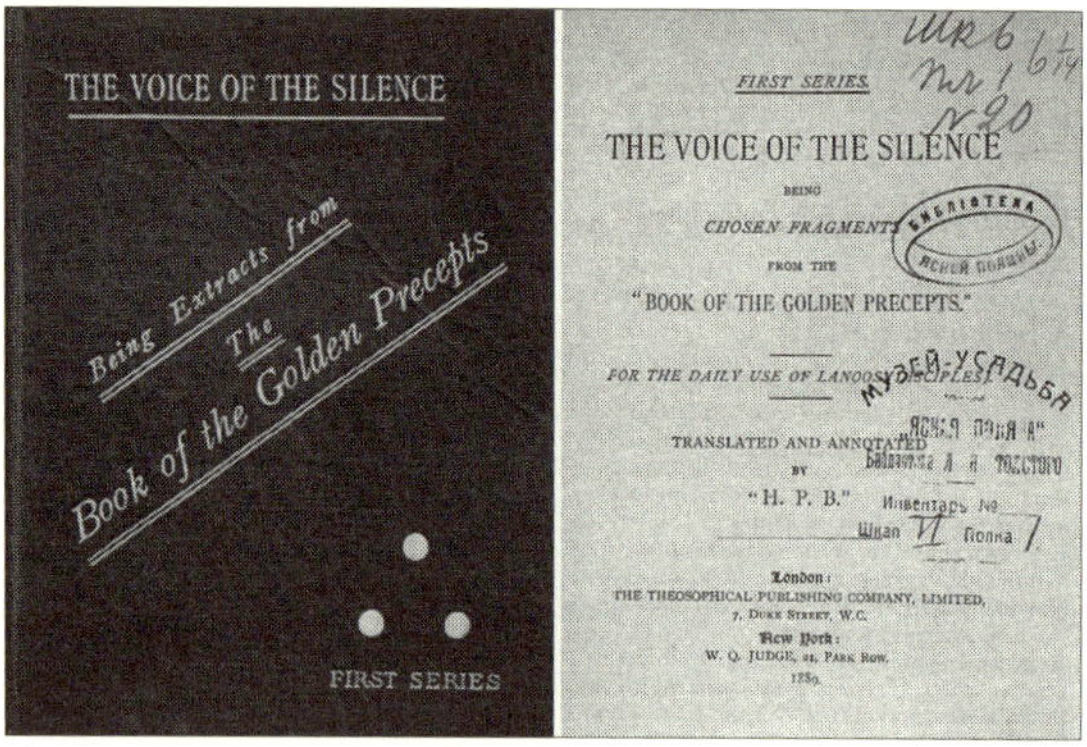

ブラヴァツキー夫人がロシアの文豪レフ・トルストイに送った著書『THE VOICE OF THE SILENCE』

智学の教義を受け入れた信者たちは後者の解釈に従い、その組織を存続させる方向に動いたというわけである。

さて、『シークレット・ドクトリン』の内容については次のように評した人物がいる。

「ここに寄せ集められた無意味でいかがわしい見解はどれも、プラトンの著作に残るアトランチス伝説、広く知られているヒペルボリア島※⑧の伝説、ドネリーの代表的著作『アトランチス大陸』、それに十九世紀後半の数々の神秘学の著作などが原典になっている。『ディザンの書』はサンスクリット語のリグ・ベーダの『創造の賛歌』からの盗用で（中略）このように真っ赤な偽りの歴史にだまされる人がいるとは信じられないことだが、いまだに『神秘の教義』の価値を〝再発見〟したり、ブラバッキーの論文をもとにして新説を展開する者は跡を絶たない」※⑨

この文章は懐疑論者によるものではない。これを書いたのは1970年代、デニケンによる古代宇宙人飛来説のブームに便乗して**古代の地球は宇宙人の植民地だったという説を**

※⑧ヒペルボリア島
ギリシャ神話に登場する「北風の彼方の民」（ヒュペルボレイアス Hyperboreios）が住むとされる場所。北方はるか彼方にありながら光あふれる温暖な地と伝えられる。ファンタジー読者の間では英語名のハイパーボリア（Hyperborea）で親しまれる。

※⑨出典
リチャード・ムーニー『太古宇宙戦争の謎』（二見書房）より。引用文中の「ディザンの書」は『ジャーンの書』のこと。

展開したイギリスのジャーナリスト、リチャード・ムーニーである。「お前がいうな」の典型のような内容だが、ムーニーでさえブラヴァツキー夫人の主張に扱い兼ねるような胡散臭さを感じ取っていたことを示すものでもある。

『ベールをとったイシス』『シークレット・ドクトリン』の内容が同時代の科学書・オカルト書・宗教書からの寄せ集めであり、『ジャーンの書』の引用と称するものが古代インドの聖典『リグ・ヴェーダ』の改竄であることはアメリカのSF作家[※⑩]ライアン・スプレイグ・ディ・キャンプが著書『Lost Continents』（邦訳『幻想大陸』『プラトンのアトランティス』）でくわしく解説している。ブラヴァツキー夫人の著書は、彼女が読書家だったことを示すものではあるが、一方で、チベットのマハトマの手を借りなくても**当時の書物で得られた知識だけで書かれうるものだった**のである。

なお、神智学の霊的進化論に関心を持った人物の一人に作家の[※⑪]H・P・ラヴクラフトがいる。彼の代表作「クトゥルフの呼び声」には神智学への言及があり、彼がそこから創作のヒントを得たことがうかがえる。ただしラヴクラフト本人は唯物論者であり、友人たちへの書簡にも神智学は曲解された東洋の伝承にすぎないことや、その内容を**信頼すべき根拠がない**ことなどを書き送っている。

（原田実）

※⑩ライアン・スプレイグ・ディ・キャンプ
（1907〜2000）
アメリカのSF作家。小説だけでなくノンフィクションも手がけ、作品の中で疑似科学などを批判している。代表作に『闇よ落ちるなかれ』など。

※⑪H・P・ラヴクラフト
（1890〜1937）
アメリカの作家。異形の神がうごめく架空の神話「クトゥルフ神話」を創作。生前に出版されたのは短編一編だけだったが、死後に多数の作品が発表され、高い評価を得る。代表作に『クトゥルフの呼び声』『狂気の山脈にて』など。

ラヴクラフト

■参考資料：
ハワード・マーフェット『近代オカルティズムの母　H・P・ブラヴァツキー夫人』（竜王文庫、１９８１年）
H・P・ブラヴァツキー『ベールをとったイシス　第一巻　科学　上』（竜王文庫、２０１０年）
H・P・ブラヴァツキー『シークレット・ドクトリン　宇宙発生論　上』（宇宙パブリッシング、２０１３年）
H・P・ブラヴァツキー『夢魔物語』（竜王文庫、１９９７年）
ウィニーフレッド・パーレイ編『ブラヴァツキーのことば３６５日』（アルテ、２００９年）
ジャネット・オッペンハイム『英国心霊主義の抬頭』（工作舎、１９９２年）
ピーター・ワシントン『神秘主義への扉』（中央公論新社、１９９９年）
横山茂雄『聖別された肉体』（書肆風の薔薇、１９９０年）
L・スプレイグ・ディ・キャンプ『幻想大陸』（大陸書房、１９７４年［文庫版『プラトンのアトランティス』角川春樹事務所、１９９７年］）
リチャード・E・ムーニー『太古宇宙戦争の謎』（二見書房、１９７６年）
と学会『トンデモ超常現象99の真相』（洋泉社、１９９７年［文庫版、２００６年］）
原田実「現代オカルティズムとラヴクラフト」朝松健編『秘神界―現代編―』所収（東京創元社、２００２年）
ウィリアム・スコット・ホーム、大瀧啓裕訳「『魔道書目録』補訂」大滝啓裕編『クトゥルーⅥ幻妖の創造』所収（青心社、１９８５年）
矢野浩三郎監訳『定本ラヴクラフト全集10書簡編Ⅱ』（国書刊行会、１９８６年）
S・T・ヨシ『H・P・ラヴクラフト大事典』（エンターブレイン、２０１２年）
「ブラヴァツキー懐疑批判に異をとなえる」（http://houjugusya.web.fc2.com/hpb.html）
Vernon Harrison 〝H. P. BLAVATSKY and the SPR An Examination of the Hodgson Report of 1885〟（http://www.theosociety.org/pasadena/hpb-spr/hpbspr-h.htm）

5 サイキックたちからの挑戦
【ASIOSが調査した超能力実験】

伝説

世の中には、超能力や霊能力があるという人たちがいる。いわゆるサイキック※①と呼ばれる人たちだ。彼らの中には事件の犯人を霊視したり、風を起こしたり、物体の重さを変化させたりすることが可能だと主張する人たちがいる。

はたして彼らの主張する能力は本物なのだろうか？

真相

ＡＳＩＯＳでは超常現象を調査する団体という性質上、これまでに何度かサイキックと呼ばれるような人たちから実験の申し出を受けてきた。

そういった人たちの中には対話が可能で、主張も比較的明確であり、自らの能力を実験

※①サイキック
超能力を有していたり、心霊を感知する能力などを有する人のこと。青森県のイタコなども広い意味でサイキックである。

によって確かめてみたいと望む人たちがいた。

そこで私たちは彼らの申し出を受け、対話を重ね、実験の実現に向けて動いてきた。本稿では、これまでのエピソードの中から、いくつかをピックアップし、紹介することにしたい。

●事件の犯人を霊視できるというA氏のケース

まずは事件の犯人を霊視できるというA氏のケース。A氏は東京都内で活動をしているプロの霊能者である。彼は捜査特別報奨金制度[※②]による懸賞金がかかっているいくつかの事件を霊視して、その結果[※③]を警察に送っていた。またそれと平行して、自らの能力を実験で確かめたいとして、ASIOSへ実験の申し出を行ったという次第だった。

時期は2008年3月である。事前に何度も打ち合わせを重ねた結果、双方同意の上で、次の実験が行われることになった。


【実験内容】

・準備として1970年代〜2000年代に起きた事件[※④]を7件選ぶ。しかし、そのうちの1件だけは実際には起きていない架空の事件を創作する。
・A氏によると霊視の際は「犯人の思考とリンクする」とのことなので、架空の事件ではリンクできないことになる。実験では、この7件の事件の概要がそれぞれ記された7枚の文書の中から、架空の事件がどれか当ててもらう。

※②捜査特別報奨金制度　警視庁が指定する事件に関し、検挙に結び付く有用な情報を提供した人に対して報奨金が支払われる制度。公的懸賞金制度ともいう。報奨金の限度額は原則として300万円。ただし特例として1000万円までの範囲内で増額される場合がある。

※③結果を警察に送っていた　一方的にメールを送っているだけなので、警察から反応はないという。

・対照実験も行い、当てずっぽう、もしくは合理的推論など、霊視以外の方法で創作の事件がどれかを当てる。
・被験者に提示する内容は、事件が起きた年月日、場所、被害者の性別、年齢、職業、簡単な犯行状況をまとめた3行程度の情報。

【写真1】霊視実験で使われた封筒。上から霊能者用、対照実験用、正解用。

・事件ごとに対照実験用も合わせて7枚×2の計14枚の紙に前述の内容をプリントアウトし、外部から透けて見えない封筒に入れてのり付けする。
・実験では封筒をシャッフルし、上から一枚ずつ取り、被験者に渡す。被験者は封筒から事件の概要が記された紙を取り出し、霊視を開始する。
・正解の創作事件は結果発表の際に使用するため、もう一枚別に印刷し、他の14枚とは違う色の外部から透けて見えない封筒に入れる。この封筒はすり替えができないように、実験開始時にホワイトボードに貼り付けておく。
・実験で使用するものは、すべてASIOS側が用意する。

※④事件を7件選ぶ事件の概要から推察されるのを防ぐため、なるべくマイナーな事件を選んだ。

【実験の結果】

実験では1978年、83年、92年、93年、95年、97年、02年の事件があり、このうちA氏が選んだのは97年の事件、対照実験で別の人物が選んだのは78年の事件だった。しかし正解は2002年の事件が創作だった。**残念ながら外れ**である。

とはいえ実験はこの後も内容を変えながら半年ほどをかけて計6回は行われる予定だった。ところがA氏は**2回目の実験には現れず、それ以降、音信不通**となってしまった。残念な結果である。

●スプーン曲げ、透視、波動の読み取りができるというB氏のケース

次は、スプーン曲げ、透視、波動の読み取りができるというB氏のケース。彼は関西で気功の会を主催しているという人物で、次のようなことができるという触れ込みだった。

・スプーン曲げ：1分～2分ほどスプーンの柄の部分を触っていると二つに切断することが可能。
・透視：封筒に入れたカードの図柄を透視することができる。
・波動の読み取り：被験者が知らないところで別の人が触れたものを特定することができる。触れるのは10秒ほどでOK。複数の人が触ることになっても、※⑤人物を指定すれば問題なく特定できる。また対象物は封筒などに入れても読み取り可能。ただし触れる人物

※⑤人物を指定すれば問題なく特定できる　「波動の汚染」のようなものは考えなくていいという。

と直接会って本人の「波動」のようなものを見る必要があり、その人物が対象物に触れたことで写った同じ波動を読み取って当てるという。

本当であれば、なかなかすごいものばかりである。そこでB氏と何度も打ち合わせを重ね、双方同意の上で、まずは次の波動の読み取り実験が行われることになった。

【実験の内容】

(1) 25枚の紙と封筒、1本のペンを用意する。
(2) 被験者には一時的に部屋を出てもらい、その間にASIOS側の一人が、25枚の紙の中から5枚を選んで10秒触れる。その後小さくサインして、外から透けて見えない封筒に入れてのり付けする。
(3) 残った20枚は進行役が封筒に入れ、のり付けする。
(4) 25枚の封筒を大きな袋に入れ、よく混ざるようにシャッフル。
(5) 封筒を袋から出したら机の上に25枚並べ、B氏に部屋に入ってもらう。
(6) 紙に触れたASIOS側の一人には後ろを向いてもらい、被験者にはその後ろ姿を見ながら25枚の封筒の中から触れた5枚の紙が入っている封筒を当ててもらう。
(7) 最後に封筒を1枚ずつ開封し、当たっているか確認。3枚以上選べたならば成功とする。※⑥

※⑥ 3枚以上選べたならば成功
25枚からASIOS側の1人が触れた紙を3枚選び出す確率は、3・8%である。

（8）同じ条件で対照実験も行う。

【実験の結果】

これは**残念ながら実験が中止**になってしまった。実験日も場所も決まっていた中、直前になってB氏から会のメンバーが交通事故に遭い、※⑦実験には参加できなくなったという連絡があったのだ。

そこでB氏からは、また日を改めて行いたいという申し出があったものの、その後、**連絡が取れなくなり、音信不通**となってしまった。

●風を起こすことができるというE氏のケース

続いてのE氏は、風を増幅させたり、無風状態から風を起こしたりすることができるという人物。このE氏とも事前に度重なる打ち合わせを行った結果、双方同意の上で、次の実験が行われることになった。

【実験の内容】

（1）キャップをとった大きなペットボトルの下部の側面に穴を開ける。
（2）穴の開いた側面を自分とは反対側になるように机に置く。
（3）ペットボトルの中にちぎったティッシュを丸めて入れる。

※⑦実験には参加できなくなったという連絡があったその前のタイミングで、こちらから他の実験案としてスプーン曲げは切断部分のみ触る、ビデオ撮影するといった条件を提示していた。

（4）超能力によって反対側にある穴に風を起こし、ペットボトルの中のティッシュ片を動かす。
（5）これが成功したら、同じペットボトルを三つ用意し、任意のペットボトルだけに現象を起こしてもらう。

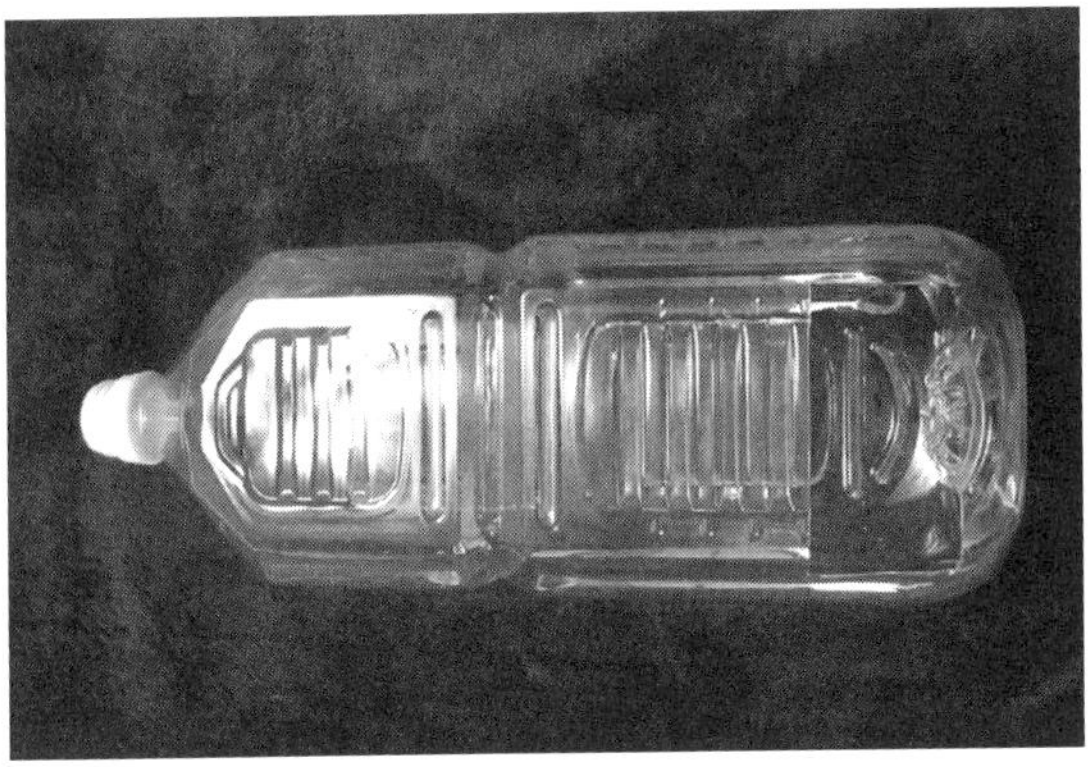
【写真2】風を起こす実験で使ったペットボトル

【実験の結果】
残念ながら、（4）の段階で成功しなかった。この結果に対し、E氏から新たにドライヤーを使う、※⑧天井に吊した紙を動かすなどの実験を提案された。しかしドライヤーを使ったのではティッシュ片が動いて当たり前であるし、天井に吊しただけでは空気の対流と区別がつかない。そのため**実験は打ち切り**となった。

●**物体の重さを変化させられるというK氏**
最後は物体の重さを変えられるというK氏のケース。K氏によると、たとえば重さ1キロの物体を電子天秤に乗せた場合、完全に値が止まったあとに、

※⑧新たにドライヤーを使う
E氏によると、ドライヤーを使うことで、風を増幅させることができるという。

【写真3】実験に使用したアクリルケース

超能力を使うと重さを1～3グラム変化させられるという。（使わないときは変化なし）

そこで、何度も打ち合わせをした結果、双方同意の上、次[※⑨]の実験が行われることになった。

【実験の内容】

・重さが160グラムの置物をASIOS側が用意。これは細工できないように中が透明なガラスになっている。

・電子天秤もASIOS側が用意。この電子天秤は、激しく揺らさない限り、計量値が変化しないものを選ぶ。

・電子天秤には触れることができないよう、透明のアクリルケースをASIOS側が用意。

・実験では160グラムの置物を電子天秤に乗せ、周囲をアクリルケースで覆う。完全に電子天秤の値が止まったら、K氏には置物に超能力を加え、電子天秤の値を変化させてもらう。変化する値が3グラム以上であれば成功とする。

・実験はビデオで録画する。

※⑨実験が行われることになった
このときの実験は日本超心理学会の事務局をお借りして行われた。

【実験の結果】

途中で休憩も挟みながら30分ほどは続けられたものの、**残念ながら置物の重さは変化しなかった**。実験はここで終了した。

けれども、その後、Ｋ氏とは継続して連絡を取り合っており、条件を変えた他の実験も※⑩何度か行っている。ただし、いずれもまずは先方だけで確認してもらう予備実験の段階で、残念ながら成功には至っていない。道は険しいようである。

とはいえ、これまでに紹介した実験などは超能力や霊能力といったものを全否定するものではない。また超常現象を扱ったバラエティ番組で見られるような「対決」するようなものでもない。

サイキックと呼ばれる人たちからの要請を受け、対話を重ね、双方同意の上で話を進めたものである。今後も要請があれば、検討の上、実験を重ねていくつもりである。

（本城達也）

※⑩条件を変えた他の実験　たとえば、無線ＬＡＮの電波強度を一定レベルで変化させる実験など。

6 H・G・ウェルズの予言
【SFの父が遺した戦慄の未来予想図】

伝説……………

『ノストラダムスの大予言』[※①]で有名な予言研究家の五島勉氏[※②]は、近著『H・G・ウェルズの予言された未来の記録』（祥伝社）の中で、イギリスのSF作家H・G・ウェルズ[※③]の１９３３年の長編『来るべきものたちの姿 The Shape of Things to Come』を取り上げている。未来の学者が書いた歴史書という設定で、20世紀前半から２１０６年までの歴史が語られているのだが、その中で第二次世界大戦が正確に予言されているのだ。

驚くべきことに、この本には２０１２年に中国で起きた反日暴動も予言されている。中国内陸部で暴動に巻きこまれ、逃走中の日本人青年。彼が死の直前に遺した手記の中に、「アーモンドの花が咲きほこる　春の太陽の光の中に」という奇妙な詩があった。

『The Shape of Things to Come』は１９５３年、『世界はこうなる』という題で翻訳が出ている。しかし、その中ではこの詩はひどく改変され、「アーモンドの花」は「ももの花」

※①『ノストラダムスの大予言』１９７３年、祥伝社から出版されて大ベストセラーになり、日本にノストラダムス・ブームを巻き起こした。実際には当時、五島氏はノストラダムスに関する資料をほとんど持っておらず、本の中で紹介されているエピソードの多くは五島氏の創作だった。詳しくは山本弘『トンデモノストラダムス本の世界』（洋泉社／宝島社文庫）を参照されたい。

に変えられていた。

　五島氏はこの点を『世界はこうなる』の訳者の吉岡義二氏※④に会って問いただす。吉岡氏が語ったところによれば、ある組織の情報員を名乗る男から電話がかかってきて、「あのアーモンドの詩を、あのままの形で訳して広めるのは、やめていただけないでしょうか?」と要求されたのだという。要求を呑まなければ本を出させないと脅迫され、吉岡氏はやむなくそれに従ったのだ。

　他にもウェルズには、1914年に発表された『解放された世界』という長編がある。ここでは核戦争が描かれており、実際に広島に原爆が投下されるより30年以上も前に、原子爆弾の威力が正確に予言されているのだ。

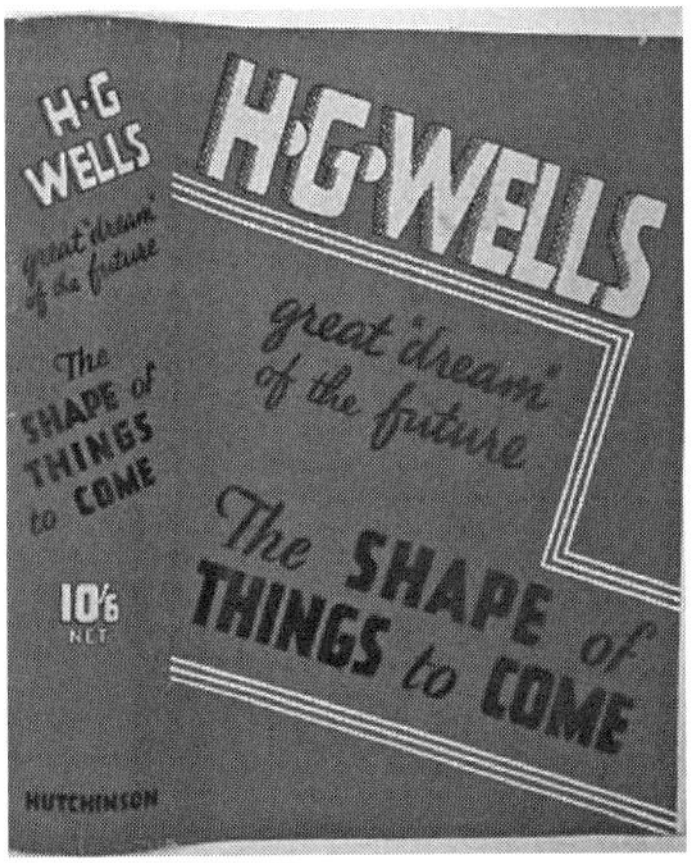

『The Shape of Things to Come』の初版表紙

真相……

●核兵器を最初に予言した作家は誰か?

　未来に起きる架空の戦争を描いた小説は、昔から多くの作家が書いている。

　イギリスでは1871年、ジョージ・T・チェスニーの『The Battle of Dorking』が大ヒットした。イギリスがプロシア軍に侵略され

※②五島勉［ごとう・べん］
1929年生まれ。当初は雑誌ライター兼小説家だったが『ノストラダムスの大予言』が大ベストセラーになり、以後、オカルトや予言に関する本を多数執筆。

※③H・G・ウェルズ
（1866〜1946）

イギリスの作家・思想家。『タイム・マシン』『透明人間』『宇宙戦争』『月世界最初の人間』など、数多くのSF作品を遺し、多くの作家に影響を与えた。歴史家、社会運動家としても有名。

※④吉岡義二
（1898〜1987）

銀行家。戦前から『The Shape of Things to Come』に興味を持つ。シベリア抑留中に翻訳に取り組むが、ほとんど訳し終えた原稿と原書をすべてソ連兵に没収される。日本に帰国後、第一信託銀行で働く傍ら、こつこつと翻訳に取り組んで、出版にこぎつけた。

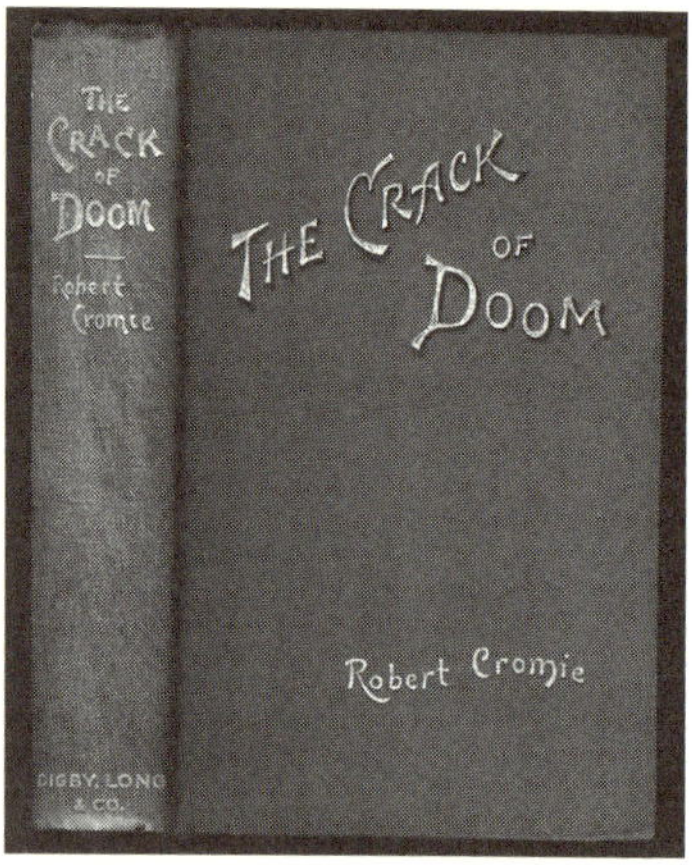

『The Crack of Doom』の初版表紙

るという小説で、この人気に便乗し、同工異曲の未来戦争小説がたくさん書かれた。創元ＳＦ文庫版『宇宙戦争』の訳者の中村融氏は「『宇宙戦争』もその系譜を引いていることはまちがいない」と指摘している。

レオ・シラード※⑤が核分裂連鎖反応のアイデアを思いついたのは１９３３年だが、原子核に大きなエネルギーが秘められていることは以前から分かっており、しばしばＳＦの題材になってきた。原子力を破壊兵器に利用するというアイデアを最初に提示した小説は、ロバート・クローミーの『The Crack of Doom』（１８９５）だと言われている。

他にもロイ・ノートン『The Vanishing Fleets』（１９０７）、ホリス・ゴドフレイ『The Man Who Ended War』（１９０８）、ジョン・ウルリッヒ・ギージー『All for His Country』（１９１４）、アーサー・チェイニー・トレイン『The Man Who Rocked the Earth』（１９１４）などはいずれも、近未来（当時から見て）の戦争を描いており、天才発明家の開発した「放射性飛行機」「放射能波」「放射性反重力スクリーン」「放射能光線」といった原子力利用の超兵器が戦争を終わらせるというストーリーである。１９１４年に書かれたウェルズの『解放された世界』は、確かに核兵器による全面戦争を描いた最初の作

※⑤レオ・シラード（１８９８〜１９６４）ハンガリー生まれの物理学者。彼は１９３２年にドイツ語版の『解放された世界』を読んでおり、核分裂連鎖反応のアイデアを思いついたのはその影響だと述べている。つまりウェルズが原爆を予言したのではなく、ウェルズの小説が原爆誕生のきっかけになったのである。

レオ・シラード

品だが、ウェルズが唐突に核兵器や核戦争を予見したわけではない。当時、ＳＦの世界では、**原子力を用いた兵器による戦争が書かれる下地がすでにあった**のだ。

また、『解放された世界』の中での**ウェルズの予想は、かなりはずれている**。たとえば彼は、原子力は兵器よりも先に平和利用が普及すると想定していた。原子力エンジンは自動車に搭載できるほど小さいことになっていた。巨大な原子炉というものを、ウェルズは想像できなかったのだ。また、核戦争が勃発するのは１９５０年代という設定だった。

●まったく当たっていない予言

１９３３年に書かれた『世界はこうなる』の中の未来予測も、後から見ると**まったく当たっていない**。作中では１９３９年、日本軍は中国軍の抵抗に加えてペストに苦しめられ、ぼろぼろになって大陸から撤退する。２００万の軍団は半分以下しか残らなかった。一方、日本とアメリカの海戦は、双方ともに疲弊して引き分けに終わり、日本が降伏したり占領されたりすることはない。日本国内では**国民の不満が爆発して社会革命が起き、農民は共産主義化**する。

『解放された世界』とは異なり、『世界はこうなる』では※⑥原子爆弾は使用されない。その代わり毒ガス兵器は大規模に使われる。日本も１９３５年に南京を緑色ガス弾で爆撃し、中国人はその報復に東京と大阪に「永久死滅ガス」を投下する。

ヨーロッパでは大戦が１９４０年に勃発し、10年以上続く。さらに疫病が世界に蔓延し、

※⑥原子爆弾は使用されない　大川隆法『Ｈ・Ｇ・ウェルズの未来社会透視リーディング』（幸福の科学出版）には、この小説の中に「アメリカとも戦争になって、最後、原子力爆弾を二発落とされて日本が負ける」と予言されていると書かれている。これは『世界はこうなる』のストーリーを大幅に歪曲した紹介である。

文明は一時、完全に崩壊する。1930年には20億人だった人口は、1960年には10億人にまで減少する。やがて戦争への反省から世界政府運動が高まり、1965年のバスラ会議をきっかけに世界政府が誕生する。

疫病が流行するくだりは、第一次世界大戦の終わりにスペイン風邪[※⑦]が流行したことがヒントと思われる。作中でも「一見したところでは、この新大戦は一九一四・一八年の第一次大戦に似ておった」（上巻438ページ）という文があり、ウェルズが架空の第二次世界大戦を描くのに、第一次世界大戦を参考にしたことがうかがえる。

●日中戦争の描写だった！

それなら、五島氏が『H・G・ウェルズの予言された未来の記録』の第一章で紹介している日本人青年の話は何なのか。

五島氏はこれを「二〇一二年」（27ページ）の出来事と書き、近年の中国国内の反日暴動の予言ということにしているが、まったく違う。これは1939年、**中国との戦争で日本軍が敗退する場面のエピソード**なのである。

五島氏はこの人物が「中国に派遣されていた若いオフィサー」で、「オフィサー」とは普通は軍隊の将校のことを指すが、ほかには役付の公務員とか、半官半民のビジネス機構の幹部なども指すことがある」（20ページ）と強弁し、この「オフィサー」が民間人だと読者に思わせようとしている。しかし、『世界はこうなる』の作中では、彼の戦友についての記述

※⑦スペイン風邪　第一次世界大戦末期の1918年から19年にかけて起きた、世界規模のインフルエンザのパンデミック（爆発的流行）。感染者は当時の地球人口の約3割にあたる6億人、死者は5000万人と推定されている。最初に発生したのはアメリカだが、当時、戦争のために情報が統制されており、中立国のスペインから情報が発信されたため、この名がある。

や、「兵器弾薬の消耗の記録」（上巻448ページ）に関する言及もあり、軍人であることは疑いがない。五島氏は、日中戦争に関するウェルズの予測が完全にはずれていたことを隠蔽するため、1939年のエピソードを近年の反日暴動の予言に作り変え、**「オフィサー」を民間人にする必要があった**のだ。

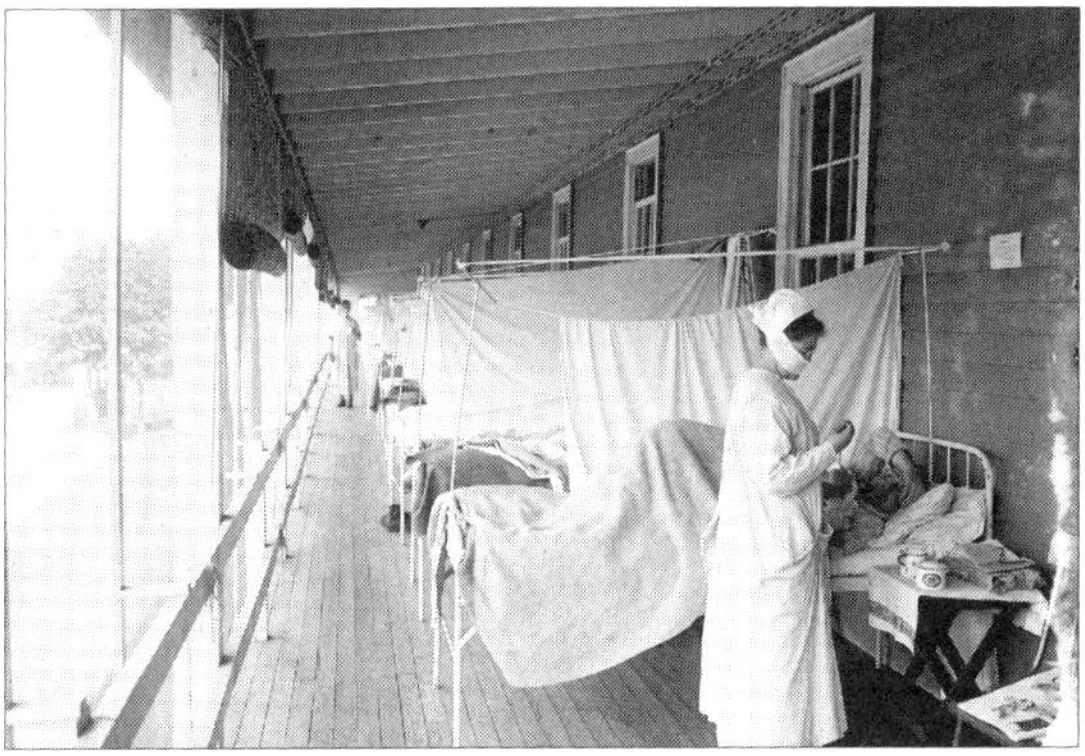

スペイン風邪の患者でごった返すアメリカの病院（1918年頃）

●抹殺された映画版の存在

五島氏は、『ウェルズSF傑作集1』（創元推理文庫）のあとがきで訳者の阿部知二※⑧氏が『The Shape of Things to Come』を『来るべき世界の姿』と訳したことを、「不正確な訳」と評し、「わざと不正確に言わなければならない理由があったのか」（117ページ）と不思議がってみせる。

ちっとも不正確ではない。『The Shape of Things to Come』はウェルズ自身の手で脚本化され、1936年、『Things to Come』という題で映画化されて、同じ年に日本でも公開されている。その日本公開時の題名が『来るべき世界』なのである。

映画※⑨『来るべき世界』は、戦前のSF映画の歴史

※⑧阿部知二
（1903～1973）小説家、翻訳家、英文学者。ドイル『シャーロック・ホームズ』シリーズ（創元推理文庫）やメルヴィル『白鯨』（筑摩書房）などの訳で知られる。

※⑨映画『来るべき世界』
監督ウィリアム・キャメロン・メンジース、製作アレクサンダー・コルダ。ストーリーは退屈だが、ミニチュア特撮は当時としては最高水準で、見応えがある。

を語るうえで、必ず出てくるタイトルのひとつだ。※⑩手塚治虫の初期長編に同題の作品があるが、そのタイトルもこの映画から取られたものである。阿部氏の『来るべき世界の姿』というのも、**映画の邦題を踏まえたうえでの訳**なのだ。

しかし、五島氏はこの有名な映画（日本でもＤＶＤ化されており、簡単に手に入る）について、一行たりとも触れていない。自分が研究している小説が映画になっていることに気づかないというのは、とてもありそうにない。おそらく、『The Shape of Things to Come』がこれまで日本にほとんど紹介されていなかったことにするため、**映画版の存在を読者に隠す必要があった**のではないか。

他にも五島氏は、『解放された世界』がなかなか日本に紹介されず、日本語訳が「一九九七年になってはじめて出された」（92ページ）などと書いている。それなら筆者（山本）が持っているサンリオ文庫版の『解放された世界』（初版は１９７８年）はいったい何なのだろう？

●信用できないエピソード

他にも五島氏が披露するウェルズやその作品についてのエピソードは、疑わしいものが多い。少年時代、フェザーストーン家で働いていた時に、書庫で当主と『ヨハネ黙示録』や『種の起源』について会話したとか（46ページ）、若いセレブ女性にふられた翌朝、唐突に『解放された世界』のアイデアがひらめいたとか（90ページ）、脳裏に急に日本のイメージがひらめいたとか（98ページ）、死の直前、妻に「人類の究極の未来について、何か決定的なこ

※⑩手塚治虫の初期長編　1951年に書かれた『来るべき世界』。『ロストワールド』（48年）、『メトロポリス』（49年）とともに「初期SF3部作」と呼ばれている。どれも海外のSF映画からタイトルを取っているが、ストーリーは映画とは関係がない。

『来るべき世界』

とを、二〇語ほどの単語でささやいた」（232ページ）といったエピソードは、ノーマン&ジーン・マッケンジーが書いたウェルズの伝記『時の旅人』（翻訳では700ページ近くの厚さがある）の中に、まったく出てこないのだ。[※⑪]小さな間違いとなると、いちいち挙げていったらきりがない。

五島氏が『世界はこうなる』の訳者の吉岡義二氏のオフィスを訪れるくだり（162ページ）は、1996年に書かれた『1999年日本「大予言《ノストラダムス》」からの脱出』（光文社）のあとがきにも出てくる。しかしそこには、五島氏が「アーモンドの花」について吉岡氏について訊ねた話も、吉岡氏が某国の情報員から脅迫を受けたという話も、まったく出てこない。そんな興味深い話があるなら、なぜ96年の時点で書かなかったのだろう？　そもそも、有名な作家の有名な作品を訳すのに、**いちいち圧力をかけてくる情報員などいるとは思えない**のだが。

また、『「大予言」からの脱出』では、五島氏は『ウェルズSF傑作集1』の訳者の阿部知二氏とも電話で話をしている。阿部氏は五島氏にいろいろなことを教え、「もっと聞きたければ、いちど来なさい」と親切に言ったとい

映画『来るべき世界』のポスター

※⑪小さな間違い　たとえばウェルズの父親の負傷の原因を、「クリケットの練習中」の事故と書いている（実際はハシゴから落ちた）。

う。しかし、『予言された未来の記録』では、五島氏が『来るべき世界の姿』の翻訳の予定について訊ねると、阿部氏は急に不機嫌になり、「あれには手を突っこむな、さわるな!」と怒鳴って、ガチャンと電話を切ったことになっている(113ページ)。明らかに矛盾しているのだ。

どちらも何十年も前の出来事という設定で、吉岡氏も阿部氏もすでに亡くなられているので、真偽を確かめることはできない※⑫。**真相を知るのは五島氏のみ**である。

(山本弘)

■参考資料:
H・G・ウェルズ『宇宙戦争』(創元SF文庫、2005年)
H・G・ウェルズ『解放された世界』(サンリオ文庫、1978年)
H・G・ウェルズ『世界はこうなる』(明徳出版社、1959年)
H・ブルース・フランクリン『最終兵器の夢』(岩波書店、2011年)
ノーマン&ジーン・マッケンジー『時の旅人』(早川書房、1978年)
大川隆法『H・G・ウェルズの未来社会透視リーディング』(幸福の科学出版、2013年)
五島勉『H・G・ウェルズの予言された未来の記録』(祥伝社、2013年)
五島勉『1999年日本「大予言」からの脱出』(光文社、1996年)
DVD『来るべき世界』(有限会社フォワード、2007年)
山津寿丸「ノストラダムス wiki:ノストラダムスの大事典」(http://www42.atwiki.jp/nostradamus/)

※⑫真偽を確かめることはできない。
五島氏のヒット作『ノストラダムスの大予言』シリーズの中にも、こうした真偽不明の(第三者には検証のしようがない)会話が頻繁に出てくる。

第二章　奇想天外「怪奇・ミステリー事件」の真相……

7 バミューダ・トライアングルの謎

【通るものがこつ然と姿を消す〝魔の海域〟】

伝説

大西洋の西に位置する、バミューダ諸島、マイアミ、プエルトリコを結ぶ三角形の海域は、船や航空機が忽然と姿を消すことで世界的に知られている。世に言う「[※①]バミューダ・トライアングル」である。

この海域では奇妙な事件がいくつも起きている。たとえば1978年2月22日、空母ジョン・F・ケネディに物資を運ぶため飛行していた海軍中佐ポール・スマイスとリチャード・レオナルド中尉は、バミューダ海域を飛行中、乗っていた飛行機もろとも消失した。当時、天気は快晴で、消失の原因はわかっていない。

1980年1月10日には、ルイジアナ州立大学のフットボールコーチ、ボー・リーンが乗る飛行機が、同州の州都バトンリュージュを目指して飛行中、突然、バミューダ海域へ向かって飛び出し、5時間後に姿を消すという事件が起きた。しかし手がかりはまったく

※①バミューダ・トライアングル
最初にこの三角形の海域を「バミューダ・トライアングル」と名付けたのは作家のヴィンセント・ガディス。彼は著書『見えない地平線』（1965年）や『Argosy』誌（1964年2月号）の記事の中でこの名称を使っていた。

つかめておらず、なぜこのような事件が起きたのか謎である。

また古くは1881年にも奇妙な事件が起きている。アメリカのスクーナー船※②、エレン・オースティン号が、同海域を航行中、遺棄された一隻の船に遭遇。乗り移ってみると何も異常なところはなく、ただ船員だけが忽然と姿を消していた。

エレン・オースティン号の船長は、この船を天からの授かり物と考え、船員を乗り込ませて一緒に目的地まで向かうことにした。しかし、その途中、突然のスコールに見舞われる。両船は離ればなれになってしまったが、2日後になんとか再会。ところが様子がおかしい。再び乗り込んでみると、なんと前に乗り込んでいた船員たちは全員姿を消していた！

この異常事態を受け、当然、船員たちは再び遺棄船に乗り込むことに尻込みしたものの、船長が説得し、もう一度、新たに船員を乗り込ませて目的地まで向かうことになった。

ところがその直後、またしても両船をスコールが襲い、離ればなれになってしまう。結局、遺棄

1978年2月22日にバミューダ海域で姿を消したというアメリカ海軍のA-6。消失の原因はいまでもわかっていないとされる。

※②スクーナー船
2本以上の帆柱を立て、その帆柱の片側に帆を張っている船。縦長の帆が特徴。

スクーナー船

船はそのまま二度と現れることはなく、船員もろとも完全に姿を消してしまったのである。

このようにバミューダ海域では、常識では理解しがたい奇妙な事件がいくつも起きている。我々には同海域で起こる消失現象に対抗する術はない。一度飲み込まれたが最後、二度と出てくることができない魔の海域なのである。

真相……

●調査された〝消失〟事例

バミューダ・トライアングルの【伝説】は、アメリカ・アリゾナ州立大学図書館の元司書ローレンス・クシュ※③や、アメリカ陸軍の元大尉マイケル・デネット※④らによって詳しく調査されている。

これらの先行研究によれば、バミューダ・トライアングルで起きているとされる事件の多くは、**悪天候や機械トラブル、人為的なミスなどが原因**で、中には**作家たちによる創作や誇張**などによって、謎の事件としてデッチ上げられていた場合もあったという。

たとえば1978年2月22日のケースでは、実際の天気は快晴などではなく嵐だった。その日の朝にはアメリカ東部で雪が降り、風速は11～15メートル、最大瞬間風速は20メートル、波の高さは3メートルという状況だった。

またポール・スマイス中佐とリチャード・レオナルド中尉が乗っていた飛行機は、**離陸**

※③ローレンス・クシュ　アリゾナ州立大学図書館の元司書。18歳のときにパイロットの資格を取り、21歳で飛行教官のライセンスを得て、教官として飛行機の操縦を教えていた経歴を持つ。

※④マイケル・デネット　1949年生まれ。元アメリカ陸軍大尉。バミューダ現象に限らず、UFO、ビッグフットなども研究。2009年に白血病のため、59歳で死去。

後すぐに問題が起きたと無線連絡している。捜索はすぐに行われたものの、海に墜落した衝撃で大破していたと考えられたため、悪天候の海では残骸は見つからなかった。事故後の調査では、墜落機は過去にも故障トラブルを起こしていたことが判明している。

1980年1月10日に起きたケースは、**機体のトラブルによる低酸素状態が引き起こした事故**だと考えられている。連邦航空局の調査によれば、事故機は二つ前のフライトで、勝手に高度が上がったり下がったりするコントロールの問題を起こし、一時的に飛行できずにいたという。また事故当日は途中で悪天候に遭遇したため、飛行経路を変更するという無線連絡も入っていた。そうした中、事故機は異常な上昇と機体トラブルによる低酸素状態を引き起こし、乗員たちは意識を喪失。しばらくは自動操縦装置の管理下で飛行を続けたものの、その後、墜落したと考えられている。

1881年のエレン・オースティン号の事件は、クシュが『ニューヨーク・タイムズ』紙や『ロンドン・タイムズ』紙、および海難史事典、さらにはロ※⑤イド船級協会の記録やニューファウンドランドの公

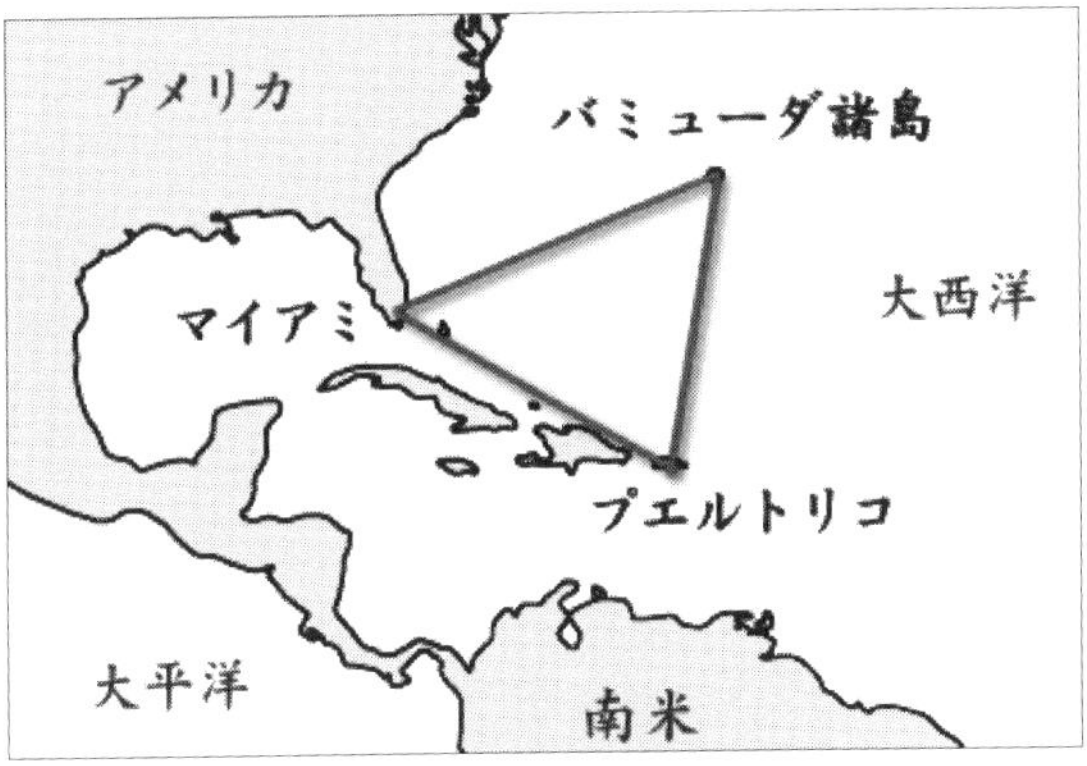

バミューダ・トライアングルの地図

※⑤ロイド船級協会
船舶が安全に航海できるように、船体や設備を検査し、その安全性を保証する独立団体。ロイド船級協会は世界初の船級協会で、18世紀にロンドンで組織された。

「バミューダ・トライアングル」の名称で初めて紹介された「ARGOSY」（1964年２月号）

立図書館に保存されている資料、同地の『イヴニング・テレグラム』や『ニューファウンドランダー』誌などを徹底的に調べてみたものの、この**事件に関する記録は何一つ見つけられなかった**という。

おそらく事件そのものが作家たちによる創作だと考えられる。そもそもこの事件を最初に紹介した作家のルパート・グールドは出典を何もあげていない。彼がこの事件について書いたときは全文で86語という短いものだった。乗り移った乗員の消失は1回だけである。

ところが、これが他の作家たちに引用、孫引きされていくと、**話にどんどん尾ヒレがついていく**。たとえば作家のヴィンセント・ガディス※⑥がこの話をグールドの本から引用した際には、全文で１８８語に増え、元の本にはない小話が創作されている。その後、ガディスの本を超常現象研究家のアイヴァン・サンダーソン※⑦が引用したときには、**全文で４１７語に増え**、船員が短い航海日誌をつけていたという話や2回目の消失事件が新たに創作された。

こうした創作は他のケースでも見られる。１８６６年のロッタ号事件、１８６８年のヴィエゴ号事件、１８８４年のミラモン号事件、１９６９年のビル・ヴェリティ事件、１９７９年のチェロキー・アロー号事件などがそうだ。

※⑥ヴィンセント・ガディス（１９１３〜１９９７）
アメリカの作家。１９４７年からインディアナ州の新聞記者として働いた後、１９６２年に作家となった。超常現象関連の記事を多数執筆している。マジックも趣味としており、国際マジシャン協会（ＩＢＭ）のメンバーでもあった。

※⑦アイヴァン・サンダーソン（１９１１〜１９７３）
アメリカの超常現象研究家。ケンブリッジ大学で動物学、地理学、植物学を学ぶ。１９３２年、カメルーンの山中で未確認生物の怪鳥コンガマトーに襲われたエピソードなどでも知られる。場違いな過去の遺物を指す「オーパーツ」という用語の名付け親でもある。

なかでも1969年の事件では、ヨットに乗って消失したとされていたビル・ヴェリティ本人と、この事件を調査していたクシュが**電話で直接会話**までしている。彼は消えてなどいなかったのだ。

●バミューダ海域は海難事故の多発地帯ではない？

このようにバミューダ海域で起きたとされる事件は、創作や悪天候、機械トラブルなどが原因のものが多い。もちろん中には少数ながら原因がよくわかっていない事件はある。けれども、これはバミューダ海域に限ったことではなく、他の海域の遭難事故でも普通に起きることだ。

またこの他にも、バミューダ海域では海難事故はあっても、それが多発している事実はないという指摘もある。1992年にイギリス・チャンネル4の番組に出演[※⑧]したアメリカ地質調査所（USGS）のビル・ディロンによれば、同番組のプロデューサー、ジョン・シモンズがイギリスの大手保険マーケット、ロイズに取材したところ、**バミューダ海域で多くの船が沈められている事実はない**との回答を得たという。アメリカ沿岸警備隊の報告でも、ロイズでは同海域を通過する船に対し、高い保険料を設定していないことが指摘されている。

やはり「魔の海域」というイメージは大げさだったようだ。クシュはバミューダ・トライアングルが大流行した70年代当時の状況を指して次のように述べている。

「水平線のかなたばかり眺めていると、**自分の鼻先のことがわからない**」

※⑧チャンネル4の番組
番組名は「The Bermuda Triangle」。

センセーショナルな主張には、同じくセンセーショナルな真相が隠されていると思いがちである。ところが実際はそうでもないものだ。鼻先を見失わないくらいの冷静さは持ち合わせておきたい。

（本城達也）

■参考資料：

Charles Berlitz『The Bermuda Triangle』（Grafton; New Edtion, 1977）
チャールズ・バーリッツ『謎のバミューダ海域 完全版』（徳間書店、１９９７年）
ローレンス・D・クシュ『魔の三角海域―その伝説の謎を解く―』（角川書店、１９７５年）
Michael R. Dennett「Bermuda Triangle, 1981 Model」『Skeptical Inquirer』（Vol.4 No.1 Fall 1981）
マーチン・エボン編『バミューダ海域はブラック・ホールか』（二見書房、１９７５年）
Terence Hines『Pseudoscience and the Paranormal』（Prometheus Books, 2003）
Vincent Gaddis『Invisible Horizons』（Chilton, 1965）
Ivan T. Sanderson『Invisible Residents』（The World Publishing, 1970）
David Group『The Evidence for The Bermuda Triangle』（The Aquarian Press, 1984）
「新都市伝説～超常現象を解明せよ！～ バミューダ・トライアングル」（ナショナル・ジオグラフィック・チャンネル）
「Gas Hydrate at the USGS, Bermuda Triangle」USGS
（http://woodshole.er.usgs.gov/project-pages/hydrates/bermuda.html）
Naval History and Heritage Command「The Bermuda Triangle」
（http://www.history.navy.mil/faqs/faq8-1.htm）

8 フライト19消失事件の真相

【編隊が消えた!? 〝魔の海域〟最大の謎】

伝説……

バミューダ・トライアングルで起きた事件の中でも最大の謎とされているのが、「フライト19消失事件」である。

1945年12月5日の午後2時、フロリダにあるアメリカ海軍のフォート・ローダーデール基地を5機※①の飛行機が、日課の訓練飛行のために飛び立った。

天気は快晴である。風も波も穏やかで、絶好の飛行日和。ベテラン・パイロットのチャールズ・テイラー中尉を隊長とする編隊は、順調であれば午後4時には基地に帰還する予定だった。

ところが午後3時15分、事態は急変する。フォート・ローダーデール基地の管制塔に、テイラー中尉から異変を知らせる無線が届いたのである。

※①5機の飛行機
通称はフライト19。数字の部分はナインティーンと読む。日本では第19編隊と呼ばれることもある。

謎の消失を遂げたフライト19のアベンジャー雷撃機（※②）

テイラー中尉「管制塔へ。緊急事態だ。コースを外れたらしい。陸地が見えない……繰り返す……陸地が見えない」

管制塔「現在位置は？」

テイラー中尉「位置もはっきりしない。どこにいるのか判らないんだ……迷ったらしい……」

管制塔「真西を目指せ」

テイラー中尉「どっちが西かわからないんだ。何もかもおかしい……奇妙だ……方角がさっぱりわからない……海の様子もいつもと違う……」

この通信が奇妙なのは、「どっちが西かわからない」とテイラー中尉が応えている点である。というのも、この日は快晴であり、彼らはその時、西に傾きつつあった太陽を目指して飛べば簡単に基地へ帰還できたはずだからである。

しかしテイラー中尉は西がわからないと言っている。ということは太陽が見えていなかったということだ。彼らは一体、どこを飛行していたのだろうか。

テイラー中尉との通信は、その後、時間をおきながら何度か続いたものの、通信状態は

※②画像の出典
「フォート・ローダーデール海軍航空基地博物館」のホームページ（http://www.nasflmuseum.com/flight-19-exhibit.html）より引用。

次第に悪くなる一方だった。また話している内容も明らかに混乱していて、管制塔は彼らがバミューダ海域のどこを飛行しているのか、特定できずにいた。そうして時間ばかりが過ぎていく中、午後4時過ぎ、ついに最後のメッセージが届く。

テイラー中尉「我々のいる場所はどうやら……」
「白い水に突入……」

この謎めいたメッセージを残し、テイラー中尉率いる編隊は忽然と姿を消してしまったのである。だが、これだけではなかった。その後、フォート・ローダーデール基地からの救助依頼を受け、バミューダ海域へ救助へ向かったマーチン・マリナー飛行艇※④も、同海域に到着するや否や、忽然と姿を消してしまったのである。

結局、アメリカ海軍機6機と、その乗員27名はいまだに見つかっていない。彼らは一体どこに消えてしまったのだろうか？

MIAMI DAILY NEWS
FINAL EDITION
6 Navy Planes, 28 Aboard, Hunted Off Florida Coast
5 Lauderdale Avengers, Rescue Bomber Missing; Carrier Joins Search
Vets To Fight For Fair Deal On Surpluses
MacArthur Orders Arrest Of Konoye, Jap 'Front Man'
Hurley Flays Dean Acheson
Food Riots Predicted In Germany
Prewar U. S.

行方不明となったフライト19とマーチン・マリナー飛行艇の捜索活動の模様を伝える当時の新聞（※③）

※③新聞記事の出典
「マイアミ・デイリーニュース（Miami Daily News）」の1945年12月6日の記事。

※④マーチン・マリナー飛行艇
1940年から量産化された、マーチン社開発のアメリカ海軍の飛行艇。おもに海上の哨戒や救難、輸送などに用いられた。

マーチン・マリナー飛行艇

真相

この事件は、前出のローレンス・クシュが海軍の400ページ以上にも及ぶ調査報告書に何十度も目を通し、詳しく調査した。その結果、【伝説】でいわれていることとは違う事実がいくつもあることを発見している。

まず、この事件は「快晴」で「風や波も穏やか」だったとされるが、実際にそのとおりだったのは離陸時だけで、その後に**天気は急速に悪化**していた。

また、テイラー中尉はベテラン・パイロットではあったものの、フォート・ローダーデール基地に配属になったのは1945年11月21日。事件が起きるわずか2週間前だった。また5機の飛行機に乗っていたのは、テイラー中尉ともう一人を除くと、残り※⑤は全員が訓練生で、事件の日は彼らの訓練飛行だった。つまりフライト19は**地理的に疎い海域を飛ぶ隊長に率いられた、その多くが訓練生という構成の編隊**だったわけである。

●進路を失った新任隊長

彼らが訓練のために基地を飛び立ったのは1945年12月5日の午後2時10分。予定では、まず東へ90キロ飛行。途中の浅瀬で爆撃訓練を行った後、さらに110キロ進み、バハマ諸島付近で針路を北に変え、120キロ北上。そこで最後に針路を西南西に変えて190

※⑤残りは全員が訓練生　テイラー中尉らを除けば、搭乗者はいずれも若く、17歳から20代中頃までの若者が中心だった。ちなみに当日は直前で欠員がでたため、予定より一人少ない人数での飛行となっていた。

キロ飛行し、基地へ帰還するというはずだった。

しかし午後3時40分、フライト19とは別に、基地の上空を飛行していたロバート・F・コックス中尉は、針路を見失ったらしい飛行機の無線を傍受した。

「現在位置がわからない。さっきの旋回のあと迷ったに違いないな」

これはテイラー中尉率いるフライト19の無線だった。コックス中尉は無線で呼びかけると、次のような応答があった。

「コンパスが二つとも狂ってしまった。フロリダのフォート・ローダーデール基地を見つけたいんだ。いま陸の上だが、きれぎれの陸だ。キーズ上空に違いないと思うんだが、どのくらい南に下ったのかわからないし、フォート・ローダーデールへどう行けばいいのかもわからない」

フライト19の正式教官だったチャールズ・キャロル・テイラー中尉（※⑥）

ここでいうキーズとは、フロリダ半島の南端に連なる諸島のことだ。このときテイラー中尉は、本来の飛行針路である東ではなく、南に下ってしまったと思っていた。

ところが後に推定された彼らの位置は、ほぼ**予定どおりのバハマ諸島上空だった**とされている。つまり実際は間違った場所に飛行してしまったわけではなかったのだ。しかし地

※⑥画像の出典
「フォート・ローダーデール海軍航空基地博物館」のホームページ（http://www.nasflmuseum.com/flight-19-exhibit.html）より引用。

理に疎かったテイラー中尉は、途中で旋回した後、下に見える「きれぎれの陸」をフロリダ半島の南にある小島群と誤認してしまったようなのである。おそらくコンパスも狂ってはいなかったのかもしれない。しかし自分の判断と矛盾したため、コンパスの方がおかしいと思い込んでしまったとも考えられる。

いずれにせよ、彼らは予定のコースを大きく外れてしまったと考えたため、基地へ戻るために北や東といった方角へ飛んでいくことになる。ところが、これは実際にいた位置からすれば逆である。バハマ諸島から基地へ帰還するためには、西に向かって飛ぶ必要があったからだ。

●伝わらなかった基地の指示

実は、この本来の飛行位置に気づいていたらしい乗員はいたことがわかっている。

午後4時31分の通信では、「わが隊の一機が、270度（西）旋回すれば、本土に接近できると主張しているが、どうか」と連絡が入り、午後5時頃には、「西へ飛べばいいんだ。そうすりゃ基地へ帰れるんだよ」「そうとも、西へ行きさえすれば帰れるんだ！」という乗員同士のやり取りも聞かれている。

しかし不幸にもフライト19と基地との通信状態[※⑦]は悪くなる一方で、基地側が西へ飛行するべきだと考えていることは、なかなか伝わらなかった。

またフライト19の乗員の意見も、すぐには採用されなかったようである。午後4時45分

※⑦通信状態は悪くなる一方
テイラー中尉は無線の周波数を非常用チャンネルに切り替えなかった。これはもともとフライト19内での部下との無線連絡用に使っていた周波数を変更してしまった場合、新しい周波数で部下の機と連絡が取れなくなったら困ると判断したため。しかしその結果、部下たちとは連絡を取り続けられたものの、地上の基地とは無線連絡を維持できなくなってしまった。

には
テイラー中尉から、「我々は、これより方位30（北北東）にて45分間飛行し、のち北へ向かう」と連絡が入ったかと思えば、5時7分には、「テイラーから編隊の全機へ、方位90（東）へコースを変更、10分間飛ぶ」といったやり取りが聞かれている。

どうやらテイラー中尉は、自分たちの現在位置として、フロリダ半島の東側にいるのか、西側のメキシコ湾にいるのか、判断に迷っていたようだ。どちらにいると考えるかによって飛ぶべき方角は逆になる。もし東側なら基地に戻るためには西に飛ばなくてはならない。西側なら東である。

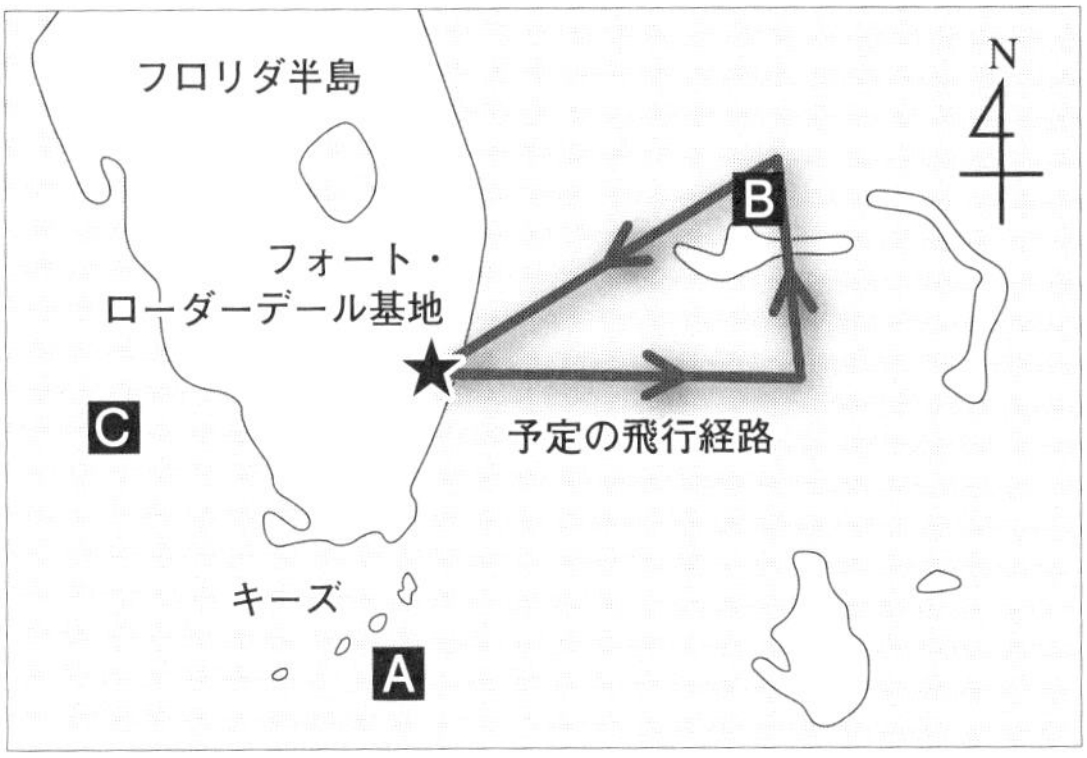

地図上の「A地点」は4時頃にテイラー中尉が推測していた位置。「B地点」はその当時実際に飛行していたと推定される位置。「C地点」は5時頃にテイラー中尉が推測していたと思われる位置。

しかし、これは推測の現在位置が正しければ戻れるものの、間違っていれば正反対の方向へ飛んでいくことになる。基地には戻れなくなるばかりか、延々と海の上を飛び続けるという危険もはらんでいた。そのため判断に迷って、**西へ東へ飛び回り、燃料を無駄に消費してしまう**という結果に陥ったようである。

フライト19の燃料が切れるのは、午後7時30分〜8時頃と推測されたが、最後[※⑧]の無線が聞き

※⑧最後の無線内容は「FT3からFT28へ」という編隊内での呼びかけだった。FT3は編隊の一機のコールサインで、FT28はテイラー機のコールサイン。

取れたのは午後7時4分。おそらく、その時間から午後8時までの間で、海へ不時着した[※⑨]と考えられている。

しかし当時の海は不運にも荒れ模様だった[※⑩]。フォート・ローダーデール基地で上級フライト・インストラクターを務めていたデビッド・ホワイト中尉によれば、高速で荒れ模様の海にぶつかることは「**レンガ造りの壁にあたる**」ことと同じだという。「私は誰も生き残ったとは思いません」とホワイト中尉は述べている。

なお、その後、救助に向かったマーチン・マリナー飛行艇が消息を絶ったのは事実であるものの、午後7時50分には、同機が向かっていたまさにその場所で、近くを航行していたアメリカ船ゲインズ・ミルズ号が**空中で爆発する飛行機を目撃**[※⑪]している。船長と船員の報告によれば、一機の飛行機が空中で火を発すると、たちまち水面に落下して爆発。油膜と残骸が散乱したという。しかし、荒れ模様の海では残骸等はすぐに飲み込まれてしまったと考えられる。さらなる救助隊が到着した頃には、すでに残骸等は発見できなかった。これはフライト19も同じだったと考えられる。

さてこのように、フライト19消失事件の【伝説】と事実は大きく違っている。テイラー中尉は地理に疎く、乗員の多くは訓練生だった。天気は悪天候になっていた。奇妙な通信とされるものはなかった。テイラー中尉は西がどちらかはわかっていた。彼らが迷っていたのは正しい方角ではなく、**自分たちの現在位置だった**のだ。

謎とされていたものを丁寧に取り除いてみると、そこに見えてくるのは魔のバミューダ

※⑨海へ不時着
午後5時22分には、テイラー中尉からの次の無線が聞かれている。「みんなのうちで、誰かの燃料が残り10ガロンになったら、いっしょに海上に着水しよう。みんな、わかったな?」。

※⑩荒れ模様
バナナ・リバー海軍基地のジェラルド・バマーリン中尉の証言によれば、午後8時15分に遭難海域に救助のため到着したときには、にわか雨がしばしば降り、西あるいは南西の風10～15メートル、海上は激しい時化模様で、白波が海上一面に見えていたという。

※⑪空中で爆発
マーチン・マリナー飛行艇は、燃料漏れを起こして問題になったことが過去に何度かあり、うっかりタバコを吸ったり、機械類がスパークしたりすると爆発の

海域としての恐ろしい姿ではなく、**いくつもの要因によって起きた不幸な事故の姿**である。

（本城達也）

■参考資料：
Charles Berlitz『The Bermuda Triangle』（Grafton; New Edtion, 1977）
チャールズ・バーリッツ『謎のバミューダ海域 完全版』（徳間書店、１９９７年）
ローレンス・D・クシュ『魔の三角海域―その伝説の謎を解く―』（角川書店、１９７５年）
マーチン・エボン編『バミューダ海域はブラック・ホールか』（二見書房、１９７５年）
David Group『The Evidence for The Bermuda Triangle』（The Aquarian Press, 1984）
「新都市伝説～超常現象を解明せよ！～ バミューダ・トライアングル」（ナショナル・ジオグラフィック・チャンネル）
「Naval Air Station Fort Lauderdale Museum」
（http://www.nasflmuseum.com/）
Naval History and Heritage Command「The Bermuda Triangle」
（http://www.history.navy.mil/faqs/faq8-1.htm）

危険性があった。そのため「空飛ぶマッチ箱」や「空飛ぶガスタンク」などとも呼ばれていたという。

9 恐怖の怨霊「将門の首塚伝説」

【触れるものすべてを祟る関東最大の怨念】

伝説

今もその恐るべき祟りが語り継がれる関東最大の怨霊といえば平将門[※①]以外にない。平安時代中期の天慶2年（939年）、将門は時の天皇に反旗を翻し北関東で挙兵、自らを「新皇」と名乗った。だが反乱は2ヶ月余で鎮圧され、討たれた将門の首は京都でさらし首にされた。その首は「我が躯を返せ。首をつないで再度戦わん」と叫び、自らの胴体を求めて関東に向けて飛び去った。だが途中で力尽きて落ちてしまい、その落ちた首を祀ったのが、今も東京の大手町に残されている将門の首塚だとされる。

将門の首塚は、いくどか壊されそうになったが、そのたびに祟りの力で自らを守ってきた。最初に首塚が祟った事件は、大正末期のことだった。当時首塚は、大蔵省構内の中庭にあった。正門近くに古蓮池があり、その奥に高さ6メートル近い盛土の丸い塚があった。これが従来の将門塚の形で、現在の平たい塚と異なり、昔は小高い土饅頭の形をしていた。

※①平将門
（生年不詳～940）
平安時代の豪族。桓武天皇の血を引くとされる。朝廷から追われていた藤原玄明を匿ったことで、朝廷と対立。身柄の引き渡し要求を拒絶すると朝廷の機関・常陸国府に攻撃を加えて反旗を翻した。将門はその後、関東一円を治めて「新皇」を名乗るも、2ヶ月後に朝廷から派遣された藤原秀郷、平貞盛らに討伐された。最期は弓で額を射抜かれて死亡したと言われている。

1988年公開の荒俣宏原作の映画『帝都物語』でも、土盛状の将門塚が鳴動するシーンが描かれていたが、その形のほうが古来の将門塚の姿に近いものであった。

　だが首塚は、関東大震災によって大破。大蔵省は碑だけを残して蓮池と塚を埋め立て、あろうことかその上に、バラックの主計局仮庁舎を建ててしまったのだ。すると直ちに怪異が起きた。わずか2年間のうちに、時の大蔵大臣早速整爾※②をはじめとして、大蔵省幹部らに14人もの死者が出た。すっかりビビってしまった大蔵省は仮庁舎を取り壊し、昭和3年3月には将門の霊を鎮めるため盛大な「鎮魂祭」を執り行った。

　だが続いて昭和15年6月には大蔵省を異変が襲った。大蔵省に雷が落ちて全焼。再び「将門の祟り」かと評判となり、丁度将門没後1000年にも当たっていたこともあり、盛大な一千年祭が再び催された。

　太平洋戦争が終わった昭和20年暮れには、今度は進駐軍（GHQ）が首塚を壊しモータープールを作ろうとした。だが、この時も整地作業中のブルドーザーが横転し、乗員2人が死傷。「関東の

東京都千代田区大手町にある「平将門の首塚」。都の旧跡に指定されており、将門塚（しょうもんづか）とも呼ばれる。（撮影：皆神）

※②早速整爾［はやみ・せいじ］（1868〜1926）
広島県出身の政治家、実業家。新聞社の経営などを経て、国政に進出。農林大臣や大蔵大臣などを歴任した。「整爾」という珍しい名前は大学時代に試験に落第し、「爾（なんじ）を整える」という戒めから自分で改名したもの。

早速整爾

平将門

大酋長が眠る墓」だと地元民から説明を受けたGHQは、直ちに作業を中止した。

今では首塚は高層ビルの谷間の中に埋もれるような形となってしまったが、周囲の高層ビルに入る大企業の幹部は未だ将門の祟りを怖れ、塚には背中やお尻を向けないように机の位置の配置をしているという。

真相

将門の首塚の祟りを調べる前に、最初に確かめておかねばならないことがある。それは大手町にある将門塚に、将門の首が本当に埋められているのか、ということだ。もし首がなければ、祟りはそもそも成り立たないことになる。触れるだけで恐ろしい祟りがあるかのように喧伝されている将門塚なのだが、実は過去に2度、発掘調査が行われたことがある。

●暴かれた将門の首塚

関東大震災が起きた大正12年の9月、【伝説】にもあるように、将門塚がいちじるしく破損したことがあった。この時、塚の整理も兼ねて大蔵省営繕管財局工務部の手による発掘調査が行われていた。その際には、塚の中には長方形の小さな石室があることが発見されている。塚のなかからは、**時代が新しい瓦や陶器の破片が見つかっただけ**で、首などは何も出てはこなかった。ちなみに梶原正昭[※③]氏らの『将門伝説』によると、この発掘の際に、すで

※③梶原正昭
［かじはら・まさあき］（1927〜1998）国文学者。早稲田大学名誉教授。『平家物語』などの軍記物を研究した。

に**一度発掘されているような跡**が見つかり、補強され埋め戻されたようでもあったという。
いつ、誰が、将門塚を以前に発掘していたのか？　同書では「その正体は結局判明しなかった」とだけ記されている。

関東大震災直後の将門の首塚（※④）

そこで過去の新聞記事を詳しく調べたところ、大正12年の発掘調査に先立つこと17年前の**明治40年5月末に行われていた発掘**の様子を書き記していた記事を見つけることができた。

「大蔵省内将門塚の発掘に就いて」というその記事によると、同年に行われた発掘は、調査というよりも**遺跡破壊に近いもの**であったらしい。発掘を行っていた大蔵省臨時建築局は「新たな二基の記念碑を建てる考えで」、将門塚を「ホンの地均《じなら》しをしたに過ぎない」と弁解していた。だが、記者らが現場にかけつけると、将門塚にあったはずの石灯籠は傍らにどけられてしまい、その下部が専門家の意見も聞かないままに、人夫たちの手で深さ3メートル以上も掘り下げられてしまっていたという。

この時に出てきたのは「**石塊3個と木片数個**」で**頭蓋骨が出たという記述はない**。遺物は江戸時代の

※④画像の出典
鳥居龍蔵『上代の東京と其の周囲』（磯部甲陽堂、昭和2年）より。

物とみられ「**将門の遺跡については豪《ごう》も関係ないらしい**」とだけ記されている。

まんじゅうのような土盛でその内部に石室があったとなると、将門塚は元はなにかの古墳であったのだろう。将門の首が本当に埋められていた可能性はかなり低いと言わざるを得ない。ちなみに加門七海※⑤氏は「東京の将門伝説を巡る」という文章の中で、「首塚に実際、首がないのに、どうして祟りが起きるのか。その原因はわからない」と書いている。

●祟りは本当にあったのか？

ではその「祟り」なるものが実際に起きたのかどうかを検証してみたい。祟りで大蔵大臣など14人が死んだという話は、本当なのだろうか？

早速整璽が大蔵大臣就任後3ヶ月で死亡したということは間違いない。だが、早速が大臣になったのは大正14年6月のことで、この時には**すでに首塚は取り壊されていた**。となると早速大臣の死亡と将門塚の破壊の間には何も関係がないことになる。

雷が大蔵省に落ちて大蔵省が全焼してしまったという話は、どうなのだろう？　実はこれも誤りで、雷が実際に落ちたのは**逓信省航空局**※⑥であった。この時の火事では航空局をはじめ、東京税務監督局、厚生省、営林局なども燃えており、**大蔵省はむしろ貰い火**であった。

では、GHQが首塚を潰そうとした時、ブルドーザーがひっくり返り死者が出たという逸話は本当なのだろうか？　この話は単なる噂話として語られることも多いが、事故で死者が出たということは本当だったようだ。というのも神田明神※⑦の氏子総代を務めていた遠

※⑤加門七海
［かもん・ななみ］
東京都出身の小説家、オカルト研究家。1992年に小説家デビュー。風水や呪術に基づいた考察を行っている。著書に『大江戸魔方陣』（河出書房新社）、『平将門は神になれたか』（ベヨトル工房、後に『平将門魔方陣』に改題）など。

※⑥逓信（ていしん）省
かつて存在した日本の省庁。交通や通信、郵便、電気などを幅広く管轄した。現在の総務省、日本郵便、NTTの前身にあたる。

※⑦神田明神
東京都千代田区外神田にあ

藤達蔵さんが、事故の騒ぎを当時見ていた。GHQに将門塚を「大酋長の墓」だと伝えたのも、遠藤さんとその父親だった。

首塚の周囲の大企業が、祟りを怖れて将門塚にはお尻を向けないようにしているという話は、どうなのだろう。もう10年前になるが、大手町1丁目にオフィスを構える会社50社を対象にして、この噂が本当なのかどうかアンケート調査を試みたことがある。

41社から回答がもらえたが、**うち2社だけ**が「部長以上の席でそうしている」と返答してきた。ということで全くの都市伝説でもなかったわけだが、気にしていない企業のほうがずっと多いようである。

将門の首塚の他にも、将門伝説が残る場所は数多くある。写真は将門のが飛来したとされる東京都新宿区の赤城明神。

●実は日本中にあった将門伝説

そもそも、「将門の首塚」と称して今に伝わる塚や遺跡は、大手町の首塚以外にもたくさんある。たとえば※⑧埼玉県幸手市神明内《しんめいうち》や静岡県掛川市十九首《じゅうくしゅ》、岐阜県の大垣市荒尾町や可児《かに》市中恵土《なかえど》、愛知県名古屋市熱田区須賀町、滋賀県愛荘町《あいしょうちょう》石

る神社。正式名称は神田神社。だいこく神、えびす神の他、平将門を主神として祀る。将門神に祈れば勝負事に勝てる、という言い伝えがあり、受験シーズンになると合格を祈願する受験生が多く訪れる。

神田明神

※⑧埼玉県幸手市神明内の首塚
幸手市神明内の浄誓寺の本堂裏手にある、高さ3メートルほどの塚。言い伝えによると、将門の戦死後、家来がその首を運んで埋めたとも、将門の愛馬がこの地に首を運んできた、とも言われている。

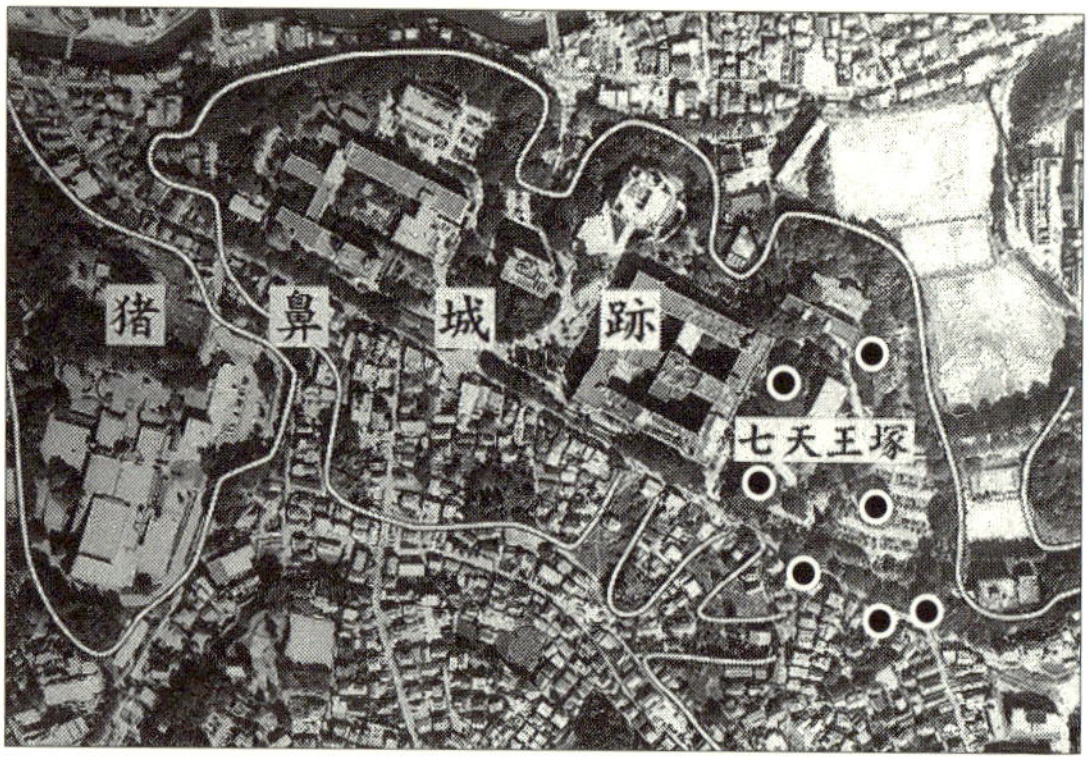

千葉大医学部構内にある七天王塚（千葉市教育委員会の案内板より）

橋などだ。

さらに都内だけでも、将門の屍を埋めたという渋谷区大岡山や将門の首が飛んできたという新宿区赤城元町の赤城明神、首と兜を埋めたという中央区日本橋の兜神社、首を葬り供養したという千代田区の上平川観音などがある。**いくら将門でも首が何個もあったわけはない**。このうちどれが本物の将門の首塚なのか？　はたまた全てが伝説なのか？

首塚ばかりでなく、将門にまつわる伝説を持つ地は、**茨城県の433箇所**、**千葉県の265箇所**をはじめとして、青森から熊本まで**全国には1700箇所以上**もある。これらの遺跡にもまた、いろいろな祟り話が伝えられている。

たとえば千葉市の千葉大学医学部構内には「七天王塚」※⑨と呼ばれる将門ゆかりの塚がある。将門に仕えた7人の影武者の霊を、妙見信仰※⑩に基いて北斗七星の形に盛土を造って祀った塚だとされている。

手元に、千葉大医学部で解剖学教授をしていた大谷克己氏が七天王塚に関して調べた「千葉の牛頭天王」（非売品）という冊子がある。

※⑨七天王塚
千葉大学医学部構内とその近隣にある7つの塚。昭和35年に千葉市指定の史跡になった。千葉の守り神である牛頭天王を祀ったものとされているが、下総国（現在の千葉県市川市）を支配した千葉氏の7兄弟の墓や、平将門の7武将の墓とする言い伝えもある。

この冊子には、1978年に学生寮建設のため塚が取り壊されることになったものの、将門の祟りを恐れて引き受ける業者がなく、仕方なく隣に建っている精神科小講堂を壊したという話や、塚の樹木の枝が張り出して周辺住民に迷惑をかけていたが、やはり祟りを恐れて切る者がなくそのまま放置された話など、やや情けない秘話がいろいろ紹介されている。

これだけビビられまくった七天王塚なので、いまさらとは思いつつも、大谷教授は7つの塚の位置をとりあえず地図の上に落としてみた。そうしたら「**どう結んでも北斗七星の形にならない**」ことがわかったという。無理に結んでも、かなり歪んだ北斗七星にしかならない。

つまり、妙見信仰に基いて北斗七星の形に7つの塚が並べられている将門呪いの塚であるなどという話は、その話の発端からホラ話に過ぎなかったのに、誰一人確かめてもいなかったのである。

（皆神龍太郎）

■**参考資料：**
『ワールド・ミステリーツアー13【東京篇】』（同朋舎、1998年）
『千葉の牛頭天王』（大谷克己教授退官記念会、1988年）
「大蔵省内将門塚の発掘に就て」（明治40年5月31日、朝日新聞）
梶原正昭、矢代和夫『将門傳説』（新読書社、1975年）
アエラ都市伝説探偵団『都市伝説探偵団』（朝日新聞社、2005年）
「幻解！　超常ファイル　ダークサイド・ミステリー平将門の首塚　祟り伝説の真相」（NHK、2014年7月19日放送）
村上春樹『平将門伝説ハンドブック』（公孫樹舎、2005年）

※⑩妙見信仰
天空の中心にある北極星・北斗七星を信仰すること。それらを神格化した北辰妙見菩薩は武士の守護神として信仰を集めた。千葉県の県名の由来となった豪族・千葉氏も北辰妙見菩薩を守護神としていた。

10 【恐怖のジンクスが絵の所有者を襲う】火事を招く少年の絵

伝説

「ジンクス」※①と呼ばれるものがある。通常、縁起の悪い（または良い）ことや因縁めいたことが続く場合に使われる言葉だが、イギリスではこのジンクスの恐ろしさを示す事例が知られている。

「火事を招く少年の呪い」である。

最初の有名な事件は、１９８５年9月3日に起きた。この日、イギリスの南ヨークシャー州ロザラムに住むメイとロン・ホール夫妻は、自宅の台所から原因不明の激しい炎が上がっていることに気づいた。火はまたたく間に広がり、一階部分をほぼ焼き尽くす。

ところがである。奇妙なことに、その焼き尽くされたかに見えた一階部分の壁には、泣いている少年の顔が描かれた絵だけが無傷のまま残っていたのである。

現場に立ち会った消防士によれば、同様の事件は他にも数多く起きていたという。そし

※①ジンクス
迷信や縁起。本来は縁起が悪いことを言ったが、近年になり、良い意味でも使われるようになった。語源は不明だが古代ギリシアで呪術に使われた鳥「iugx」とする説もある。

て、どの現場でも、その廃墟と化した焼け跡には、ぽつんと泣いている少年の絵だけがまったく燃えることなく残されていたという。

　なぜこのようなことが続けて起こるのだろうか。それは絵に描かれた少年の呪いによるものだと言われている。もともと絵には「G・ブラゴリン」という画家のサインがあった。実はこの画家と、彼が預かった孤児の因縁が呪いを生んだというのだ。

　1969年、スペインのマドリードで、画家のブラゴリンは徘徊していた小さな子どもと出会った。少年の名はドン・ボニージョ。両親を火事で亡くした孤児だった。ブラゴリンは少年を保護し、自らの絵のモデルとして起用することにした。

火事を招く少年の絵（※②）

　それからしばらくしたある日、ブラゴリンのアトリエを一人の司祭が訪れる。聞けば司祭は少年の知り合いらしく、ブラゴリンに少年とは関わりを持たない方がいいと忠告してきた。なぜなら少年の周囲では、常に恐ろしい火事が起きるからだという。そのため彼がかつて暮らしていた村では「ディアブロ」[※③]（スペイン語で「悪魔」）と呼ばれていたともいう。

※②画像の出典
Steve Punt「Solved: The curse of the Crying Boy」『The Sun』（January 12, 2011）より。

※③ディアブロ
アルファベット表記では「Diablo」。スペイン語にはその他、悪魔を表す言葉に「デモニオ」（Demonio、英語ではデーモン）があるが、デモニオにはキリスト教の堕天使の意味もある。

けれども、この司祭の忠告をブラゴリンは聞き入れなかった。それどころか彼はその後、少年を自らの養子とし、取り憑かれたかのように少年をモデルとした絵を描き続けた。

ところが、そんな日々にもついに終わりが訪れる。司祭の忠告通り、恐ろしい火災がアトリエを襲ったのだ。幸い、ブラゴリンは一命をとりとめたものの、少年は現場から忽然と姿を消していた。

それから7年後。スペインのバルセロナで車が壁にぶつかって炎上する事故があり、現場の焼け跡から19歳の少年の遺体と運転免許証が発見された。免許証によれば、運転手の名前はドン・ボニージョだったという。そう、7年前にアトリエの火災現場から姿を消していた少年その人だったのである。

その後の調べによると、少年はブラゴリンと暮らしていた当時、ひどい虐待を受けていたことが判明。また、火を起こせるパイロキネシス[※④]という能力も有していたとされる。アトリエの火災は復讐のため、その能力を発動して起こしたものではないかと考えられている。少年をモデルにした絵が次々と火事を起こすのも、彼の強い怨念が絵に宿った結果であると考えられる。

少年の呪いはまだ消えていない。火事は今も起き続けている。絵を所有していると火事が起こるのだ。まさに恐怖のジンクスである。

※④パイロキネシス
ギリシャ語で火を意味する「パイロ」と、動きを意味する「キネシス」を組み合わせた造語。この言葉を造ったのは作家のスティーヴン・キングとされ、彼の日本語訳小説『ファイアスターター』（新潮文庫）では、「念力放火」という訳があてられている。

真相

火事を招く少年の絵は、その怪談めいたいわく付きの話が興味をそそる事例である。筆者（本城）もこういう話には大いに興味をそそられる。そこで、この絵にまつわる真相を詳しく調べてみることにした。

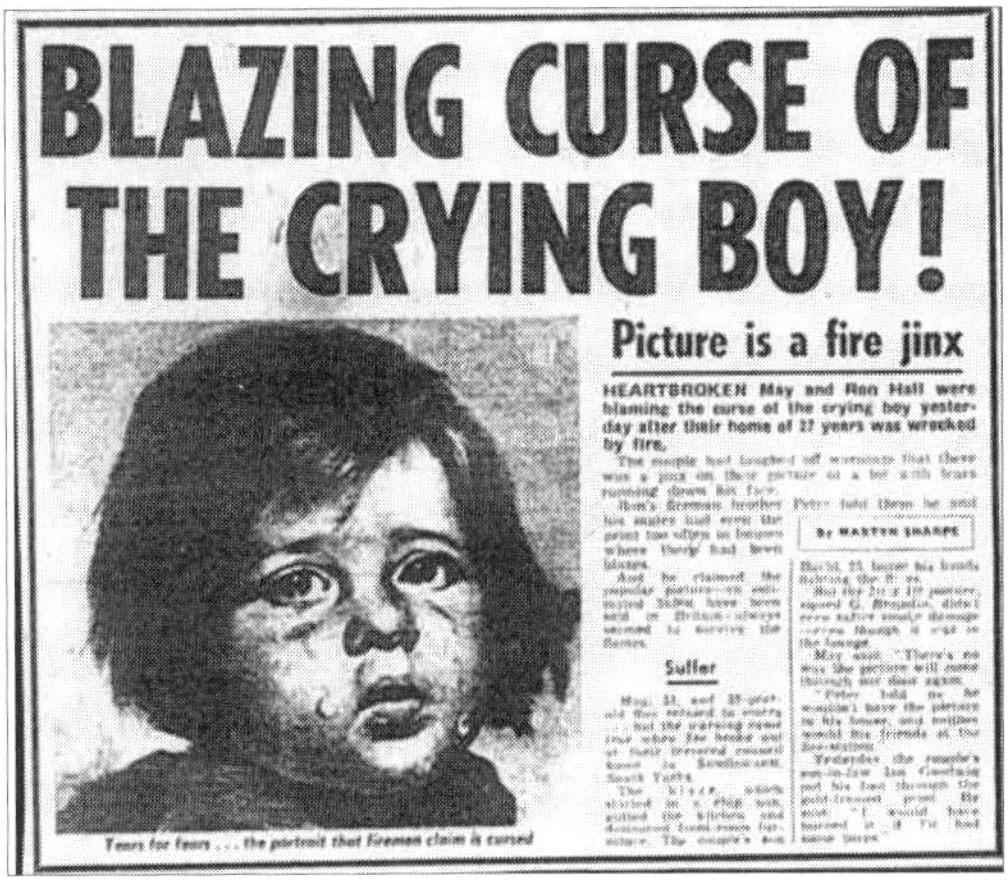
BLAZING CURSE OF THE CRYING BOY!

Picture is a fire jinx

HEARTBROKEN May and Ron Hall were blaming the curse of the crying boy yesterday after their home of 27 years was wrecked by fire.

By MARTYN SHARPE

Suffer

Tears for fears ... the portrait that firemen claim is cursed

火事を招く少年の呪いを報じる最初の記事（※⑤）

その結果、まず話の出所としてたどり着いたのは、1985年9月4日付けのイギリスのタブロイド紙『ザ・サン』※⑥だった。この日の紙面に「泣いている少年の燃えさかる呪い」という記事が掲載されている。

内容は【伝説】で紹介したホール夫妻の火事を報じたもので、夫ロンの弟で消防士のピーターが同僚から聞いたという話も紹介されている。ピーターによれば、同僚から同じような火事がしばしば起きることを聞いていたという。結果的に、この「消防士の話」は事件に信憑性を与えることになったようである。

ただし記事の中で消防士は、火事が呪いに

※⑤画像の出典
Martyn Sharpe「Blazing Curse of the Crying Boy!」『The Sun』（September 4, 1985）

※⑥ザ・サン
1964年に創刊されたイギリスの日刊タブロイド新聞。2014年の発行部数は約200万部。英語圏では最もポピュラーなタブロイド紙のひとつ。

よって引き起こされたり、ジンクスによるものだと述べたりはしていなかった。こういった話は、記事の見出しや、ロン夫妻の話として書かれているものだった。

●消防士が語った〝本当〟の原因

　では消防士は、この一連の火事をどのように考えていたのだろうか。最初の記事で「同僚の消防士」として登場するアラン・ウィルキンソンは次のように述べる。

「ほとんどのケースでは、不注意に捨てられたタバコ、熱しすぎた鍋、電気ヒーターの欠陥などが火災の原因だと判明しています」

　彼は1973年からの火事までさかのぼって調べた結果、火事の原因は呪いではなく、主に**人間の不注意によると結論**している。

　では火事の原因は不注意だとすると、なぜ火災現場で絵が燃え残ったのだろうか。この点については、消防隊幹部のミック・ライリーが詳しい。彼によれば、絵が火事によっていつも破壊されるとは限らなかったのは、**耐火性のボードに印刷されていたから**[※⑦]だという。「それは非常に点火することが難しいのです」とライリーは述べる。

　ちなみに「泣いている少年の絵」と呼ばれるものは同じ作者のシリーズで、少なくとも8種類の絵が知られている。この8種類の絵は約5万枚も大量に印刷され、イギリス各地のデパートで売られていた。火災現場で主に残ったのは、この中で耐火性のボードに印刷されたものだと考えられる。

※⑦耐火性のボード
耐火性ボードの代表的なものが、芯材に石膏（せっこう）を用いた石膏ボードと呼ばれるもの。建築資材として幅広く使用されている。

もちろん他には普通のボードに印刷されたものもあったはずだが、そういったものがもし火災現場にあっても燃え[※⑧]てしまって残らなかったはずだ。

実際、『ザ・サン』紙や、日本の「キミハ・ブレイク」[※⑨]というテレビ番組で泣いている少年の絵を燃やしてみた際には、あっさり全部燃え尽きてしまった。

●画家と少年の関係は？

最後に、絵のモデルになった少年と画家の話についてはどうだろうか。この話の出所はトム・スレメンという作家である。彼は「イギリス、デヴォンの元校長でオカルト研究家のジョージ・マロリー」なる人物が調査したものとして、少年と画家の話を紹介していた。

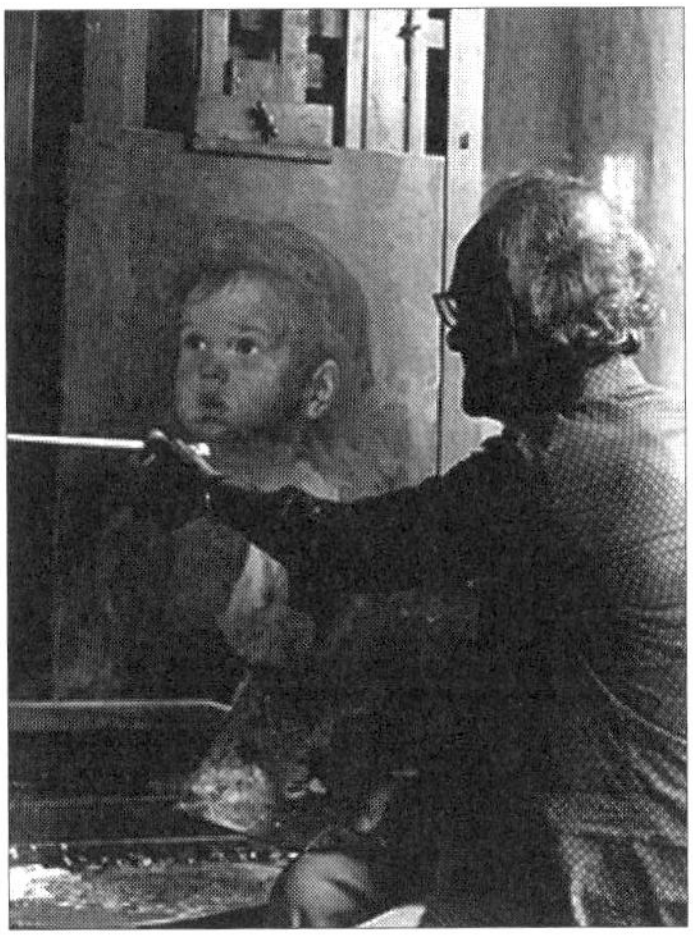

少年の絵を描く生前のアマーディオ（※⑩）

ところが、このジョージ・マロリーなる人物は、これまでに実在が確認されていない。また絵のモデルとされたドン・ボニージョという人物も同様である。彼らの存在が確認できるのは、残念ながら**スレメンの話の中だけ**というのが現状だ。そのためモデルの少年にまつわる話は、きわめて怪しいと判断せざるを得ない。

一方で、画家については実在が確認され

※⑧燃えてしまって残らなかったはず
ただしイギリスBBCラジオ4の「パント・パイ」という番組で行われた検証によれば、絵を壁にかけるヒモが先に燃えた場合、絵が下向きに落下し、外縁は一部燃えるものの、絵自体は燃えずに残ることがあるという。

※⑨キミハ・ブレイク
TBS系列で2008年10月から2009年9月にかけて放送されたバラエティー番組。80年代の終わりから90年代初頭に人気を博した「ギミア・ぶれいく」のリメイク版的な位置づけだった。

※⑩画像の出典
Massimo Polidoro「Curse That Painting!」『Skeptical Inquirer』（Volume 36.6, November/December 2012）

ている。ただし、スレメンの話とは素性が異なる。画家の本名はブルーノ・アマーディオといい、絵にサインしてあった**G（ジョバンニ）・ブラゴリンという名前は偽名**だった。

超常現象研究家のマッシモ・ポリドーロ[※⑪]によれば、そのアマーディオの素性を調べていたところ、イタリアのパドヴァで10年間、彼の隣人だったアントニオ・カゼルラートという人物に話を聞けたという。カゼルラートはアマーディオの死後、彼の家を買いとり、現在はそこに住んでいる。アマーディオについては次のように語っている。

「いつも微笑んで親切な素晴らしい人でした。彼は正真正銘の芸術家でヴェネツィアの専門学校で教えていたんです。彼の絵画スタイルは高品質で、私は彼の絵の多くを所有しています。それらは美しいです。だから私は、彼が泣いている少年の絵のことだけで覚えられていることを残念に思います」

アマーディオの絵はよく売れていたという。注文も多く、彼は要望通りに絵を描くことも多かった。しかし要望に仕方なく応えていたこともあったため、そのときは「ブラゴリン」という偽名[※⑫]を使っていたという。泣いている少年の絵のシリーズは、こうした要望の中で描かれたものだった。

アマーディオが亡くなったのは1981年。食道の病気が原因だったとされている。彼は『ザ・サン』が泣いている少年の絵を記事にする4年前に亡くなっていたことになる。まさか自分の死後、火事や呪いと関連づけられ、さらには虐待の話まで付け加えられて、自らの絵が有名になるとは思ってもみなかったに違いない。

※⑪マッシモ・ポリドーロ　イタリアの超常現象研究家。同国の懐疑的な超常現象調査団体「CICAP」（チカップ）のメンバーでもある。再現不可能と言われていたクルスキーの手形（幽霊の手形だとされていた）を世界で初めて再現するなど、超常現象研究の第一線で活躍している。

※⑫偽名を使っていた　「ブラゴリン」という名前の由来は、ボードビルで働いていたアマーディオの叔父の芸名だという。

彼の隣人、カゼルラートが述べるように、彼が泣いている少年の絵のことだけで覚えられているのは残念なことだ。今後は実在の画家、**ブルーノ・アマーディオと、彼が描いた他の絵にも注目が集まってほしい**ものである。

（本城達也）

■参考資料：
Martyn Sharpe「Blazing Curse of the Crying Boy!」『The Sun』（September 4, 1985）
Kim Willsher「Crying Boy Curse has Jinxed us, too」『The Sun』（September 5, 1985）
Dick Saxty「Crying Boy Curse Strikes again」『The Sun』（October 24, 1985）
Paul Hooper「Crying Flame!」『The Sun』（October 31, 1985）
Steve Punt「Solved: The curse of the Crying Boy」『The Sun』（January 12, 2011）
David Clarke「The Curse of the Crying Boy」『Fortean Times』（July 2008）
Massimo Polidoro「Curse That Painting!」『Skeptical Inquirer』（Volume 36.6, November/December 2012）
「キミハ・ブレイク」（２００９年2月10日放送）

11 【日本一の建造物に秘められた陰謀①】東京スカイツリーに隠れた魔の数字

伝説……

東京スカイツリーの高さは６３４ｍ。これは武《む》蔵《さし》野《の》国《くに》にちなんで決められたと言われている。

超常現象に詳しいUFO研究家の並木伸一郎氏※①はそれに異論を唱える。スカイツリーの高さは本当は６６６ｍだというのだ。

「スカイツリーは地下に頑丈な土台が築かれていますが、これが深さ10階建て以上に相当するといわれています。10階建ての建物の高さは、一般的に31ｍほど。10階建て以上ということは31ｍ以上掘ってあるということで、これが32ｍだとすると、高さ６３４ｍ＋地下32ｍ＝６６６ｍということになるのです。

６６６は新約聖書では不吉な数字とされていますから、日本のシンボルとなるスカイ

※①並木伸一郎
１９４７年生まれ。奇現象研究家。１９８０年代よりオカルト雑誌『ムー』（学研）の常連ライターとなり、多数の記事を執筆。著作も多数。現在、米国ＭＵＦＯＮ日本代表、国際隠棲動物学会日本通信員、日本宇宙現象研究会会長、日本フォーティアン協会会長を兼任。

ツリーが666の数字をもとに造られているとしたら、どこか陰謀めいたものを感じずにはいられません」

（『女性セブン』2012年6月28日号）

隅田川から眺める東京スカイツリー。様々なトンデモ説が生まれた。

真相

●土台の深さは「32m」ではない

並木氏はどこから「666メートル」説を思いついたのだろうか。検索してみると、〈goro358の日記〉[※②]というブログに、こんなことが書かれていたのを発見した。

今晩、NHKスペシャルでスカイツリーの建設ドキュメントをやっていた。

「東京スカイツリー　世界最難関への挑戦」

地下に土台部分を掘削する様子が出た！

～10階建て以上に相当する深さ～とナレーションが出た！

※②goro358の日記　著者のプロフィールによれば、「+マクロビオティック+小林正観+水と食の健康法クラブ+エコロジー+中丸薫+ニューエイジ+」だそうである。他にも様々な陰謀説が唱えられている。

10階建てで高さ31ｍ、というのが一般的だ。
地上634ｍ＋地下31ｍで、665ｍ。
10階建て以上、ということで、地下は32ｍにしているのでは？
634＋32＝666。

この文章がブログにアップされたのは2011年7月24日。並木氏が『女性セブン』のインタビューに答える1年近くも前だ。文中に出てくるNHKスペシャル『東京スカイツリー世界最難関への挑戦』※③という番組はこの日に放映されており、**このブログの作者が世界で最初にこの説を唱えた**と考えていいだろう。

並木氏の文章と比べてみると、「10階建てで高さ31ｍ、というのが一般的だ」→「10階建ての建物の高さは、一般的に31ｍほど」、「10階建て以上、ということで」→「10階建て以上ということは31ｍ以上掘ってあるということで」と、言い回しまでそっくりである。並木氏はこのブログを読んで参考にしたのではないか。

この説は、スカイツリーを建設した大林組のサイトを見れば、ただちに崩壊する。そこには、基礎の深さが**「50ｍ」**と書いてあるのだ。つまり634＋50＝**684ｍ**である。

ビルの1階あたりの高さは、ビルによってかなり差がある。低層マンションでは1階あたり約3ｍだが、大きなビルではもっと高いのが普通だ。サンシャイン60は60階建てで

※③東京スカイツリー　世界最難関への挑戦
2011年7月24日の午後9時から9時58分に放送したNHKの番組。注目度が高く、16・8％という高い視聴率を獲得した。

239・7mなので、1階あたり約4m。NEC本社ビルは43階で180mなので、1階あたり4・2mだ。

だから深さ50mを「10階建て以上に相当する深さ」と表現するのは間違いではない。それを**「32m」と解釈するのが間違い**なのだ。

●666は人間を指す数字

これで話は終わったかと思ったら、そうではなかった。

都市伝説テラーの関暁夫氏※④は、スカイツリーの高さが地下部分も合わせて684メートルであることについて、「ここに悪魔の数字666が隠されていたのです」（『関暁夫の都市伝説4』100ページ）と主張する。

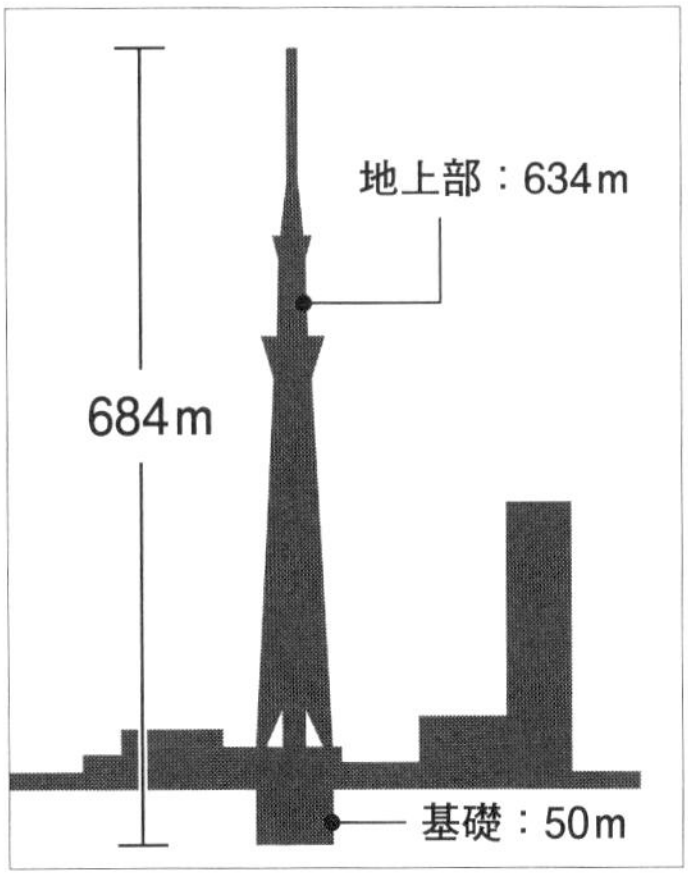

【図】東京スカイツリーの地上部と基礎

関氏の主張をわかりやすく数式にしてみるとこうなる。

634＋50＝684

6＋8＋4＝18＝6＋6＋6

関氏の計算では「634＋50」が「18」になるらしい。ここまでくるともう、「**そんな無**

※④関暁夫　1975年生まれ。お笑いコンビ「ハローバイバイ」の元メンバー。2006年よりテレビ東京のバラエティ番組『やりすぎコージー』で都市伝説を語るようになる。『関暁夫の都市伝説』シリーズ（竹書房）は累計200万部を突破。中には「松尾芭蕉と服部半蔵は同一人物」などという日本史を根本的に無視した珍説もある。詳しくは『トンデモ本の世界X』（楽工社）参照。

黙示録の写本の中には獣の数字を「616」とするものもある。画像はオクシリンコス・パピルスの該当箇所。矢印で示した「χις」が「獣の数字（616）」。

理やり666にしなくても」と苦笑するしかない。

ちなみに100から999までの3桁の数字の中には、合計が18になる組み合わせが（189から990まで）54通りもある。世の中には3桁の数字など山ほどあるから、その気になって探せば、いくらでも18を見つけ出せるのである。

そもそも、並木氏にせよ関氏にせよ、**新約聖書をちゃんと読んでいないのではないか**と思われる。『ヨハネの黙示録』※⑤18章18節にはこう書かれているのだ。

ここに知恵がある。思慮ある者はその獣の数字を数えなさい。**その数字は人間をさしているから**である。その数字は六百六十六である。

（『聖書　新改訳』）

そう、「その数字は人間をさしている」※⑥とはっきり書かれている。タワーの高さのことではありえないのだ。また、その数字は「六百六十六」である。

※⑤ヨハネの黙示録
1世紀末、地中海のパトモス島にいたヨハネという人物が、自分が見た幻を報告している文書。詳しくはASIOS／菊池聡／山津寿丸『検証　予言はどこまで当たるのか』（文芸社）を参照。

※⑥「その数字は人間をさしている」
聖書学者の間では、666

黙示録が書かれた1世紀後半には、現在のようなアラビア数字による表記は存在しなかった。『ヨハネの黙示録』の原文であるギリシア語でも、「百」や「十」といった桁の単位がはっきり分かるような表記になっていた。666はあくまで**「六百六十六」**であり、**決して「6+6+6」ではない**のだ。

（山本弘）

■**参考資料**：
片山修『東京スカイツリー 六三四に挑む』（小学館、2012年）
関暁夫『Mr.都市伝説 関暁夫の都市伝説4』（竹書房、2012年）
山口敏太郎『山口敏太郎の都市伝説 あなたの知らない世界』（河出書房新社、2012年）
『聖書 新改訳』（日本聖書刊行会）
「634mスカイツリーに666m説出る『陰謀めいてる』との声」（『女性セブン』2012年6月28日号）
「goro358の日記／スカイツリーの666」（http://d.hatena.ne.jp/goro358/20110724）
「株式会社大林組／東京スカイツリーのつくり方」「ナックル・ウォール工法」（http://www.obayashi.co.jp/news/skytreedetail22）

はキリスト教を迫害したローマ皇帝ネロを指すというのが定説である。「皇帝ネロ」をヘブライ語で「Nrwn Ksr」と表記し、数字に置き換えると、「50+200+6+50+100+60+200」で、合計が666になるのだ。

12 東京スカイツリーは鬼門にある？

【日本一の建造物に秘められた陰謀②】

伝説……

他にも東京スカイツリーには奇妙な噂がある。レイライン[※①]と呼ばれるパワースポットを選んで建てられた、というのだ。茨城県の鹿島神宮、皇居、明治神宮、富士山は、地図上で一直線上に並ぶが、この直線上にスカイツリーも建てられているのだ。

UFO研究家の並木伸一郎氏はこう言う。

「都市工学では風水も参考にされるケースがあります。スカイツリーが、東京を活性化させるようなパワースポットにあえて建てられたと、私はみています[※②]」

都市伝説テラーとして名高い関暁夫氏も、「呪術的な理由でレイライン上にスカイツリーが建てられているのです」と主張する。先に述べた茨城県の鹿島神宮と富士山を結ぶ線上

※①レイライン
古代遺跡や宗教的建造物を結んでいるとされる直線。大地の下を流れるエネルギーの通り道だとオカルティストには信じられているが、実際はごく一部の例を除き、偶然の産物である。詳しくはASIOS『謎解き古代文明』（彩図社）を参照。

※②出典
『女性セブン』（2012年6月28日号）より。

には、国技館のある両国もある。「相撲といえば、その起源は聖書の『ヤコブが天使と相撲を取った』という故事だとされています」「全てを知る何者かが、東京にある呪術をかけるために、あえてここに決めたのです」と。※③（【図1】）

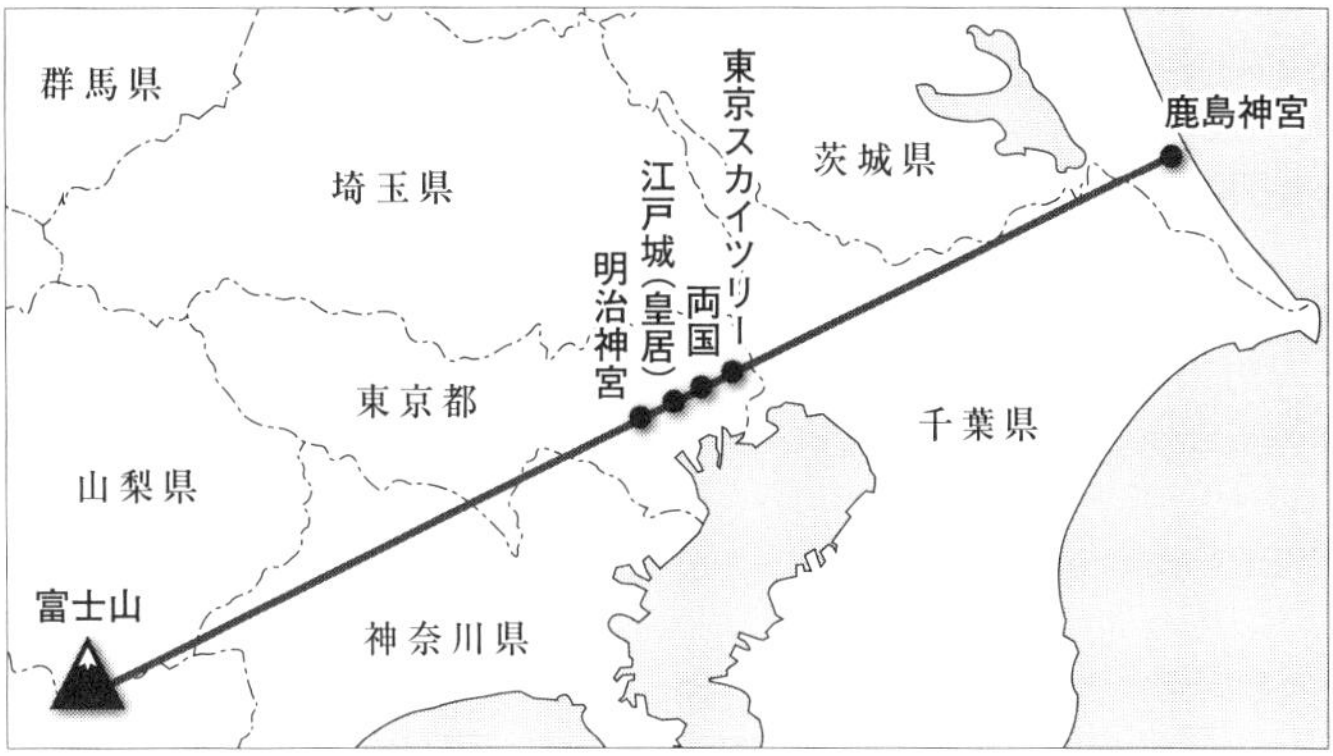

【図1】鹿島神宮、スカイツリー、両国、皇居、明治神宮、富士山が一直線に並ぶ！
（『Mr. 都市伝説　関暁夫の都市伝説４』25 ページの図を参考に作成）

また、オカルト研究家の山口敏太郎氏※④は、「スカイツリーは、世界を牛耳る闇の勢力に指示されて建設されたもので、スカイツリーと東京タワーを線で結ぶと、皇居と築地本願寺をつなぐ〝パワーライン〟が断絶するという呪いがこめられている」という噂を紹介した後、こう書いている。

当初、筆者は、スカイツリーは江戸の結界に打ちこまれた〝ロンギヌスの槍（十字架上のキリストの死を確認するため、わき腹を刺したとされる槍。「所有する者に世界を制する力を与えるという伝承がある」）〟ではと考えていたが、スカイツリー建設は「帝都・東京の裏鬼門」と「鬼門」※⑤の

※③出典
関暁夫『Mr.都市伝説　関暁夫の都市伝説４』（竹書房）25ページより。

※④山口敏太郎
1966年生まれ。ライター、オカルト研究家。1996年、オカルト雑誌『ムー』（学研）のミステリーコンテストに投稿した「妖怪進化論」で優秀賞を受賞。以後、オカルト関係のライターとして活躍する。都市伝説関連の著作が多数。テレビ出演も多い。

※⑤鬼門
陰陽道では、北東を「鬼門」、東南を「地門」、南西を「人門」、西北を「天門」と呼び、鬼門は忌むべき方向とされている。人門は鬼門の反対側にあるので、「裏鬼門」とも呼ばれる。

強化ではないかと見立て直しをしている。皇居の鬼門（北東方向）を守護する塔が「スカイツリー」で、裏鬼門（南西方向）を守護する塔が「東京タワー」ではないかと思うのだ。（中略）また、鎌倉の鶴岡八幡宮と東京スカイツリーを結んだ直線を伸ばすと、福島第一原発につながる。一度は倒壊した鶴岡八幡宮のご神木も新芽が成長しており、スカイツリー完成によって引き起こされる「見えざる力」によって、東北の復興が飛躍的に進むという話もある。※⑥

真相……

●互いに矛盾する説

並木・関・山口の三氏の主張は、**明らかに食い違っている**。いったいスカイツリーは東京に呪いをかけているのか守護しているのか、どっちなのだ？　並木氏など、同じ記事の中で「不吉な数字」「陰謀めいたものを感じずにはいられません」とも言っているのだが（前項参照）、自分で言っていて矛盾を感じないのだろうか？

山口氏の説など、科学的におかしいだけでなく、オカルト的にもおかしい。鶴岡八幡宮のご神木から新芽が出たことと東北の復興が進むことに、いったい何の関係があるのか、まったく説明がないのだ。

とりわけ関氏の説には大きな間違いがある。両国の国技館を強引にレイラインに結びつ

※⑥出典
山口敏太郎『山口敏太郎の都市伝説　あなたの知らない世界』（河出書房新社）167～168ページより。

けていることだ。Google Earthで確認してみると、確かにスカイツリーは富士山と鹿島神宮を結ぶライン上にあるが、国技館はそのライン上にはない。**ラインから約1キロも南にある**のだ。そもそも東京の人間なら、両国がスカイツリーより南にあることぐらい、常識として知っていないとおかしいと思うのだが……。

●東京タワーは皇居の「裏鬼門」ではない！

山口氏は「スカイツリー＝鬼門、東京タワー＝裏鬼門」説を、あたかも自分が考えたかのように書いているが、実は山口氏の著書より1年も前に、同じことを唱えた本が出ている。

『東京スカイツリーと東京タワー「鬼門の塔」と「裏鬼門の塔」』[※⑦]（細野透著、建築資料研究社）だ。

細野氏は、現在の港区芝にある増上寺が、江戸城の裏鬼門鎮護のために建てられた寺のひとつだと論じている。東京タワーは増上寺の寺領に属しているから、やはり裏鬼門にあるのだとい

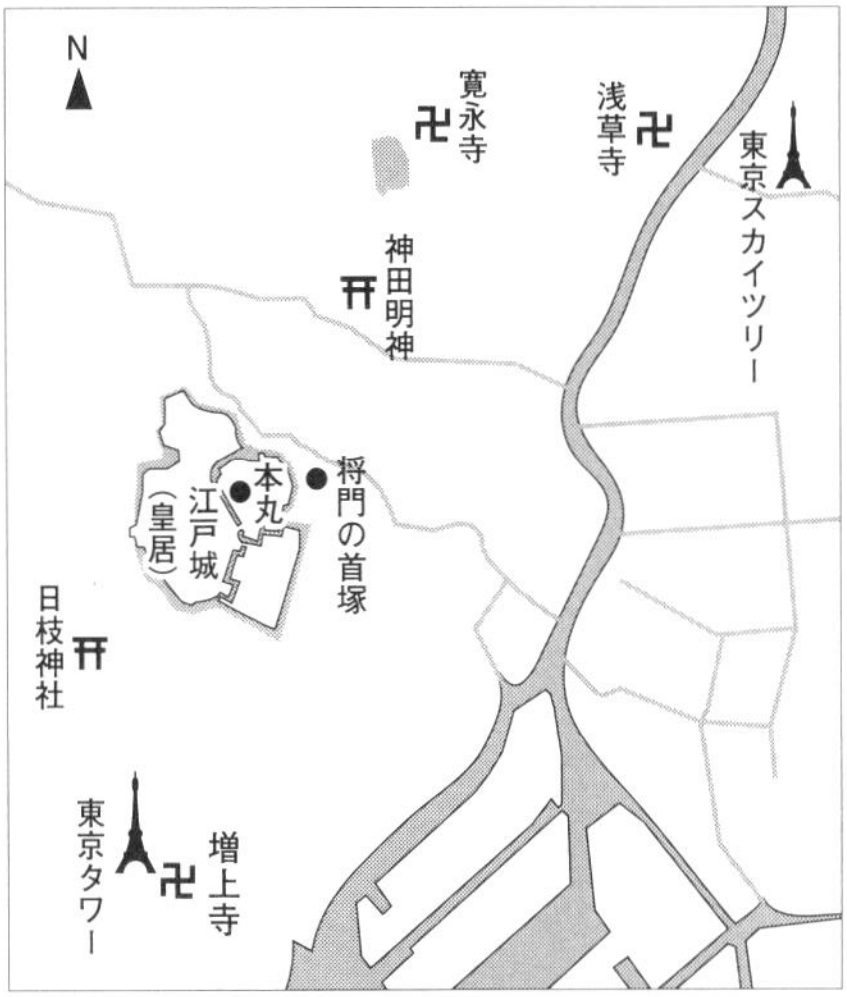

【図2】江戸城と増上寺の位置関係（『東京スカイツリーと東京タワー』40ページの図を参考に作成）

※⑦細野透　建築＆住宅ジャーナリスト。建築専門誌『日経アーキテクチュア』編集長などを経て、2006年からフリーランスに。工学博士、一級建築士。『東京スカイツリーと東京タワー「鬼門の塔」と「裏鬼門の塔」』の発行は2011年9月。『山口敏太郎の都市伝説 あなたの知らない世界』が出たのは翌年の8月である。

う（前ページ【図2】）。

しかし、この主張には大きな穴がある。江戸城本丸は現在の皇居東御苑の位置にあり、増上寺はその真南より約15度西にある。南南西ではあっても、「南西」と呼ぶのはやや苦しい。しかも、現在の皇居の中心、つまり天皇陛下の住居である吹上御所は、旧江戸城西の丸のさらに西にあり、東京タワー[※⑧]はそのほぼ真南にある。東京タワーは皇居の南西に建ってはおらず、当然、**裏鬼門ではありえない**のだ。

細野氏が自説の根拠としているのは、平安時代に書かれた日本庭園に関する指南書『作庭記』である。そこには「高さ四、五尺になる石を、丑寅（北東）に建ててはならない」「ただし未申（南西）方に三尊仏[※⑨]の石を立て迎えるならば、祟りをせず、魔縁も入って来ない」とある。細野氏はこの「高さ四、五尺（1・2〜1・5m）になる石」を、**高さ634mのスカイツリーのことだと解釈する**。

細野氏は、浅草の凌雲閣[※⑩]が関東大震災で崩壊したのは、皇居の鬼門に建てられたからだと論じ（他にも東京中でたくさんの建物が倒れたはずだが……）、スカイツリーが同じ不幸に見舞われないようにするために、皇居の南西に三尊仏を祀った塔があるはずだと考え、探し回る。東京タワーにも行ってみるが、三尊仏はどこにも祀られていない。そのため、最初は東京タワーを候補からはずす。

しかし結局、それらしい建物は他に見当たらず、細野氏は東京タワーが「三尊仏の塔」だと結論する。「裏鬼門の方角に立つ、東京スカイツリーに匹敵する規模の電波塔として、唯

※⑧東京タワーはそのほぼ真南
吹上御所（東京都千代田区千代田1・1）は東経139度44分55秒、東京タワー（東京都港区芝公園4・2・8）は東経139度44分44秒。これは真南よりわずか5度西にずれているだけで、半蔵門からは真南である。

※⑨三尊仏
中央の仏の左右に2体の仏を配した、三者一体の形式の仏像。阿弥陀三尊なら、中央に阿弥陀如来、左右に観音菩薩と勢至菩薩を配する。

※⑩凌雲閣
明治23年に開業した浅草名所。関東大震災で8階より上が崩壊したため、爆破解体された。高さ52mという、当時の日本ではかなり高い建物だったが、それでもスカイツリーの1／10以下である。

一、東京タワーしか存在しないからだ」と――皇居の南西に建っていなくても、三尊仏がどこにもなくても、「三尊仏の塔」だというのだ。

細野氏の信じるところによると、1989年にライトアップがはじまったことで、東京タワーに魂が入ったのだという。これによってスカイツリーが守られたのだと――その頃、**スカイツリーの建設計画など、影も形もなかったはずだが**。他にも『東京スカイツリーと東京タワー』の中で展開されている説は、ほとんどが細野氏の空想にすぎず、具体的な根拠に欠けており、論理の飛躍※⑫も多い。

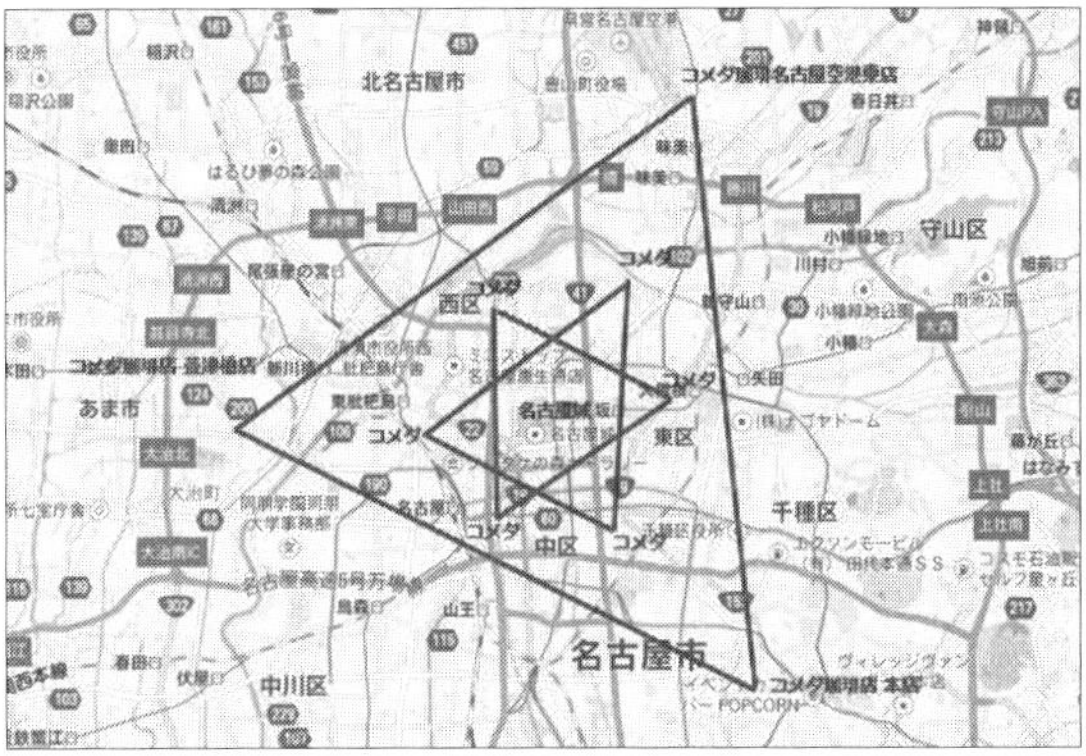

【図3】名古屋市内のコメダ珈琲店を結ぶと、六芒星と三角形が！（※⑪）

●いくらでも線は引ける

2014年5月11日、ツイッターに一枚の衝撃的な画像が投稿された。「なんか古都の寺や神社を線でつなぐと六芒星ができるみたいなやつがうらやましいので名古屋で試したら衝撃の事実が発覚した」という文に添付されたその地図には、名古屋城を囲む六芒星、さらにそれを取り囲む巨大な正三角形が描かれていた。それは**名古屋市内にある9つのコメ**※⑬

※⑪画像の出典（https://twitter.com/Computerozi/status/465722242563702784/photo/1）より引用。

※⑫論理の飛躍も多い　たとえば「上野の西郷隆盛の像はなぜ南東を向いているのか」という説明など、筆者（山本）にはまったく理解不可能な代物だった。

※⑬コメダ珈琲店　名古屋市に本社のある喫茶店チェーン。1970年からフランチャイズ展開を開始し、2014年11月末現在、日本全国に593の店舗がある（コメダ珈琲店のホームページより）。

ダ珈琲店の位置を結んだものだった（前ページ【図3】）。

謎が解けるのは早かった。コメダ珈琲店は**名古屋市内に137店舗もある**のだ。それらから適当にいくつかを選んで線で結べば、どんな図形だろうとできてしまうのだ。

スカイツリーの場合も同じである。関東地方には重要なランドマーク（高い山、神社仏閣、高層ビル、政府関係施設など）が何百もある。そこからいくつかの点を選べば、三角形だろうと六芒星だろうと自由に描ける。また、スカイツリーからどこかに向けて線を引けば、その線上にいくつものランドマークが重なるのは、**偶然ではなく必然**である。

試しに、秋葉原UDX[※⑭]と熱海市の熱海城[※⑮]（この二つの地点は適当に選んだものである）を結ぶ線を引いてみると、その線上には、皇居、国会議事堂、陸上自衛隊目黒駐屯地が並んだ。これに何か意味があると思われるだろうか？

みなさんもお暇なら、関東地方の地図に自由に線を引いてみていただきたい。「レイライン」はいくらでも見つかるはずだ。

鬼門とか裏鬼門とかいう話にしても、東京の中心にある皇居を起点にすれば、確率的に、周辺の建造物の約1／4が鬼門か裏鬼門に位置するわけだから、いくらでもこじつけられる。まして、細野氏や山口氏のように、皇居の真南にある東京タワーまでも「裏鬼門」にしてしまっていいのなら、もう何でもありだ。

ちなみにスカイツリーは、最初から今の場所（墨田区押上）に建てられることが決まっていたわけではない。墨田区の他に、さいたま市のさいたま新都心、練馬区のとしまえん、

※⑭秋葉原UDX　秋葉原駅電気街口前に建つ高層ビル。壁面の大型テレビ「秋葉原UDXビジョン」は、いつもアニメやゲームのCMを流している。

秋葉原 UDX（©Niui na）

豊島区の東池袋、足立区の舎人《とねり》公園、台東区の隅田公園の六地域が名乗りを上げ、誘致合戦が行なわれていた。
　仮に、スカイツリーがさいたま市や練馬区に建てられていたとしても、オカルト・ライターたちは必ずそこに何らかの呪術的意味をこじつけていただろう。

（山本弘）

■参考資料：
関暁夫『Mr.都市伝説　関暁夫の都市伝説4』（竹書房、2012年）
細野透『東京スカイツリーと東京タワー　「鬼門の塔」と「裏鬼門の塔」』（建築資料研究社、2011年）
山口敏太郎『山口敏太郎の都市伝説　あなたの知らない世界』（河出書房新社、2012年）
「634mスカイツリーに666m説出る　『陰謀めいてる』との声」（『女性セブン』2012年6月28日号）
SAFETY JAPAN「鬼門に東京スカイツリー、裏鬼門に東京タワー。「千年に一度の巨大地震」の後、首都は「双塔の時代」を迎えた」(http://www.nikkeibp.co.jp/article/sj/20111013/287214/)
「【オカルト】名古屋のある場所を線で結んだら、驚きの事実が発覚した」(http://togetter.com/li/666448)
「珈琲所コメダ珈琲店」(http://www.komeda.co.jp/index.php)

※⑮熱海城
歴史的に由緒のある城ではなく、1959年に建てられた観光施設。映画『キングコング対ゴジラ』（1962年）のクライマックスで破壊されている。

熱海城

13 魂の重さを量った医師

【死の瞬間に消失した21グラムの謎】

伝説

20世紀初頭、瀕死の重病人を何人も秤に乗せ、死の瞬間の体重変化を計測することで魂の重さを量ろうとした医師がいる。

この不気味な実験を行ったのは、アメリカのダンカン・マクドゥーガル※①とその仲間たちだ。マクドゥーガルは、6人の患者が死ぬ瞬間に減少した体重の平均値を計算し、人間の魂の重さは21gと発表した。マクドゥーガルはその後、15頭の犬について同じような実験を行ったが、犬の場合死の瞬間の重量変化は確認できなかった。

しかしマクドゥーガルが発見した重量変化は、死の瞬間に生じた発汗によるものとして説明できる。犬の場合体重変化が起こらなかったのも、犬には汗腺が非常に少ないため死の瞬間の発汗が計測できなかったのだ。

※①ダンカン・マクドゥーガル
（1866頃〜1920）
アメリカの医師、生物学者。人間の魂には重さがあるのではないかと考え、被験者の体重を死ぬまで記録するという実験を行った。

真相

魂の重さが21gという話はある程度知られており、2003年には「21グラム」※②というタイトルの映画も作られた。この、マクドゥーガルが計測した重量減少については、体内の水分や空気などが死ぬ間際に体外に放出されることによると説明されることが多い。

たとえばリチャード・ワイズマン※③は『超常現象の科学』（文藝春秋社）64、65頁で、次のように述べている（原文のまま）。

魂は存在するのか？（ジェームズ・ティソ画）

アメリカの医師ダンカン・マクドゥーガルも同じくらい不気味な実験で人間の魂の重さを測り、有名になった。彼は住まいの近くにある肺病患者のホスピスで、死期が迫った患者六人（中略）に注目した。患者に死の気配が感じられるたびに、マクドゥーガルはそのベッドを産業用の大きな台秤の上に移動させ、息を

※②21グラム
2003年ディス・イズ・ザット社製作。監督は後に「バベル」などを撮影したメキシコ出身のアレハンドロ・ゴンサレス・イニャリトゥ。出演はナオミ・ワッツ、ショーン・ペン、ベニチオ・デル・トロなど。日本公開は2004年6月。映画の内容は、とくにマクドゥーガルの実験とは関係はない。

※③リチャード・ワイズマン
1966年生まれ。イギリスのハートフォードシャー大学心理学教授。イギリスの代表的な懐疑論者。

引き取る瞬間を待った。……マクドゥーガルはこの六人について死の瞬間に減少した体重の平均値を計算し、人間の魂の重さは二十一グラムであると胸を張って発表した。（中略）

マクドゥーガルの発見が一九〇七年に『ニューヨーク・タイムズ』に掲載されたとき、みずからも医師であるオーガスタス・P・クラークが、舞台に登場した。彼は、人が死ぬ瞬間には肺が血液を冷やせなくなるため体温が急激に上昇する、その結果生じた発汗がマクドゥーガルの言う二十一グラムの体重減少につながったことは、容易に想像がつくと指摘した。……犬には汗腺がない（そのためいつも口をハアハアさせて放熱する）ので、死の瞬間に体重が変化しなかったのも当然であるとした。

マクドゥーガル医師の実験に対する世間一般のイメージは、このワイズマンの言葉に要約されていると言えるだろう。しかし、この記述は、マクドゥーガルが１９０７年に当時発行されていた医学誌『アメリカン・メディシン』と『アメリカ心霊研究協会会報』※④に発表した論文の内容を正確に踏まえていないどころか、マクドゥーガルを意図的に貶めているのではないかと疑われる部分さえある。論文を読んだ限りでは、マクドゥーガルとその仲間はかなり真面目に、**彼らとして考えられる限りの厳密さで計量実験を行った**ようだからだ。

●マクドゥーガル医師の実験

実験を行ったダンカン・マクドゥーガルは、マサチューセッツ州ハーヴァーヒルの医師

※④アメリカ心霊研究協会　１８８５年、ウィリアム・バレットの訪米を機会にボストンで設立されたアメリカの心霊研究団体で、「ＡＳＰＲ」と略称される。初代会長は天文学者のサイモン・ニューカムが務め、リチャード・ホジソンがイギリスから訪米して事務局長を務めた。１８８９年には財政難からイギリス心霊研究協会のアメリカ支部となるが、ホジソン死後の１９０５年に再度独立した。

で、瀕死の病人を秤に乗せて計測するという実験から受けるマッドな印象とは逆に、**非常にまじめなガリ勉タイプ**の人間で、ボストン大学では級長も務めたという。※⑤

実験の時期については、『アメリカ心霊研究協会会報』に論文と一緒に掲載された※⑥リチャード・ホジソン宛書簡でおおよそ推定できる。１９０１年11月10日付書簡によれば、最初の実験は１９０１年４月10日に行われた。同じ書簡の追伸で２回目の実験に触れているから、２回目は１９０１年４月から11月10日までの間ということになる。さらに翌１９０２年５月22日の手紙では、前回の手紙（１９０２年１月６日付）の後４回の実験を行ったと書いているので、この間に４回の実験、計６回の実験が行われたことになる。

実験は、天秤式の台秤に木枠を据え付け、その上に病人が乗るベッドを置いて死の瞬間の重量の変化を測定するというやり方で行われ、重量の変化は10分の１オンス（約２・８グラム）まで計測できるよう秤の精度を調整していたという。そしてマクドゥーガルは、仲間の医師４人と一緒にこの実験を行った。

SOUL HAS WEIGHT, PHYSICIAN THINKS

Dr. Macdougall of Haverhill Tells of Experiments at Death.

LOSS TO BODY RECORDED

Scales Showed an Ounce Gone in One Case, He Says—Four Other Doctors Present.

Special to The New York Times.

BOSTON, March 10.—That the human

マクドゥーガルの実験を報じる1907年のニューヨーク・タイムズの紙面

しかし６回の計測のうち、４人目はマクドゥーガルらの実験に反対する者が実験室に乱入して妨害したため、精密な計測ができなかった。また６人目は、ベッドに乗せて５分も経たずに死亡したため、この結果も採用さ

※⑤マクドゥーガルの人柄　メアリー・ローチ『霊魂だけが知っている』83〜84ページより。
※⑥リチャード・ホジソン　31ページの注釈参照

れなかった。つまりマクドゥーガルらは、1回目から3回目、そして5回目の、計4回の実験の結果のみを採用し、平均値を求めたのだ。

その4つの計測結果はそれぞれ4分の3オンス（21・262g）、1・5オンス50グレイン（45・764g）、1・5オンス（42・524g）、そして8分の3オンス（10・631g）で、平均すると30・045gになる。つまり、世間一般に流布しているように、6回の実験の平均値が採用されたのではなく、4回の実験結果のみが採用され、その値も21gではない。21gは、**最初の患者の数値**である。

●重量が失われた原因は？

それでは平均して約30gという重量はなぜ失われたのだろうか。

『超常現象の科学』で触れているように、マクドゥーガルの論文が発表された後、クラーク医師がその実験結果に反論している。計測されたのは、死の瞬間に失われた水分や空気だったのではないか、と言うのだ。クラーク医師の反論はマクドゥーガルの論文が載った『アメリカン・メディシン』誌上に掲載された。しかし、マクドゥーガルは「すでにそれらの可能性は検証済み」だとして※⑦**ただちにそれに反論**している。

実はマクドゥーガルは最初の実験のときに、体重が減少し得る可能性について様々な検証を行っていた。死の瞬間に臓器がなんらかの急激な動きをしても体重に影響しないことを確かめていたし、汗や排泄物はベッドのシーツなどに留まるため、**一瞬で30gも蒸発し**

※⑦ただちにそれに反論　メアリー・ローチ『死体はみんな生きている』によると、両者の論争は同誌12月号まで続いたという（同書207ページ）。前掲のワイズマンの著書は、『死体はみんな生きている』を引用してクラーク医師の意見を紹介しているが、その後のマクドゥーガルの反論や論争が続いたことについて一切触れていない。

ないこともわかっていた。肺から輩出される空気を考慮し、同僚の医師と交替で秤に乗って息を吸ったり吐いたりしたが、**秤に影響を与えるものではなかった**という。

となると、計量に何らかの不備があって、その結果、平均約30gの誤差が生じたのだろうか。この点については、正確な再現実験を行わない限りなんとも言えない。しかし、論文からは、マクドゥーガルらは細心の注意を払って計量を行っていたことが読み取れる。

人間は皮膚や粘膜、呼気などから水分を失い、自然に体重が減少していく。これを**不感《ふかん》蒸泄《じょうせつ》**という。この減少量は気温や湿度、また体質によっても異なるが、メアリー・ローチの『霊魂だけが知っている』によると「**1時間あたり1オンス**」が失われるという。

マクドゥーガルの論文によると、最初の患者はベッドに載せてから死亡するまで3時間40分生きていたという。論文にはその間の体重変化も記録されており、※⑧**「1時間につき1オンス」の重量が失われた**としている。マクドゥーガルは**不感蒸泄による重量変化をほぼ正確にとらえていた**痕跡があるのである。こうしたかなり厳密な、彼らとして考えられる限りの客観性をつくして実験を行った結果、原因不明の重量変化を確認したということなのだ。

他方、その後行われた犬の実験については、詳しい手順を述べていない。犬を秤の上で落ち着かせるために2種類の薬物を用いたこと、理想としては病気で死にかけた犬を用いるべきだが入手できなかったとしていることから、犬を人為的に殺害したと推定できる。このやり方はマクドゥーガルとしても納得のいくものではなかったようだ。

では、彼らが発見したという重量の変化は何が原因だったのだろう。

※⑧「1時間につき1オンス」の重量が失われた　マクドゥーガルは二番目の患者についても、死ぬまでの重量変化を計測し、1時間あたり4分の3オンス（約21g）体重が減ったと記している。二番目の患者の重量変化がやや少なかったことについてマクドゥーガルは、2番目の患者の方が呼吸数が少なかったためではないかとしている。

それを確かめるには、まず同様の実験を行って実際に重量変化が起きるかどうかを確認する必要があるだろう。レン・フィッシャーなどは、**室内の空気の対流**[※⑨]によって秤が影響を受けた可能性を示唆しているが、マクドゥーガルは最初の患者の死後1時間重量変化を観測し、何の変化もないとしているから、対流のせいにすることは難しいだろう。ただし、平均30g程度のわずかな重量変化であれば、支柱に患者の身体の一部が触れていたなど、ちょっとした原因でも生じ得るように思われる。

なおマクドゥーガルは、死の瞬間に生じた重量の減少は「魂」が肉体を離れたせいではないかと示唆してはいるが、**証明するためにはさらに多くの実験が必要**とも述べている。しかし、その後人間を対象にした同様の実験は、少なくとも**公表されている限りない**ようだ。

（羽仁礼）

■参考資料：
リチャード・ワイズマン『超常現象の科学』（文藝春秋、2012年）
レン・フィッシャー『魂の重さの量り方』（新潮社、2006年）
メアリー・ローチ『死体はみんな生きている』（NHK出版、2005年）
メアリー・ローチ『霊魂だけが知っている』（日本放送出版協会、2006年）
Duncan MacDougall「Hypothesis Concerning Soul Substance Together with Experimental Evidence of The Existence of Such Substance」（American Medicine, April 1907）
（http://www.ghostweb.com/soul.html）

※⑨室内の空気の対流によって秤が影響を受けた　レン・フィッシャー『魂の重さの量り方』（新潮社）28ページ。

14 「口裂け女伝説」を追う

【子どもたちを震え上がらせた恐怖の都市伝説】

伝説……

「ねえ、私きれい?」

一人で道を歩いていると、顔の半分ほどを白いマスクで覆った目元の美しい女性が、突然このように問いかけてくる。

この問いかけに「きれい」と答えると、女性は「これでも?」と言ってマスクを外す。

そこにあるのは、耳元まで大きく口が裂けた女性の素顔……。

口裂け女だ!

もし問いかけに「ブス」「きれいじゃない」などと答えたら、さあ大変。持っていた凶器※①を振りかざし、容赦なく殺されてしまうという。

※①凶器
口裂け女の持っている凶器は鎌、包丁、カミソリ、ナイフ、刺繍の針、クワなどのバリエーションがある。

真相……

口裂け女は、1979年に小中学生を中心に全国で大流行した噂話である。噂自体は1980年頃には沈静化したものの、その概要は今も多くの人たちに知られている。そんな懐かしさも漂う口裂け女の【伝説】を追ってみた。

●口裂け女のパターン

まず口裂け女の噂には、どのようなものがあるのだろうか。詳しく追ってみると、ある程度パターンがあることがわかってくる。

たとえば初期の頃は、40歳前後の中年女性、女優の山本陽子※②に似ている、髪はセミロング、茶色いマスクをしている、というのが口裂け女像の基本だった。

山本陽子似というのは、噂が広まり始めた1978年12月から翌年1月頃にかけて、彼女がマスコミで話題になっていたことが関係している。その後は彼女に似ているという話はほとんど出てこない。

年齢については、意外にも初期は40歳前後で、その後は30歳前後や20代と若くなっていき、髪型も長い黒髪が主流になっていく。これは噂が広まるにつれて、怪談でイメージされる女性幽霊像の要素が加わっていったのではないかとも考えられる。

服装は、赤、または白いコートに白いパンタロン※③、赤いブーツをはいているとされるこ

※②山本陽子
1942年生まれ。東京都出身。高校卒業後に証券会社に勤務していたが、日活ニューフェイスに合格し、芸能界入り。「白い影」「不毛地帯」といった人気ドラマに出演し、人気を博した。海苔メーカーの山本海苔店のCMキャラクターとしてもお馴染み。

※③パンタロン
フランス語でズボン（パンツ）の意味。当時はスソの広がったもの（いわゆる別ボトム）を指す場合があった。

※④対応策
他には、べっこう飴を5本与えると喜んで帰る、金平糖5個だと怖がって逃げる、豆腐を見せると逃げる、てのひらに「犬」と書いて見せる、「にんにく」と唱える、右肩から叩かれたら左（左肩は右）から振り返ると殺されない、など。

とが多い。けれども山梨では赤い頭巾、東京では黒いベールをかぶっているなど、噂が広まるにつれて服装もバリエーションが増える。

行動は、当初、驚かす程度だったものの、次第に返答次第では凶器で殺されるという設定が加わっていき、恐怖心が喚起されるようになっていく。しかし対応策※④も考案されるようになり、「ポマード」※⑤と唱える、返答※⑥を曖昧にするなどが追加されていく。

なお100メートル※⑦を9秒で走る、3人姉妹の末っ子、整形手術の失敗で精神的におかしくなった、といった設定は比較的初期から見られる。しかしこういった設定も、噂が伝播していくなかで、たとえば姉妹の関係が詳しく説明されたりするなど、より細かい話が追加されている。

口裂け女の初期の想像図（※⑧）

そして1979年の6月頃には噂も円熟期を迎え、その頃には今日記録に残っているような噂はほぼ出そろった。噂の流行もこの頃がピークである。メディア主導ではなく、口コミを中心に広まっていったのが口裂け女の噂の特徴だった。

●噂の発生源はどこか

続いては噂の発生源について考察してみたい。

※⑤「ポマード」と唱える
口裂け女はポマード（整髪用の油）が嫌いだとされているため。3回唱える、としている場合もある。

※⑥返答を曖昧にする
「私きれい?」の問いかけに、はっきりと答えず、「まあまあ」「それなりに」と答えると去って行くとされる。

※⑦100メートルを9秒
他にも3秒、5秒、6秒、10秒、12秒というパターンがある。岩手では声をかけられたのが陸上選手だったので運良く逃げ切れた、徳島では赤いセリカに乗ってくる、東京では空を飛べる、といったパターンもある。

※⑧画像の出典
「〝口裂け女〟が出たあ!! 岐阜を震源に大流行中」『名古屋タイムズ』（1979年1月22日付け、第1面）より。

「年齢」	40歳前後（初期）、20代～30代（初期以降）
「髪型」	黒髪のロングヘア
「服装」	白のマスク、赤もしくは白のロングコート、白いパンタロン、赤いブーツ、その他、赤いベレー帽姿や、和装にサングラスといった報告もあり。
「口癖」	「私、きれい？」が定番。「ヨーグルト食べる？」と訊ねられ、断ると襲ってくるなどの報告も。
「特徴」	足が速い、宙に浮く、姉がいる（三姉妹の末っ子）、神社に寝泊まりしている、など
「凶器」	長い鋏、鎌、鉈、オノ、メスなど
「好物」	べっこう飴

【表】口裂け女の特徴

様々に枝分かれし追加されていった噂も、もとをたどれば最初の発生源があったはずだ。それは一体どこで、いつ頃発生したのだろうか。

調べてみると、岐阜県内を中心にいくつかの候補地があることがわかった。なかでも最もよく言われるのは、**岐阜県の八百津町**のようだ。なかば定説ともなっているこの地が発生源とされるのは、当時、週刊誌では最も早く口裂け女を取材した『週刊朝日』（1979年6月29日号）の特集記事で、1978年12月に老婆[※⑨]が口裂け女に遭遇したという噂が八百津町で流れたとされているからだ。この噂は当時、岐阜県美濃加茂市にある加茂警察署に不審者情報として届けられたものだという。

ところが実は、これよりもっと前に流れていた噂の候補地が他にある。それは**岐阜市の鏡島**《かがしま》である。

1979年1月22日付けの『名古屋タイムズ』の記事によれば、その地域の鏡島派出所では1978年10月中旬に主婦からの最初の電話があったという。電話の内容は、「子どもが〝口裂け女〟が出るから学校へ行くのが嫌だというが、本当にいるのか」というもので、

※⑨老婆が口裂け女に遭遇したという噂
内容は次のとおり。「農家の婆さんがある夜、母屋から少し離れた便所に用足しに出かけた。と、物陰に人が立っている。不審に思って近づくと、人影はバッと顔を向けた。耳まで口が裂けた女だ！　婆さんは腰をぬかした」。

その後、同じような問い合わせが一日に20〜30回もかかってくるようになったという。※⑩年と月がわかっている情報の中では、これが最も初期の記録である。そのため噂の発生源として可能性が高い場所は、現在までのところ鏡島だと考えられる。時期は1978年10月中旬にはすでに広まっていたことを考えれば、それよりも前、**遅くとも10月上旬、早ければ1978年の夏頃には最初の噂が発生**していた可能性がありそうだ。

初出場、
きょう八幡
交通事故
越谷
「口裂け女」出没、デマ走る
パト出動騒ぎも
県警 不安解消へ事情調査
や「指導」にも
から主任手当拡大
「四条件」国鉄が誠意
知事が対応を評

埼玉県ではパトカー出動騒ぎも（読売新聞埼玉版1979年6月8日朝刊）

●口裂け女の正体とは？

それでは、口裂け女の正体は一体何だったのだろうか。これにはデマだというものから、もとになる女性や伝承が存在していたという話など、いくつかの説がある。ここでは比較的よく聞かれる次の4つに絞って検討してみたい。

・整形手術失敗説

この説で焦点になるのは、失敗した整形手術とは具体的にどんなものか、ということである。通常の美容整形手術では、口を切って広げるような類の手

※⑩年と月がわかっている情報　月まではわかっていない情報では、長野県木曽福島町で1978年の秋に流れたというタクシー運転手が口裂け女を乗せたという噂がある。『週刊朝日』（1979年6月29日号）の記事では、こちらがあるいは噂の発端だったかもしれないとしている。もうひとつは岡山県岡山市在住の母親が1977年か1978年のいつかに口裂け女の噂を聞いたというもので、こちらは噂話を各地から聞き取りした『現代民話考7』（筑摩書房）で紹介されている。

術はない。そうなると他に考えられるのは、いわゆる**小口症[※⑪]と呼ばれる障害の治療手術**である。

しかしその場合、切る長さはせいぜい1センチ程度で、万が一失敗したとしても、口裂け女のように耳元まで裂けるなどということは、まずあり得ない。また失敗してもすぐに縫合すれば治癒は可能で、ヤケになって自分で切り裂くというのも考えにくい。

・精神病患者脱走説

この説でよく言われるのは、岐阜県多治見市にある13号トンネル付近に存在したという**精神病院の患者の話**である。噂では患者が夜な夜な脱走し、心霊スポットでもある13号トンネル付近で子どもたちに声をかけて脅かしていたことから、話に尾ヒレがついたとされる。

これについて調べたところ、現場近くに存在するのは岐阜県立多治見病院であることがわかった。この病院は1939年に開設されたもので、1979年頃には全630床中、120床の精神科の病床があった。しかし、ここはあくまでも総合病院であり、精神病院ではなかった。

また13号トンネルはもともと鉄道が走っていた廃線で、車や人が通るような場所でもない。現場へ行くには、病院から30分近く人気のない廃トンネルや山道を歩かねばならず、そのような夜も真っ暗な場所で、**子どもが誰かと何度も遭遇するということ自体、実際には[※⑫]考えにくい**と思われる。

※⑪小口症
火傷など、主に後天的な理由で口が通常より小さくなってしまうもので、手術では口を広げるために切ることがある。

※⑫実際には考えにくい
他の精神病院の話も調べてみたが、残念ながら信憑性は低いものばかりだった。

・江戸時代などに原型となる話があったという説

怪談などでは似たような口裂け女の話はある。

たとえば江戸時代の『絵本小夜時雨』の「吉原の怪女」や『怪談老の杖』の「狐鬼女に化し話」では、男が女に声をかけると、振り向いた女の口は耳まで裂けていたという話が載っている。口が裂けた化け物というモチーフは江戸時代からあったのは確かだ。

『絵本小夜時雨』の「吉原の怪女」

ただし、これらは声をかけた話で、**現代の声をかけられる話とは逆**である点には留意しておきたい。

また、こういった話は江戸の怪談であり、1970年代後半に岐阜を中心に広まった噂話と直接繋がり※⑬を示すものは残念ながらない。

・デマ説

これは、噂が広まった最も初期だと考えられる1978年10月当時、前出の鏡島で行われた調査が参考になる。次に引用するのは、当時、鏡島の精華

※⑬直接繋がりを示すものは残念ながらない
こういった怪談とは別に、明治時代以降の地方の伝承とされる話もいくつか流布されている。しかし、それらは根拠が乏しく、現代の口裂け女とどう繋がっていくのかも説明できていない。

中学校で教師をしていた横山氏のインタビューである。

「あんまり大騒ぎになったので、本当かどうか調べてみました。〝口裂け女〟のことを知っている生徒が全体の80％もいるのにはびっくりしましたよ。生徒から、どこの、だれに聞いたのか、約半月かかって追跡調査をしたんですが、結局、途中でうわさの糸はプッンです。（後略）※⑭」

当初から噂の発生源にはたどりつけなかったようだ。また他にも、当時、鏡島派出所の大塚巡査は次のように述べている。

「中津川で、ある奥さんが被害にあったと聞いたので電話で確かめたらウソだったし、関《せき》でショック死したというおばあさんは、調べたらピンピンでしたよ。（後略）※⑮」

デマは実際にあったようだ。他にも東京では口裂け女に殺された子どもがいるという話がたびたび流れたが、警視庁によれば当時、そのような事件は一切、把握していなかったという。このように口裂け女の噂は、たどっていくと情報元にたどりつけなかったり、明らかに嘘だと判明したりする場合がある。

ちなみに当時、東京などでは、マスクをして歩いている女性を口裂け女だと断定し、「ポマード」と言って逃げる小学生がたびたびいた。

しかし、これらは、ただマスクをしていただけの女性だったと思われる。けれども、こういった勘違いは噂が広まる上で、想像力と融合すると、「実際に会った」話として信憑性を与える役割を果たしていたのかもしれない。

※⑭証言の出典
「〝口裂け女〟が出たあ!! 岐阜を震源に大流行中」『名古屋タイムズ』（1979年1月22日付け、第1面）

※⑮証言の出典
右に同じ。

●時代を彩った口裂け女

これまで見てきたように、ひとくちに「口裂け女」といっても、それにまつわる話の中身には様々なものがある。また口裂け女の噂は、その**発生からすでに30年以上が経過**しているため、ひとつひとつの噂の情報元をたどっていくのは困難をきわめる。

けれども、その噂の中の口裂け女は生き生きとしており、当時の子どもたちを中心に想像力をかきたてた。そして、その噂の流行は、現在では研究対象にもなっている。時代を彩る大流行のひとつでもある。

残念ながら筆者（本城）は、その大流行のすぐあとに生まれたため、当時の様子をリアルタイムでは知らない。しかし、今後そのような大流行に立ち会えたなら、ぜひ真相を追ってみたいと思っている。それでもし、本物の口裂け女のようなものに出会えたら最高だ。

（本城達也）

■参考資料：
「〝口裂け女〟が出たあ‼ 岐阜を震源に大流行中」『名古屋タイムズ』（1979年1月22日付け）
「編集余記」『岐阜日日新聞』（1979年1月26日付け）
「子供襲った〝口裂け女〟」『読売新聞』（1979年6月13日付け）
「岐阜で生まれた〝口裂け女〟騒ぎやっと下火へ」『岐阜日日新聞』（1979年6月15日付け）

「心ない『口裂け女』の流行」『読売新聞』（１９７９年８月３日付け）
小森孝美「『口裂け女』なぜ岐阜発」『岐阜新聞』（２００７年３月10日付け）
平泉悦郎「全国の小中学生を恐れさせる『口裂け女』風説の奇々怪々」『週間朝日』（１９７９年６月29日号）
「口裂け女の正体を徹底追跡！」『週刊女性』（１９７９年７月３日号）
「〝口裂け女〟騒動で証明されたデマの猛威」『女性自身』（１９７９年７月５日号）
国書刊行会 編『新燕石十種 第三』（国書刊行会、１９１３年）
近藤瑞木・編「絵本小夜時雨・吉原の怪女」『百鬼繚乱―江戸怪談・妖怪絵本集成』（国書刊行会、２００２年）
朝倉喬司「あの『口裂け女』の棲み家を岐阜山中に見た！」『うわさの本』（ＪＩＣＣ出版局、１９８９年）
『こわい話―あなたの知らないニッポンの〝恐怖〟』（ミリオン出版、２００８年）
常光徹『学校の怪談』（講談社、１９９０年）
道下淳『ふるさと岐阜の20世紀』（岐阜新聞社、２０００年）
清涼院流水『秘密屋 赤』（講談社、２００１年）
松谷みよ子『現代民話考７』（筑摩書房、２００３年）
藪田良三他「Macrostomia の13症例」『耳鼻と臨床』（23(3)、１９８０年）
高橋庄二郎、重松知寛、黄国和、丸森雅由、鈴木伊知郎「口裂延長術と短縮術について」『日本口腔外科学会雑誌』（Vol. 26 No.6 Dec. 1980）
「概要・沿革・病床数　岐阜県立多治見病院」（http://www.tajimi-hospital.jp/outline/gaiyou.html）

第三章　異星人の襲来⁉「UFO事件」の真相……

15 ロドファー・フィルムの真相

【アダムスキー型円盤実在の証拠?】

伝説……

1952年11月20日、ジョージ・アダムスキー[※①]はアリゾナ州の砂漠で、着陸した円盤から降りてきた金星人と遭遇し、テレパシーで会話した。金星人は砂漠の砂に足跡を残していった。

翌12月13日、円盤はアダムスキーの地所の上に飛来、彼はそれを6インチ望遠鏡にセットしたカメラで撮影し、翌年、その写真を著書『空とぶ円盤実見記[※②](Flying Saucers Have Landed)』(53年)に載せた。そこに写っていた偵察船(スカウトシップ)は「アダムスキー型円盤」と呼ばれるようになり、その後のUFOのイメージを決定づけた。

アダムスキー以外にも、アダムスキー型円盤を撮影した人物は何人もいる。中でも有名なのは、1965年2月26日、メリーランド州シルバースプリングで、マデライン・ロドファー夫人が撮影した8ミリ映像、いわゆるロドファー・フィルムで、そこには空中を飛

※①ジョージ・アダムスキー(1891〜1965)ポーランド生まれで、2歳の時に両親とともにアメリカに移住。あきれたことに、近年、ネットでは「父親はポーランド王子、母親はエジプト王女」などと書かれている。ふざけるのもいいかげんにしてほしい。

※②『空とぶ円盤実見記』デズモンド・レスリーとの共著。

び回るアダムスキー型円盤が映っている。

真相……

●暴かれたトリック

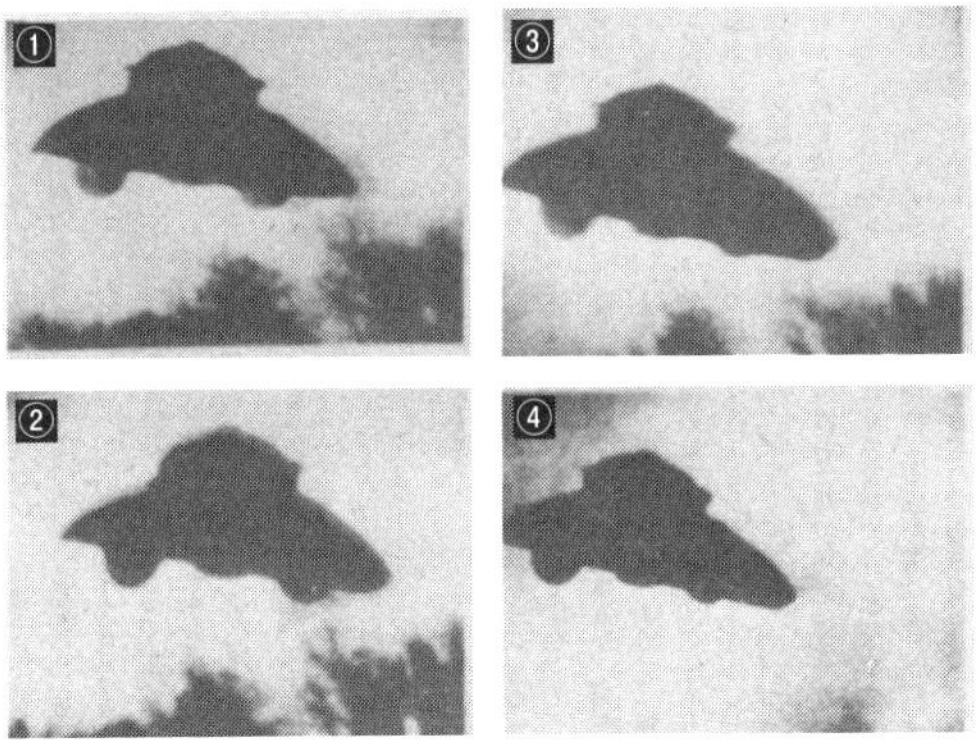

【写真１】ロドファー・フィルムの一部（※③）

ロドファー・フィルムは、その撮影現場にアダムスキーも居合わせ、ロドファー夫人に代わってカメラを操作していたことが分かっている。つまりトリックがあるとしたら、**アダムスキー自身が関与**していることになる。

このフィルムでは、円盤の形が飛行中に変形するように見えること、底部に3個あるはずの「着陸ギア」と呼ばれる球形のパーツが、なぜか2個しか映っていないことが謎とされてきた（【写真1】）。

アダムスキーを擁護する者たちは、円盤が発生している力場のせいで歪んで見えているのだと説明していた。

この謎を解き明かしたのは、日本のＵＦＯ研究

『空とぶ円盤実見記』

※③画像の出典『ＵＦＯと宇宙』（１９８０年４月号、ユニバース出版社）より。

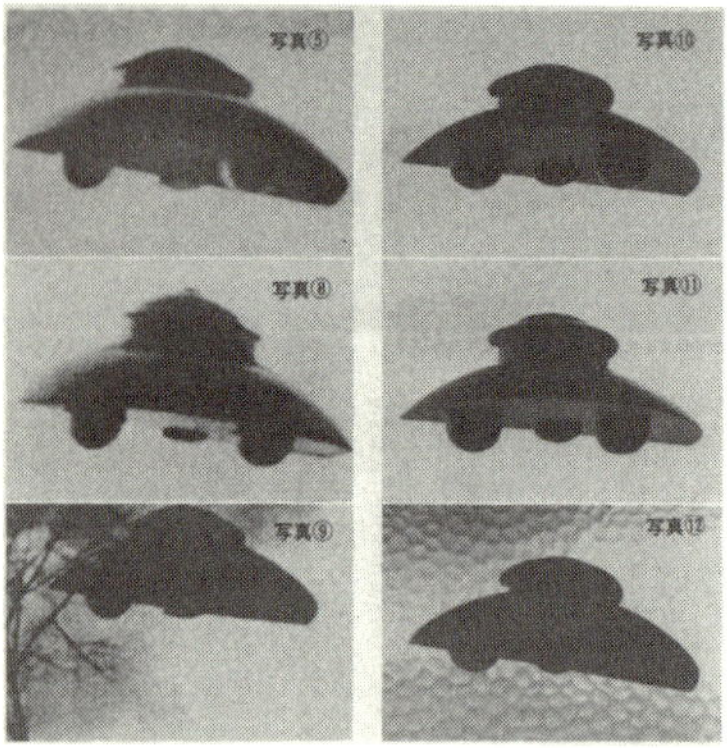

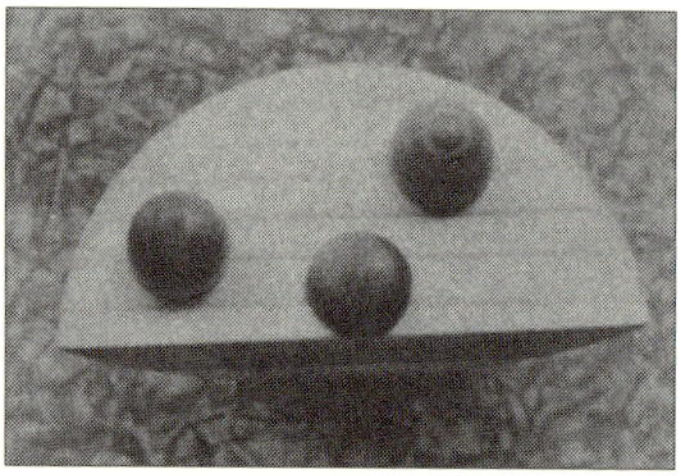

【左・写真2】左がロドファー・フィルム。右が高梨氏らが撮影した写真。形の歪みまで正確に再現されているのが分かる。
【右・写真3】撮影に使われた木製の模型。これをガラスに貼りつけた。（出典はいずれも『UFOと宇宙』1980年4月号）

家・**高梨純一**※④**氏らのグループ**である。高梨氏らは模型を製作して試行錯誤を繰り返し、ついにはロドファー・フィルムとまったく同じ写真を撮ることに成功した（【写真2】）。

高梨氏らの使用した模型は、通常のアダムスキー型円盤をカットして3分の2にしたものだ（【写真3】）。それを**窓ガラスに貼りつけた**のである。飛行中に変形して見えたのは、もともと非対称の模型だったため、角度が変わると歪んでいるように見えたからだ。球体が2個しか映っていなかったのも、この模型には最初から球体は2個しか付いていなかったからだ。

アダムスキーが1952年12月13日に撮影したとされる写真にしても、当時から研究者の間ではトリックとみなされていた。SF作家のアーサー※⑤・C・クラークは、「アダムスキー氏を含めて多くの人は、望遠鏡を通して二〇フィートの距離に引き寄せて見た大きな物体が、二〇フィート離れたところにある実物大の物体とは全く違って見えることに気がつかな

※④高梨純一（1923〜1997）UFO研究家。UFOの存在を信じる一方、偽情報やトリックを糾弾する活動も積極的に行なっており、矢追純一氏のUFO番組が放映されるたびに、テレビ局に間違いを指摘する手紙を出していた。ちなみに山本弘『UFOはもう来ない』（PHP研究所）に登場するUFO研究家、木縞一利のモデルである。

※⑤アーサー・C・クラーク（1917・2008）イギリス生まれのSF作家で、晩年はスリランカに移住。『2001年宇宙の旅』の原作者として有名だが、若い頃から超常現象に興味を持っており、超常現象番組『アーサー・C・クラーク 未知の世界へ』のホストを務めている他、UFO関係のエッセイも何度も書いている。

いようである」と書いている。

ミニチュア撮影をやった経験のある方なら、クラークの言葉の意味がご理解いただけるはずである。小さなミニチュアモデルにカメラを近づけて撮影しても、本物のように見せるのは難しい。被写界深度※⑥が浅いため、**どうしてもミニチュアっぽく見えてしまう**のである。アダムスキーの写真には、まさにその特徴が出ている。

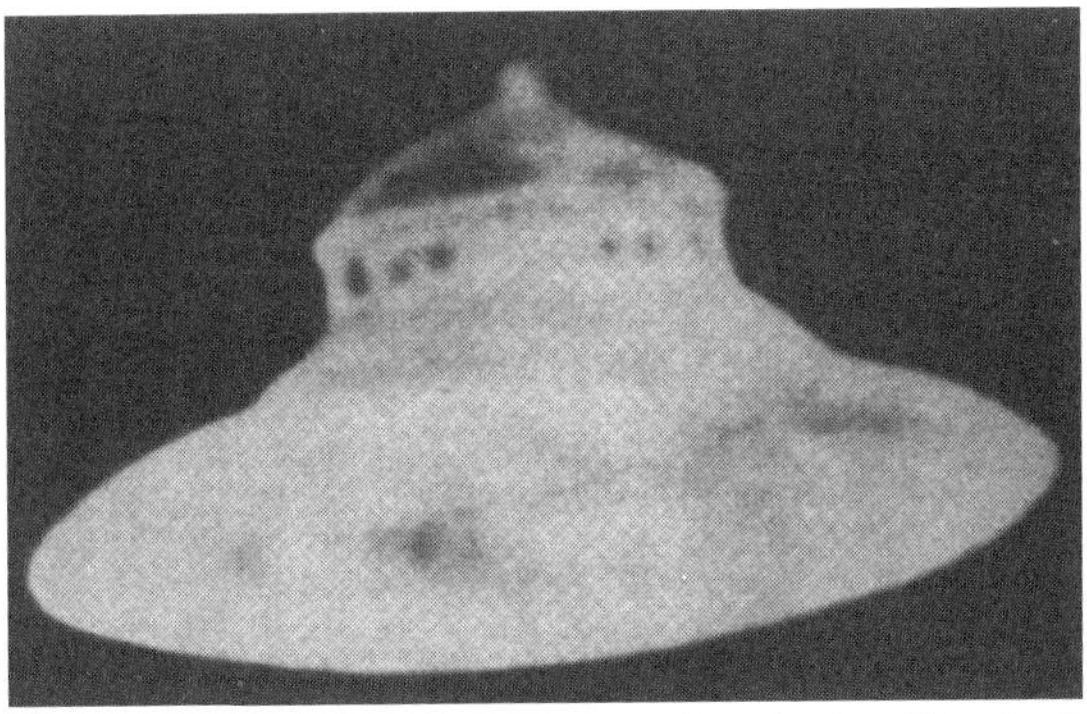
メンジャーが1956年に撮影したとされる円盤。デッサンが狂っているのがお分かりだろうか？（『ＵＦＯと宇宙』1980年4月号より）

他の人間が撮影したアダムスキー型円盤も、やはりトリックであることが判明している。たとえばハワード・メンジャー※⑦の著書に載っている円盤は、明らかにデッサンが狂っている。底面は下から見上げているアングルなのに、上部は水平に近いアングルなのだ。これは絵に描いたものだろう（**【写真4】**）。

1954年2月15日、イギリスのコニストンでスティーヴン・ダービシャーという13歳の少年が撮影したアダムスキー型円盤も、白っぽくて立体感に欠け、いかにも二重露光に見える。実際、ダービシャーはのちに、**写真がインチキだったことを告白**している（その後、さらに前言をひるがえして、「やっぱり本物だった」と言い出しているが）。

※⑥被写界深度
カメラのピントが合う距離の範囲。接写の場合、ピントが合う範囲が狭いため、被写体全体にピントが合いにくい。

※⑦ハワード・メンジャー（1922〜2009）
50年代に何人も出現したアダムスキーの亜流の一人。UFOに乗って月に行ってきたと主張し、59年、『外宇宙からあなたへ』を出版。その表紙に描かれたUFOも、彼の撮った「写真」をトレースしているため、デッサンが狂っている。（日本では『［2012年に再び戻ってくる］天使的宇宙人とのコンタクト』という題で徳間書店から出版）

メンジャーの著書

●チベットに留学？ ローマ教皇と会見？

アダムスキーには他にも嘘が多い。

『空とぶ円盤実見記』には、52年12月13日の二度目の円盤との遭遇の際、ジェロルド・E・ベイカー軍曹が撮影したとされる円盤の写真も載っていた。しかしベイカーは、円盤を見たことも、写真を撮ったことも否定した。アダムスキーはベイカー宛ての手紙で、「君は自分の名が付けられているあの本の写真のおかげで、食ってもいけるんだ」「あの写真との関係を保ってさえいれば、私のように有名になれる」と、**暗にイカサマに加担するように誘っている**。

またアダムスキーは、8歳から12歳まで単身チベットに留学し、ダライ・ラマから教えを受けたと称していた。しかし、当時のチベットは鎖国政策[※⑧]を取っていて、外国人、それも8歳の少年が入りこめたはずはない。

1963年5月31日、アダムスキーはバチカンを訪れた。彼はそこで、ローマ教皇ヨハネ23世と会見して、黄金のメダルを貰ったと主張している。アダムスキーによれば、ヨハネ23世は窓から庭園を見ていたという。

しかし、ヨハネ23世はその3日後に胃癌で死去している。死の直前は闘病中で、誰かと会見できる状態ではなかったし、教皇の部屋は庭園とは反対側にあった。またアダムスキーの持っていた「黄金のメダル」も、貨幣収集家の鑑定により、**ミラノで作られた観光みやげ**であることが判明している。

※⑧鎖国政策
アダムスキーが8歳から12歳だった19世紀末から20世紀初頭のチベットは鎖国政策をとっており、外国人が容易に立ち入ることができなかった。この時期に日本人として初めてチベット入国に成功したのが、僧侶の河口慧海。外国人旅行者の立ち入りが認められたのは、1982年になってのことである。

※⑨金星
現在では、大気のほとんどが二酸化炭素で、気圧は約90気圧、温室効果のために気温は平均400度以上あることが判明している。表面を覆う厚い雲の主成分は

●SFからヒントを得た？

アダムスキーは二冊目の著書『空飛ぶ円盤同乗記（Inside the Space Ships）』（55年）の中で、円盤に乗って宇宙飛行を体験する。彼によれば、月には空気があって、植物が生え、動物が走っていた。※⑨金星の雲の下には森林や湖があり、金星人の美しい都市があった。

月には大気がないことは、※⑩19世紀の天文学者の観測ですでに明らかになっていた。しかし、SFの世界では1950年代まで、※⑪月に生物がいるという話はしばしばあった。金星の描写にしても、惑星探査が進んだ今となっては荒唐無稽だが、当時のSF小説では、金星には呼吸可能な大気があり、地球の原始時代のような環境で、厚い雲の下にはジャングルや海があるという設定が定番だった。アダムスキーは明らかに、**50年代当時のSFのイメージで金星を描いている**。

『空飛ぶ円盤同乗記』

またアダムスキーは、宇宙を飛び交うたくさんの流星を見たとも書いている。当時のSF小説やコミックスでは、ロケットが「流星雨」に遭遇する場面がよくあった。アダムスキーはそれらを読み、**宇宙に行けば流星が必ず見られるものと思っていた**のだろう。現実には、※⑫宇宙を飛ぶ流星を目にした宇宙飛行士はいない。

濃硫酸である。

※⑩19世紀の天文学者の観測　月に大気があれば、背景の星の光を屈折させるはずだが、それがまったく観測されなかった。

※⑪月に生物がいるという話　日本では手塚治虫『鉄腕アトム』の「イワンの馬鹿」（59年）、海外ではマレイ・ラインスター「鍵の穴」（51年）などがある。

※⑫宇宙を飛ぶ流星を目にした宇宙飛行士はいない　大気圏に突入する前の流星は、数ミリから数センチ程度の大きさしかなく、光を発していないので、肉眼で視認することは不可能に近い。ただし、ISS（国際宇宙ステーション）に滞在している飛行士が、大気圏に突入した流星を上から目撃した例はある。

『空飛ぶ円盤同乗記』には、高度5万マイル（8万キロ）の宇宙人の母船から見た地球が、地平線に昇る太陽ぐらいの大きさで、月によく似ていて、白く輝いていたとも書かれている。8万キロから見た地球は太陽の18倍の大きさに見えるはずだし、白く見えたというのもおかしい。

ユーリイ・ガガーリン※⑬が人類として初めて宇宙を飛び、「地球は青かった」と言ったのは1961年のこと。それまで、地球を外から眺めたらどのように見えるか、誰も知らなかったのである。月が白く見えることから、地球も外から見たら白く見えると、アダムスキーは思い違いしたのだろう。

●売れなかったSF小説が元ネタ

アダムスキーは、まだ宇宙人と接触していなかったはずの1949年、『月、火星、金星への空想旅行（An Imaginary Trip to the Moon, Venus and Mars）』というSF小説を書いている。4人の男が宇宙船に乗って宇宙を旅するという物語だ。UFO研究家のフランク・エドワーズ※⑭は、当時、アダムスキーに親しい女性※⑮から原稿を見せられ、「推薦してもらえませんか」と頼まれた。原稿には、出来の悪いUFO写真も数枚、添えられていた。エドワーズが「どうにも困りますね。こんなものを持ってこられては……お話になりませんよ」と拒絶すると、女性は怒って当たり散らしながら帰っていったという。

エドワーズが蹴ったのも無理はない。『宇宙のパイオニア※⑯（Pioneers of Space）』という題

※⑬ユーリイ・ガガーリン（1934〜1968）旧ソ連の宇宙飛行士。1961年4月12日、ボストーク1号で地球を1周した。帰還後、イズベスチヤ紙に「空は非常に暗かった。一方、地球は青みがかっていた」と語り、それが日本では「地球は青かった」と訳された。

ガガーリン

※⑭フランク・エドワーズ（1908〜1967）元はラジオ番組のキャスターだったが、UFOに興味を持つようになり、超常現象を扱うライターに転身した。日本でも『しかもそれは起った』（早川書房）など数冊の翻訳本がある。

※⑮親しい女性

で少部数だけ出版され、ほとんどの人の目に留まらなかったその小説は、※⑰40年代当時のアメリカSFの水準から見て、あまりにも幼稚な代物だったのだ。

特に驚かされるのは、アダムスキーには**天文学のごく初歩の知識が欠けている**という事実だ。彼は流星が宇宙でも光って見えると思っていた。※⑱月の一日の長さは地球と同じで、地球の「月の出」と同様、月面に立つと地平線から地球が昇ってくるのが見えると思っていた。地球から見えない月の裏側はいつも暗いと思っていた。太陽が燃えているのは宇宙に酸素があるからだと思っていた……。

小説の中では、主人公たちは宇宙船で月に向かう途中、何度も流星とすれ違う。宇宙から見た地球は青く見えない。月には空気があり、動植物が栄え、人間も住んでいる。主人公たちは火星人や金星人や土星人とも出会い、彼らから宇宙の哲学を教わる――6年後に発表される『空飛ぶ円盤同乗記』との類似は明らかである。

『宇宙のパイオニア』

アダムスキーは1930年代、ロイヤル・オーダー・オブ・チベットという宗教団体を設立、「宇宙哲学」を説いていたが、あいにく長く続かなかった。そこで円盤ブームに便乗して起死回生を目論み、売れなかった小説を書き直して、体験談として発表したのだろう。

アダムスキーの死後、『宇宙のパイオニア』は

当時、アダムスキーのゴーストライターだったルーシー・マクギニスではないかと思われる。

※⑯『宇宙のパイオニア』　日本では、2011年になってようやく『UFO基本教書　地球人よ、ひとつになって宇宙へ目を向けなさい！』という題で単行本が出た。

※⑰40年代当時のアメリカSF　アシモフ、ハインライン、ブラッドベリ、ヴァン・ヴォクト、スタージョンなどの有名作家が大活躍しており、まさにSFの黄金時代だった。

※⑱月の一日の長さ　月は常に地球に同じ面を向けており、その自転周期は公転周期と同じ、約27日である。月から見ると、地球は空の一点にほぼ固定して動かない。

復刻された。しかし、それを読んでもアダムスキー信者たちは動じなかった。彼らは「アダムスキーは予知能力を持っていたのだ」とか「実は何十年も前から宇宙人とコンタクトしていて、宇宙のことを教わっていたのだ」と言って、アダムスキーを擁護したのである。彼らはまた、「月には本当は空気があるのだが、ＮＡＳＡがその事実を隠している」とも主張した。

信者たちは、アダムスキーが宇宙人から高度な知識をもたらされたと信じている。実際にはまったく逆である。彼の著書は、**宇宙に関する知識の根本的な欠如の産物**なのだ。

（山本弘）

■参考資料：

Ｇ・アダムスキー＆Ｄ・レスリー『空とぶ円盤実見記』（高文社、１９５５年）

Ｇ・アダムスキー『空飛ぶ円盤同乗記』（高文社、１９７５年）

Ｇ・アダムスキー『ＵＦＯ基本教書』（徳間書店、２０１１年）

Ｊ・アレン・ハイネック＆ジャック・ヴァレー『ＵＦＯとは何か』（角川文庫、１９８１年）

カーティス・ピープルズ『人類はなぜＵＦＯと遭遇するのか』（ダイヤモンド社、１９９９年）

平野威馬雄『円盤についてのマジメな話』（平安書店、１９７３年）

皆神龍太郎『宇宙人とＵＦＯ　とんでもない話』（日本実業出版社、１９９６年）

高梨純一「ロドファー・フィルムの真相」（『ＵＦＯと宇宙』１９８０年４月号）

David Clarke and Andy Roberts ／ UFO Hoaxing: Stephen Darbishire and Alex Birch.Part One Stephen Darbishire. (http://magonia.haaan.com/2009/Darbishire/)

Marc Hallet ／ Why I can say that Adamski was a Liar (http://www.skepticreport.com/sr/?p=101)

16 ロサンゼルスＵＦＯ攻防戦

【第二次大戦中にアメリカ軍がＵＦＯと交戦？】

伝説

米本土にＵＦＯの大群が飛来し、米軍とＵＦＯの間で危うく「宇宙戦争」が勃発しそうになったということが、実は過去2回ある。有名なのは戦後最大のＵＦＯ事件とも言われる１９５２年7月に起きたワシントン上空でＵＦＯが乱舞したという「ワシントン事件」※①だ。この時は、米国の首都ワシントン上空にＵＦＯの編隊が飛来し、通常は飛行禁止地区とされているホワイトハウスや国会議事堂の上空を自在に飛び回った。米空軍は、ＵＦＯとの空中戦をも辞さない構えで、2機のＦ‐94戦闘機をＵＦＯに向けスクランブル発進させた。トルーマン大統領からの電話で助言を求められたアインシュタインは、この時「むやみな発砲や攻撃は絶対に避けるべきだ」と大統領に忠告したとされる。この時に撮られた、米議事堂の上空を乱舞するＵＦＯの写真は、大変に有名である。

もうひとつのＵＦＯ事件のほうは「ワシントン事件」ほどは、広く知られてはいない。し

※①ワシントン事件
１９５２年7月19日から27日にかけて、ワシントンＤＣ上空を60を超える謎の発光物体が飛行したという事件。発光物体は軍関係者だけでなく、多くの市民も目撃したとされる。

かし、こちらの事件では空中を乱舞するＵＦＯに向けて米軍が大量の高射砲を打ち込んでおり、未知のＵＦＯと米軍との間で実際に戦闘が行われたという意味で、ワシントン事件よりさらに緊急性が高い事件といえた。

　この事件は太平洋戦争の真っ最中であった１９４２年2月25日未明に、カリフォルニア州ロサンゼルス港※②周辺で起きた。世に言う「バトル・オブ・ロサンゼルス」、ロサンゼルスＵＦＯ攻防戦である。

　多くの市民が寝静まっていたこの日の午前2時15分ごろ、ロサンゼルスの西方約１２０マイル（１９３キロ）の海上に、謎の飛行物体がいることを、沿岸のレーダーが探知した。高射砲部隊はただちに迎撃体制を整え、空襲警報が発令された。鳴り響くサイレンに飛び起きた数千のロサンゼルス市民が見たものは、西の上空を照らして走り回る数多くのサーチライトであった。

　そして午前3時16分、第37沿岸砲兵旅団によるＵＦＯへの高射砲攻撃が一斉に開始された。攻撃は約1時間近くも続き、この間に撃たれた高射砲の弾数は全部で１４３０発にも上った。灯火管制が敷かれ、闇に包まれたロサンゼルスの上空で、真っ赤に光りながら次々と炸裂していく砲弾の姿は「ロサンゼルスの空が、まるで爆発した火山のようになった」と表現された。当時の『ロサンゼルス・タイムズ』によれば、この攻撃に驚いて起きた交通事故や心臓麻痺などによって、5人の市民が死亡したという。だが結局、現れたＵＦＯは一機も撃墜されることなく姿を消し、またＵＦＯの側からは爆弾などが投下されるという

※②ロサンゼルス港
アメリカ西海岸南部、サンペドロ湾に面した港。ロサンゼルス中心部から30キロの場所にある。アメリカを代表するコンテナ港で、北米一、世界第六位のコンテナ取扱量を誇る。第二次大戦中は、軍事船舶の造船所が置かれていた。

ロサンゼルス港

こともないまま、ロサンゼルス市民にとって悪夢のような一夜は幕を閉じた。

ワシントン事件の時と同様に、この時ロサンゼルス上空に現れたＵＦＯの姿ははっきりと写真に残されている。輝くサーチライトの中に楕円形のＵＦＯが浮かび上がる写真は、翌日の『ロサンゼルス・タイムズ』の一面を飾った。この写真の存在が、ロサンゼルス上空にＵＦＯが確かに現れたということを今に告げる動かぬ証拠となっている。

ネット等でワシントン事件の決定的証拠とされる写真。ホワイト・ハウスの上空に複数の発光物体が写っているのがわかる。

真相

●残された写真の正体

まず「ワシントン事件」のほうだが、現在では、空気の上層と下層で気温が逆転する「**気温逆転層**」※③で引き起こされた一種の**レーダーの誤作動による幻影**であったとされている。

ワシントン事件の写真と称する米議事堂の上を光点が乱舞する有名な写真があるが、これは実はＵＦＯでもなんでもない。議事堂の周りに立っている照明の光がカメラのレンズの中で反射を起こ

※③気温逆転層
通常は高度が上がれば気温は低下するが、高度が上がるにつれて気温が上昇する現象。暖かい空気の層が冷たい空気の層の上にある場合などに起こる。

して生まれた**光のゴースト**に過ぎない。

では、もうひとつの「ロサンゼルスＵＦＯ攻防戦」の方のＵＦＯ写真はどうなのだろう。複数のライトに照らされたその中央付近に巨大な光るＵＦＯの姿が浮かび上がり、その周辺には、さらに小さな光点となって輝く他のＵＦＯの姿も写っていた。つい最近も、この写真をコンピューターの画像解析にかけて、サーチライトが集まった光のなかには謎の飛行物体が確かに浮いている、ということを発表したＵＦＯ研究者※④がいた。

だが筆者（皆神）は、この写真をみた瞬間に、インチキ臭さを直感的に感じた。まず照らすサーチライトの光に、動いているという感じがまったくない。闇と光の境目がはっきりし過ぎていて、空中で何物かを探している、という光のブレがまったく感じられなかったのだ。これは、よりくっきりした写真になるように、**修正液などを使ってかなりのレタッチがされている写真**に違いないと直感した。

昔は報道用の新聞写真といっても、扱いはかなりルーズであった。日本の戦中、戦後の新聞に載った写真原画を調べたことがあるが、被写体の後ろに不要なものが写っていたらホワイトで勝手に消したり、人物の胸元に蝶ネクタイを勝手にインクで描き足してしまうといったことが平気で行われていた。米国でも事情は、そう変わらないはずとにらんだのだ。

２０１１年２月、この直感が正しかったことが証明された。『ロサンゼルス・タイムズ』紙が、自社の写真アーカイブの中から、当時のロサンゼルス攻防戦のＵＦＯ写真の原板を探し出してきて、詳細な分析を試みたのだ。その結果、紙面に載った写真は、修正液を使って、

※④ＵＦＯ研究者
代表的なのはブルース・マカビー（１３９ページの注釈参照）。インターネットで「Battle of LA, UFO」と検索すると、ほかにもPhotoshopを使った画像解析結果が複数見つかる。

あたかもサーチライトの中にＵＦＯがいるかのように、レタッチされたものであったことが判明した。レタッチ済みの写真を、**いくらコンピューター解析してもなんの意味もなかった**のだ。

Searchlights and Anti-aircraft Guns Comb Sky

ロサンゼルス・タイムズに掲載された問題の写真

●米軍は何と戦っていたのか？

ではなぜこの時、米軍は存在してもいないＵＦＯに怯え、大量の高射砲を打ち込んだりしたのだろうか。実はその前日に、ＵＦＯよりも恐ろしい日本帝国海軍による米本土攻撃が行われていたのである。

太平洋戦争中の「本土爆撃」というと、米軍による日本国土への爆撃ばかりが語られるが、実は、日本側も何度か、**米本土への攻撃**を試みている。

たとえば、カリフォルニア州サンタバーバラ海峡入り口にあったエルウッド油田※⑤に対し、日本の伊号第17潜水艦が17発の艦砲射撃を行い、製油所の桟橋とポンプ小屋を破壊することに成功している。この時には、急な攻撃に慌てふためいた米軍が、日本機と間違って味方機を攻撃してしまったともされてい

※⑤エルウッド油田に対する爆撃
製油所に大きな被害はなかったが、砲撃によってアメリカ軍の兵士１名が重症に陥った。

る。帝国海軍によって、エルウッド油田砲撃が行われたのが、1942年2月23日のこと。つまり「ロサンゼルスUFO攻防戦」が発生する、**まさに前日のこと**だった。

日本軍の油田砲撃のその翌日に、日本に味方するため、宇宙からUFOがわざわざロサンゼルスに飛来したと考えるよりも、初の「本土攻撃」にビビりきった**米軍がパニックになって起きた騒動**だった、と考えるほうが、合理的であることはいうまでもない。米西海岸に並ぶエルウッド油田とロサンゼルスは南北に150キロほどしか離れていない。前日の攻撃に続いて、帝国海軍※⑥がロサンゼルスに再び攻め入ってきたと慌てても仕方がなかったのだ。

1942年にロサンゼルスで突如巻き起こった米軍とUFOとの攻防戦は、今では観測気球などの見誤りをきっかけにして発生した、戦時中の興奮状態による一種のパニック現象であったと解釈されている。

（皆神龍太郎）

■参考資料：
並木伸一郎『未確認飛行物体UFO大全』（学研、2010年）
歴史群像アーカイブ19『帝国海軍　潜水艦史』（学研、2011年）
歴史群像アーカイブ9『帝国海軍　太平洋作戦史1』（学研、2009年）
「Another Good Story Ruined ―― The Battle of Los Angeles」
(http://latimesblogs.latimes.com/thedailymirror/2011/02/another-good-story-ruined-the-battle-of-los-angeles.html)

※⑥帝国海軍がロサンゼルスに再び攻め入ってくる　日本海軍は1941年から アメリカ周辺の海域で通商破壊（潜水艦で商船などを砲撃すること）を行っていた。その後、アメリカ本土に砲撃を加えるようになり、エルウッド油田の後には、カナダのバンクーバー島やオレゴン州のスティーブンス海軍基地も砲撃。さらに、1942年9月には伊25潜水艦から飛び立った藤田信雄飛曹長が操る零式小型水上偵察機が本土爆撃を決行。オレゴン州の山間部に焼夷弾を2度投下している。

17 日航ジャンボ機ＵＦＯ遭遇事件

【ＣＩＡが隠ぺいしていたＵＦＯ事件】

伝説……

２００１年５月９日、米国の首都ワシントンＤ・Ｃのナショナルプレスクラブで、前代未聞の記者会見が開かれた。米政府によるＵＦＯ隠蔽工作を暴く「ディスクロージャー・プロジェクト」[※①]の報告会だ。米国の空軍や陸軍、海兵隊員、さらには国家安全保障局や航空管制官といった政府の要職を務める人々が、その重い口を次々と初めて開き、これまで米国民の前から覆い隠されてきた「ＵＦＯの真実」を白日の下へとさらしたのだ。

会見の一番手として立った報告者は、ＦＡＡ（米連邦航空局）の事故調査部長を６年間も務めたジョン・キャラハン。彼は記者会見で、１９８６年にＦＢＩやＣＩＡ、そして当時のレーガン政権の科学調査チームを集めて、ある民間機のＵＦＯ遭遇事件についてのブリーフィングが開かれていたことを暴露した。彼から説明を受けたＣＩＡ職員はその内容に驚愕してしまい、「この事件は起きなかったし、この会合も開かれなかった。そして記録され

※①ディスクロージャー・プロジェクト
米政府に秘匿されてきたＵＦＯ情報を暴露する、との目的で開かれた報告会。代表者はノースカロライナ州の医師であるスティーブン・グリア。元軍人など20名を超える証言者が証言を行ったが「ＵＦＯから発射されたビームで核兵器が動作不能になった」など、荒唐無稽な証言も多かった。

ることもなかった」と、事件そのものを隠蔽しようとしたというのだ。

ＣＩＡがビビって「なかった」ことにしようとした驚愕のＵＦＯ事件とは、一体なんだったのか？

それは１９８６年11月にアラスカ上空で、ジャンボ機の数十倍もある巨大なＵＦＯに日航機が追いかけられたという、世に言う『日航ジャンボ機ＵＦＯ遭遇事件』であった。この事件は、共同通信が特ダネとして報じたため、朝日新聞や読売新聞など国内の各メディアも、真正のニュースとして大きく取り上げた。

事件は、１９８６年11月17日午後5時10分（日本時間18日午前11時10分）、パリから東京までボジョレー・ヌーボー※②のワインを運ぶため、アンカレッジ※③空港に向けて飛行中だったボーイング７４７ジャンボ機日航１６２８特別貨物便に起きた。乗員は寺内謙寿機長（当時47）、為藤隆憲副操縦士（同39）、佃善雄航空機関士（同33）の３人。

同機は、アンカレッジの北東約７７０キロの地点で謎の発光体と遭遇した。寺内機長がジャンボ機の左前方4、5キロほどに、光の帯の様なものが2つ現れたことに気付いた。その物体は7分間ほど日航機と並んで飛行したあと突然、機の直前３００メートルほどの地点に瞬間移動をしてきて強烈な光を発した。その明かりによって、日航機の操縦室の内部は明るく照らし出されたという。

謎の飛行物体の大きさはＤＣ８の胴体ほどで、形状はほぼ正方形。中央縦方向に暗い筋が入り、その左右には白熱電灯のようなものが無数に並んで、時々中心部からは火花を散

※②ボジョレー・ヌーボー
フランスのボジョレー地方で生産されるワインのうち、毎年11月の第3木曜日に解禁される新酒のこと。その年のワインの出来を占うもので、もともとはワイン業者が飲むものだったが、バブル期に日本で人気が沸騰。以後、秋の風物詩のひとつとして定着した。

※③アンカレッジ
アメリカ合衆国アラスカ州最大の街。同市にあるテッド・スティーブンス・アンカレッジ国際空港はアジアとヨーロッパ、アメリカ東海岸間を飛ぶ貨物便の給油地となっている。

らせていたという。

アンカレッジ航空管制センターに謎の飛行物体について問い合わせをしたが、センターのレーダーには何も映っていないと言われた。機長がジャンボジェット機に付いている気象用レーダーを使って確認を試みたところ、14キロほど前方に巨大な物体が緑色に映った。

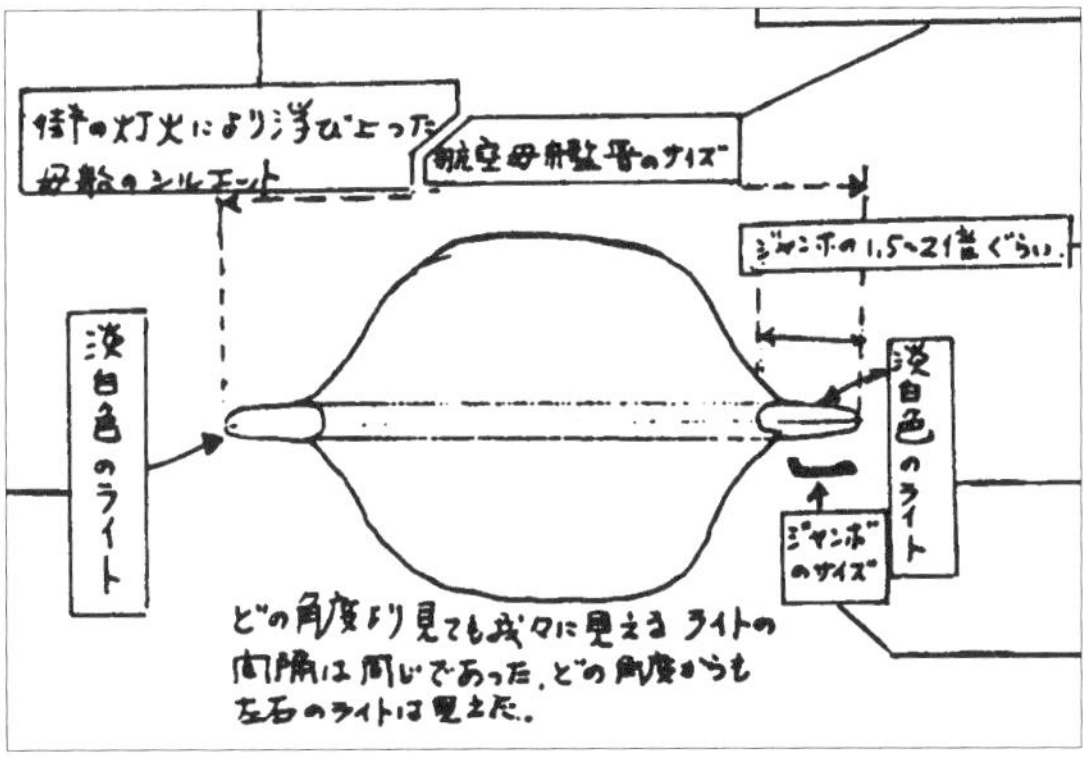

寺内機長が描いた日航機が遭遇した未確認飛行物体のスケッチ

同機がフェアバンクス市上空に達した際には、同市の地上の灯火を背景として巨大ＵＦＯの姿がシルエットとなって浮かび上がった。巨大ＵＦＯは、大型の航空母艦を2隻を背中合わせに重ねたような形をしており、直径はジャンボ機の数十倍はあろうかという大きさだったという。

巨大ＵＦＯは7、8キロの距離を開けたままピタリと付いてきたが、午後6時24分（日本時間18日午後零時24分）、アンカレッジ空港に到着する寸前に突然姿を消した。

この事件のすぐあとに「ＵＦＯ界のシャーロック・ホームズ」と呼ばれた米航空宇宙専門誌の編集者フィリップ・Ｊ・クラス[※④]は、寺内機長らが見た物は、地平線から10度ほどの位置に当時あった木星と、

©Robert Sheaffer

※④フィリップ・Ｊ・クラス
（1919〜2005）
アメリカのＵＦＯ研究家。航空工学の専門誌の編集長を務め、1966年からＵＦＯ事件の調査に取り組む。プロジェクト・ブルーブックの未解明事件を解明したり、「ＭＪ－12」文書のトルーマン大統領のサインが偽物であることを見破るなど、数多くの功績を残した。

UFOに遭遇した日航1628特別貨物便（©S.Fujioka）

同方向にあった火星の見間違いではないかとする発表を行った。

だが、この事件の第一報を報じた共同通信は「UFOとみられる物体の影が事件当時、アンカレッジ空港の航空管制センターのレーダーにも映っていた」という続報を報じている。

火星や木星が地上の灯火を背景にして巨大UFOとして浮かび上がったり、レーダーに映るわけがない。これはUFO否定派ですら説明不能な事件と白状したに等しい行為といえるのではないだろうか。

真相

ジョン・キャラハンが「ディスクロージャー・プロジェクト」で行った「CIAが日航UFO遭遇事件の隠蔽を図った」という爆弾発言は、果たして本当なのだろうか？　この発言内容に疑問を持った米国のUFOブロガーのライアン・ドーブが、キャラハンが会ったというCIA職員は、CIAで科学分析官を務めていたロン・パンドルフィであった、ということを突き止めた。※⑤

※⑤参考記事
ライアン・ドーブのブログ「REALITY uncovered」(http://www.realityuncovered.net/blog/2011/04/faa-instructions-on-ufo-sightings/)

パンドルフィはＦＡＡの会議が本当に開かれていたこと、そしてそこに自分とキャラハンが出席していたということを認めた。だがしかし、**ＣＩＡ職員が事件を隠蔽しようとしたことなどなかった**、と証言したのだ。

実はこの会議にはもう一人、ＵＦＯ研究者として著名な**ブルース・マカビー博士**※⑥も出席をしていた。マカビー博士は**ＵＦＯビリーバー**として知られる有名なＵＦＯ研究者だ。ビリーバーのＵＦＯ研究者を会議に招いておきながら、その会議の場でＵＦＯ事件の隠蔽を諮ろうとするほど、いくら隠蔽好きのＣＩＡであっても、そこまでアホではないだろう。そしてそのマカビー博士もまた、その会議で隠蔽工作を巡る発言があったなどということをまったく記憶していなかったというのだ。

ちなみにＣＩＡ分析官のパンドルフィによれば、マカビー博士とキャラハンが「情報の公開をいかに遅らせるか」といった類いの話を会議の場でしていたということを覚えていた。つまりキャラハンが、ＵＦＯ研究家である**マカビー博士のことをＣＩＡのエージェントだと勘違い**してしまい、隠蔽工作が行われようとしていたと誤って記憶していた、というのがどうもこの事件の真相っぽいのである。

●日航ジャンボ機ＵＦＯ事件の真相

う～～ん、ＵＦＯ事件にありがちな、誠につまらない結末である。

そして本題の「日航ジャンボ機ＵＦＯ遭遇事件」もまた、同じく、誠につまらない結末

※⑥ブルース・マカビー　１９４２年生まれのアメリカの物理学者、ＵＦＯ研究家、ＵＦＯ信奉者。かつては米海軍海上兵器センターに所属していた。１９６９年からＵＦＯ調査に従事し、映像解析が専門。ＵＦＯと思われる映像や画像が発見されるとコメントを求められることが多い。

「レーダーにはUFO映らず」と報じる朝日新聞（1987年1月9日）

を迎えた。

事件の翌年の87年1月9日、※⑦日本の朝刊各紙に「FAAのレーダーにUFO映らず」という記事が掲載された。FAAが日航機のUFO遭遇事件に関するレーダー記録を点検したところ、実は、レーダーにはUFOなど映っていなかったというのだ。「地上のレーダーにも映っていた」という最初の話が一転し、実は何も確認などできていなかったということに変わってしまった。

では、寺内機長が気象用レーダーで調べたら緑の巨大な物体が映ったという話はどうなのか？　これは緑色だったということが大変、気になる。このレーダーは金属などの硬い個体は赤で、**雲などレーダーの反射が弱い物体は緑で映る仕組み**になっていたのだ。つまり、レーダーに映ったというモノは、本当に個体の機影であったのかどうか極めて怪しいのだ。

そして同年3月6日の夕刊にはついに「日航機が遭遇したUFOは存在せず」という記事が出てしまう。これは、FAAが出した事件の報告書の中で、アンカレッジの管制センター

※⑦日本の朝刊各紙　朝日新聞が朝刊で報じた他、読売新聞などでも報じられた。

と米空軍基地のレーダーが、日航機と十数キロ離れた地点に飛行するような物体をとらえてはいたものの、実はそれは**日航機によるレーダーの反射が二重に現れていた**ものに過ぎなかった、という内容だった。

この事件に関してはさらに、日本ではほとんど報じられていない重要なポイントが2点隠されている。まずは当時、事件現場にいたのは日航機だけではなかったということだ。ユナイテッド航空69便と米空軍のC-130輸送機[※⑧]の2機が付近を飛んでいた。これら2機は、UFO出現の連絡を受けて、日航機のすぐ近くまで接近してきていたのだが、両機ともに日航機は確認できたものの、**UFOの姿など見ることができなかった**のである。

●機長が起こしていたUFO誤認事件

さらに寺内機長は、このUFO事件の直後に別の**「UFO誤認事件」**を起こしていた。最初のUFO目撃事件から2ヶ月ほど後の87年1月11日にも、寺内機長は同じようにパリからアンカレッジに向けて飛行機を操縦していた。その飛行中に、最初の事件とほぼ同じ地点で、再び「UFO」と遭遇していた。

寺内機長は2回目の目撃時には「飛行機の9キロほど前方に、不規則に輝く光のパルスと巨大な黒い塊が見える。宇宙船だ。これはUFOだ」と証言をしていた。だが2回目の「UFO」の正体は、実は、近くにあった**石油掘削施設の灯火**が、氷の結晶でできた薄い雲に反射して輝いて見えていただけであった。この時、寺内機長はFAAとのやりとりの中で、

※⑧C-130輸送機　ロッキード社製造の輸送機。高性能で輸送能力が高く、「世界最高の輸送機」とも称される。アメリカ軍以外にもイギリス軍や日本の自衛隊などでも運用されている。

C-130輸送機

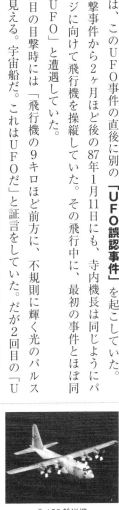

サンピラー（©Chopinskitty）

見誤りであったことを自らが認めている。２度目のＵＦＯが誤認ならば、最初のＵＦＯだって、宙に舞う氷の薄い結晶に、当時満月だった月の光が反射をしたり、地上の灯が反射して見えていたりしただけだったという可能性もあるのではないだろうか？

　北海道など寒い地方では日の出や日没時に、太陽光を反射して**「光の柱」**[※⑨]**（サンピラー）**が立つことがある。これは零下20度以下になると、細かい氷晶が太陽光を反射して、太陽の虚像を作り出すという現象だ。キラキラ輝きながら高速回転をする光の柱のように見え、ダイヤモンドダストとも呼ばれている。これは寺内機長の目撃談ともよく似ているし、月の光や車のライト、夜間照明といった地上の灯でも生まれることが知られている。

　この事件では、目撃されたＵＦＯの形状が、光の帯から正方形の回転体、軍艦のような巨大ＵＦＯへと次々変わっている。だからクラスが指摘したように、星を含めたいくつかの光学現象が絡み合って発生したＵＦＯ誤認現象であった可能性も高いといえる。

　ＵＦＯの正体を「光の柱」であったと断定する気はない。ただ間違いなく言えるのは、

※⑨光の柱
太陽柱とも呼ぶ。日の出や日没時に垂直方向に炎のような光芒が見られる現象。太陽の光だけでなく、月や街の光などでも発生することがある。

ジャンボ機の機長といえども、**ＵＦＯの誤認はよくするもの**ということだ。「ＵＦＯ学のガリレオ」と呼ばれたハイネック博士[※⑩]が創設したＵＦＯ研究団体「ＣＵＦＯＳ」が採ったデータによれば、ＵＦＯを目撃したと民間のパイロットが単独で報告をしてきた時には、その**89％が他の物の見誤りであった**ことが統計的に分かっている。複数のパイロットが同時に目撃をした時でも、その79％がまだ誤認だったのである。

つまり、誰でもＵＦＯの誤認はするものなのだ。だからたとえ見誤ったＵＦＯ報告が出されても、そう報告してきた個人を攻撃するようなことは絶対にしてはならない。

あなただって同じような物をみたら、きっと見誤るだろうからだ。

（皆神龍太郎）

■参考資料：
「Bad UFOs: Skepticism, UFOs, and The Universe」
JAL 1628: Capt. Terauchi's Marvellous "Spaceship"
（http://badufos.blogspot.jp/2014/07/jal-1628-capt-terauchis-marvellous.html）
「FAA INSTRUCTIONS TO STAFF ON UFO SIGHTINGS DEBUNK COVER-UP CLAIMS」
（http://www.realityuncovered.net/blog/2011/04/faa-instructions-on-ufo-sightings/）
「Special Reports: FAA Date Sheds New Light On JAL Pilot's UFO Report」（Philip J.Klass.Skeptical Inquirer Vol.11 p322-326）
UFO Skeptic Newsletter（Summer 2001）
皆神龍太郎『あなたの知らない都市伝説の真実』（学研パブリッシング、２０１４年）

※⑩ジョセフ・アレン・ハイネック
（１９１０〜１９８６）
アメリカの天文学者、ＵＦＯ研究家。アメリカ空軍のＵＦＯ調査機関「プロジェクト・ブルーブック」の顧問を務める。もともとはＵＦＯには懐疑的だったが、後にビリーバーに転じ、１９７４年にはＵＦＯ研究センター「ＣＵＦＯＳ」を設立した。

ハイネック博士（左）

18 ラエリアン・ムーブメントとは？

【「異星人を迎えよう」と運動する人々】

伝説

「ラエル」こと※①クロード・ボリロンは、有名な※②ＵＦＯコンタクティである。

１９７３年12月13日、彼はフランスの※③クレルモン・フェランの火山地帯で、直径７メートルほどの空飛ぶ円盤が着陸するのに遭遇した。中から出てきたのは人間に似た身長１メートル20センチほどの異星人で、自分たちを「※④エロヒム」と名乗った。彼らはボリロンを新たな救世主に任命し、「ラエル」という名を与えた。

エロヒムがラエルに語ったところによれば、進化論は間違いであり、地球上の全生命は今から２万５０００年前、彼らの進んだ科学技術によって創造されたのだという。人間たちが知恵をつけてきたことを危険視したエロヒムは、強力な核爆弾を使って地球上の生物を滅ぼそうとした。ノアと一部の人間だけが事前に警告を受け、ロケットを建造して宇宙に逃れたので助かった。この時まで地球にはひとつの大陸しかなかったのだが、大異変によっ

※①クロード・ボリロン　１９４６年生まれ。フランス人。子供の頃からカー・レーサーを目指していたが、22歳で交通事故を起こしたために挫折。以後はカー・レースを取材するジャーナリストになった。

※②ＵＦＯコンタクティ　ＵＦＯから降りてきた異星人とコンタクトしたと主張する人物。海外ではジョージ・アダムスキーやビリー・マイヤー、日本では秋山眞人氏などが有名。

て分裂し、現在のような6つの大陸ができたという。

　その後、エロヒムは過去の行いを反省し、地球人を正しく導こうとするようになった。『創世記』『出エジプト記』『エゼキエル書』などに記された奇跡はすべて、エロヒムが科学の力で起こしたもので、イエスやモーセなどもエロヒムに選ばれた預言者である。

ラエリアン・ムーブメントの教祖ラエル（『真実のメッセージ』裏表紙より）

　1975年10月7日、ラエルは再びエロヒムと遭遇し、宇宙船に乗って彼らの惑星に行く。そこは美しい楽園で、イエスやブッダやムハンマドといった過去の預言者たちが科学技術で再生され、永遠の生を楽しんでいた。※⑤ヤーウェという名のエロヒムの最高指導者が明かしたところによれば、ラエルは実はヤーウェが地球人女性に産ませた子供だという。イエスもヤーウェの子供で、ラエルはイエスの弟ということになる。

　ラエルの起こした団体※⑥ラエリアン・ムーブメントは、2014年現在、世界104ヶ国に7万人以上の会員（ラエリアン）がいる。彼らはラエルの生まれた1946年を「クロード・ラエル紀元元年」とし、異星人を迎えるための大使館を建設する運動を

※③クレルモン・フェラン
フランス中央部の高地の都市。周囲をいくつもの火山が取り巻いている。

※④エロヒム
ヘブライ語で神を意味する「エル」の複数形。ラエルは「天空から降りてきた人々」という意味だと主張し、従来の定説を「誤訳」だとしている。

※⑤ヤーウェ
「ヤハウェ」「エホバ」とも表記する。唯一神を意味するヘブライ語で、日本語版の聖書では「主」と訳されている。

※⑥ラエリアン・ムーブメント
公式サイトでは「仏教のようにラエリアン主義は無神論の宗教です」と説明されている。彼らは神や霊の存在は否定しているが、代わりに異星人による創造や科学技術による死後の復活を信じている。

続けている。

真相

●エロヒムの惑星は科学的にありえない

ラエルの語る話が、**聖書の安直な焼き直し**にすぎないことは言うまでもない。地球上の大陸が2万5000年前までひとつだったとか、全生物が2万5000年前に創られたというのも、**現在の地質学や生物学の成果に根本的に反している。天文学的にもまったくデタラメ**だ。たとえばエロヒムは、自分たちの星の位置について、こんなことを言っている。

> **（前略）「パラサング[※⑦]」というのは測定単位で、パーセクと同様に、光が1秒間に進む距離を示すものですから、約30万キロメートルにあたります。私たちの惑星までの距離は3000万パラサングなので、約9兆キロメートル、つまり1光年をやや下回る距離があります。**
>
> （『真実のメッセージ』104ページ）

パーセク[※⑧]と光秒を混同しているのも大問題だが、地球からエロヒムの惑星までの距離が

※⑦パラサング
古代ペルシアで使われていた距離の単位で、人が1時間に歩ける距離のこと。時代や地域によって異なるが、5〜6キロ程度。ラエルが書いていることは約5万倍も間違っている。

※⑧パーセクと光秒
パーセクは年周視差が1秒角（1度の1／3600）になる距離のことで、3・26光年（30兆9000億km）。光が1秒間に進む距離は「光秒」と呼ばれ、30万キロ。ラエルが書いていることは1億倍も間違っている！

たった1光年弱だというのだから言語道断だ。太陽から最も近い距離にある恒星は[※⑨]ケンタウロス座アルファ星で、距離は4・3光年である。**地球から1光年のところに星などない**。「天文学者がまだ発見していないのだ」と言い逃れることもできない。仮にエロヒムの星の太陽が我々の太陽と同じぐらいの明るさで、地球から9兆キロ（0・95光年）の距離にあるなら、地球からは[※⑩]マイナス2・8等級の明るい星として見えるはずである。

　矛盾を指摘されたラエルは、宇宙では場所によって光の速度が違うのだと、下手な言い訳をしている（『異星人を迎えよう』33ページ）。しかし、近い恒星までの距離は[※⑪]年周視差によって測定されているので、光速は関係ない。それに先の文章では、エロヒム自身がはっきり「約9兆キロメートル」と言っているのだから、**まったく筋が通っていない**。

　こんな記述もある。

ラエルの著書『真実のメッセージ』

創造者たちの惑星は、彼らの太陽から23万6000パラサング離れています。つまり708億10万キロメートルです。

（『真実のメッセージ』106ページ）

　異星人が自分たちのことを話しているのに「創造者たち」「彼ら」と言うのもおかしいが、

※⑨ケンタウロス座アルファ星　3つの恒星から成る連星系。年周視差は0・755秒（1度の1／4800）で、ここから計算すると、太陽系からの距離は4・3光年となる。

※⑩マイナス2・8等級　夜空で最も明るい恒星はおおいぬ座のシリウスで、マイナス1・5等級。マイナス2・8等級はそれより3・3倍も明るい。

※⑪年周視差　地球は半径1億5000万キロの円軌道を描いて、1年で太陽の周囲を回っている。このため、地球から見える星の天球上の見かけの位置も、わずかに変化する。地球が軌道を半周する間に生じる角度のずれを2で割った数字を年周視差と呼ぶ。年周視差が分かれば、三角測量の原理で、星までの距離が計算できる。

太陽と惑星の距離が「708億10万キロメートル」というのはデタラメもいいところだ。これは地球～太陽間の距離の470倍である。この距離で地球と同じぐらいの明るさで照らされるためには、エロヒムの世界の太陽は、**我々の太陽の22万倍の光度がなくてはならない**。もしそうなら、地球から見た明るさはマイナス16等。満月の20倍以上の明るさで見えることになる。[※⑫]

●著書の間の重大な矛盾

ラエルの最初の著書『真実のメッセージ』では、「あなたがたの惑星に行ってみたいのですが、可能でしょうか？」とラエルに訊ねられたエロヒムは、「あなたはそこで生きていられないでしょう。大気が地球とまったく違っていますから」と答える（18‐19ページ）。また、彼らの宇宙船は光速の7倍で飛ぶので、「地球から私たちの惑星へ行くのに、2か月足らずしかかかりません」とも言っている（106ページ）。しかし2冊目の『不死の惑星への旅』では、光速の7倍で飛んでいたのは2万5000年前の話だと説明され、ラエルは**たった10分ほどでその惑星に着いてしまう**。しかもラエルはその惑星で平然と大気を呼吸している。

のちにこの矛盾を指摘されたラエルは、「私が彼らの宇宙船に乗って旅行することを望んだので、それ以上の要求をさせないために、それは私には不可能だと彼らは答えたのだ」（『異星人を迎えよう』27ページ）と釈明している。しかし、望みを断るのに「大気が地球

※⑫地球と同じぐらいの明るさで照らされる『不死の惑星への旅』の中で、ラエルはエロヒムの惑星を描写しているが、明るさは地球と変わらないようである。

とまったく違っていますから」などと嘘をつく必要性がどこにあるのだろう？

●矛盾に動じない信者たち

１９９２年４月、筆者（山本）は京都で開かれた日本ラエリアン・ムーブメント京都支部[※⑬]の説明会に行ってきた。そこでこれまで述べたような矛盾点を指摘し、説明を求めた。

京都支部の支部長だという人は、まったく動じた様子はなかった。にこやかな顔で、「私たちには分かりません」「その点についてはエロヒムから教えられていません」「研究しているところです」「いずれ真実は明らかになります」と自信たっぷりに答えるのみだった。

ラエリアンのゆるキャラ（撮影：本城）

説明会では、アダムスキーやビリー・マイヤー[※⑭]など、他のコンタクティが撮影したＵＦＯの写真がスライドで紹介され、**「これらはみんなトリックです」**と説明された。ラエリアンたちはみんな、嘘をついて人を騙すコンタクティが大勢いることを知っていた――にもかかわらず、なぜかラエルだけは真実を語っていると信じているのだ。

ラエルは他のコンタクティと異なり、ＵＦＯの写真など、証拠になるものは何

※⑬日本ラエリアン・ムーブメント京都支部　はっきり言っておかねばならないが、彼らはまったく狂信的な様子はなく、みな人当たりが良く、善人のように見えた。むしろ善人すぎて人を疑うことを知らないのではないかという印象を受けた。

※⑭ビリー・エドゥアルト・アルベルト・マイヤー　1937年生まれ。スイスの農夫。プレアデス星人とコンタクトしたと主張し、数多くの写真を発表しているが、それらの写真からはトリックの証拠がいくつも発見されている。

も提示していない。人は証拠を見せられると何も考えずに盲信してしまう。盲信するのではなく、自分の頭で考えてほしいから証拠を示さないのだ——というのだ。

ラエリアンはみんな、ラエルのその説明を信じている。そして、自分は盲信してなどおらず、自分の頭で考えて、ラエルの言葉が正しいと信じたのだと思いこんでいる。

しかし、途方もない話を何の証拠もなしに信じることを、普通は**「盲信」**と呼ぶのではないだろうか？

ある会員はこんなことを言った。

「もし、ラエルが嘘をついて人を騙そうと考えたなら、現代科学で正しいと考えられていることを書いたはずでしょう？　彼が書いていることが科学的に間違っているように見えるのなら、**それは彼が真実を書いている証拠だと思います**」

これには驚いた。彼らはラエルが間違ったことを書いていることまで、ラエルが正しい証拠にしてしまうのだ！　ラエルが※⑮科学の専門的な教育を受けていないために間違ったことを書いたのではないかという単純な可能性は、まったく思い浮かばないらしい。

こんな考え方をする人間を、論理で説得するのは不可能であろう。

●クローン人間とフリーSEX

ラエリアンの活動として、※⑯クローン人間の研究が有名である。ラエリアン・ムーブメントが設立した「※⑰クローンエイド」は、2002年12月、人間のクローンの赤ちゃんを誕生

※⑮科学の専門的な教育を受けていない
『不死の惑星への旅』21ページによれば、ラエルは15歳で寄宿学校を飛び出したという。日本で言うなら高校1年程度の教育しか受けていないことになる。

※⑯クローン人間の研究
クローン人間を作ることに成功すれば、エロヒムが人類を創造した証明になる……という理屈だそうだ。まるで「二足歩行ロボットを作ったら『ガンダム』が実話である証明になる」と言っているようである。

させたと発表した。しかし、第三者が赤ちゃんのＤＮＡを調べてクローンであることを証明したわけではない。動物クローンの研究では失敗例が多く、**クローンエイドの主張を専門家は疑問視**している。

ラエリアン・ムーブメントには「ＳＥＸ教団」という噂もつきまとっている。会の内部でフリーＳＥＸが行なわれているというのだ。[※⑱]公式には否定されているが、実際にラエリアン内部に潜入して取材した藤倉善郎氏の著書『「カルト宗教」取材したらこうだった』によれば、まったく根も葉もない噂というわけでもないようである。

ラエリアン・ムーブメントの会員は、毎年、年収の1％の額を会に納めるよう義務づけられている。「異星人を迎える大使館を建設するための費用」という名目である。大使館が建設されるまで、エロヒムは地球人の前に姿を現わさないというのだ。これもおかしな理屈である。普通はまず正式に接触して、友好関係を結んでから、大使館を建設するものではないだろうか？

その建設場所は、以前はエルサレムでなくてはならないとされていたが、現在ではどの国でもいいことになったらしく、土地を提供するよう、いくつかの国に働きかけているようだ。もち

ラエルの著書『地球人は科学的に創造された』のマンガ版。無料で読める（※⑲）

※⑰クローンエイド公式サイトは何年も更新を停止しており、今何をやっているのか不明。

※⑱公式には否定されている
筆者も説明会で、「そういうのを期待されて入会されると失望します」と言われた。もちろん最初から入会する気などなかったが。

※⑲無料で読めるマンガ版はラエルの著書を出版している出版社「無限堂」のホームページからダウンロードできる。(http://mugendo.co.jp/download_manga.html)

ろん、どの国の政府にせよ、**そんなわけの分からない要求を受け入れることは考えられない**し、会員がこれまでに寄付した金が必要になることもありそうにない。

現在のラエリアン・ムーブメントの会員が7万人以上というのが事実なら、仮に会員の平均年収を300万円とすると、※⑳**毎年20億円もの収入が転がりこむ**計算になる。ラエルが活動を開始して以来40年間、蓄えられた金はどれほどの巨額になっているのだろうか。

（山本弘）

■参考資料：
クロード・ボリロン〝ラエル〟『真実のメッセージ』（日本ラエリアン・ムーブメント、1987年）
クロード・ボリロン〝ラエル〟『不死の惑星への旅』（日本ラエリアン・ムーブメント、1988年）
クロード・ボリロン〝ラエル〟『異星人を迎えよう』（日本ラエリアン・ムーブメント、1986年）
藤倉善郎『「カルト宗教」取材したらこうだった』（宝島社新書、2012年）
国立天文台編『理科年表　平成24年版』（丸善出版、2011年）
朝日ワンテーママガジン28『オカルト徹底批判』（朝日新聞社、1994年）
ラエリアン・ムーブメント公式サイト（http://ja.rael.org）
CBS NEWS／Clonaid Nothing But Double Talk?
（http://www.cbsnews.com/news/clonaid-nothing-but-double-talk/）

※⑳毎年20億円もの収入　日本各地で頻繁に開かれているラエリアン・ムーブメントの説明会は、会員のボランティア活動であり、会からは一銭も出ていないという。収入に比べて、支出はきわめて少ないようだ。

19 江戸『うつろ舟』ミステリー

【新発見、伝説の起源は「金色姫伝説」にあった？】

伝説

昭和3（1928）年に出版された「日本随筆大成第二回配本第一巻」に、滝沢馬琴※①らが編纂した「兎園小説※②」が集録された。この中の記事「うつろ舟の蛮女《さんじょ》」に下記のような内容が記載されている。

享和3（1803）年2月22日、常陸《ひたち》の国、小笠原越中守の領地「はらやどりと云う濱」に奇妙な船が現れ、漁民達は小舟を出してその船を浜に引き上げた。船は球形で、上部には「ガラス障子」の窓があり、窓には防水のために「チャン（松脂）」が塗ってあった。船の下部は岩礁から守るためであろう、筋金で補強されていた。

船内に髪の長い、ロシア人に似た服装の美しい女性が一人乗っていた。言葉は通じず、60センチ程の箱を一つ抱えて、その箱に人を寄せ付けなかった。古老の話では、以前にも同

※①滝沢馬琴（1767〜1848）江戸時代後期の戯作者。『南総里見八犬伝』など多くの作品を遺した。

※②兎園小説（とえんしょうせつ）滝沢馬琴が呼びかけて、文人たちが月に1回集まり、見聞きした奇妙な話や珍しい話を披露する「兎園会」での話をまとめたもの。

じような異船が近くの浜に漂着したことがあり、中には一人の女性と、生首が置かれたまな板があった。だから、この女性は異国の王の娘で、結婚後、不貞をはたらいたため船に乗せられて流されたのだろう。箱の中には愛人の首が入っているに違いない。

船の中にはカーペット、水、肉、茶碗、菓子のようなものがあり、見知らぬ文字が沢山書かれていた。事件を領主に知らせると出費もかさむので、皆で相談して女性を船に戻し沖に流してしまった。当時の好事家が描いた、女性、文字、船の形は絵のようであった。

記事には【図1ⓐ】のような船・女性・奇妙な文字（宇宙文字）の絵が描かれている。さらに同じ配本第一巻の最後に『梅の塵』※③が集録されており、その中の「空船《うつろふね》の事」という記事にも似た内容が記載されていて、【図1ⓑ】のような絵が描かれている。「うつろ舟の蛮女」は文政8年（1825）年、「空船の事」は天保15（1844）年に書かれた。事件が起きた年は同じで、「梅の塵」の漂着現場の地名も「原舎濱《はらとの》」は「はらやどり濱」と読めることから同じ事件を記述していることは明らかである。

その後の2009年の初めまでの調査でこの伝説を伝える下記の文書が見つかった。

①弘賢日記（1825年）：兎園小説の原稿、公立公文書館蔵
②鶯宿雑記《おうしゅくざっき》（1815年頃）：茨城県の郷土史研究家・榎本実氏が発見、国会図書館蔵
③瓦版刷り物（1804〜1814年頃）：茨城県の郷土史研究家・佐藤次男氏が発見、船橋西図書館蔵

※③梅の塵（うめのちり）
江戸時代後期の天保15（1844）年に書かれた随筆。作者は長橋亦次郎。

【図1】(a)「兎園小説」、(b)「梅の塵」に載っている絵（『日本随筆大成第二回配本第一巻』より）

④外国漂流全書（年代不詳）：東大図書館に収蔵されていたが関東大震災で焼失。吉野作造の著作に記事が引用されている。

⑤漂流記集（年代不詳）：岩瀬文庫学芸員、神尾愛子氏が発見、岩瀬文庫蔵※④

いずれの文書に描かれている「うつろ舟」の形状も、1947年に米国から始まるUFOに似ている。円盤状の船が江戸時代に作られたという記録はない。これらの文書はUFO遭遇の初めての確かな記録、すなわちUFO実在の客観的な証拠かもしれない。

真相

筆者（加門）は2009年に拙書『江戸「うつろ舟」ミステリー』を出版し、その時までに見つかった文書を詳細に調べ、以下のようなことが分かった。

①文書に書かれているストーリーは、民俗学者の※⑤柳田国男も論文で言及しているように、明らかに日

※④文書の画像
各文書の画像は拙書『江戸「うつろ舟」ミステリー』（楽工社）を参照。

※⑤柳田国男も論文で言及
民俗学の大家・柳田国男もうつろ舟に関心を抱き、「うつぼ舟の話」（1925年）という論文を書いている。論文の中で柳田は、「同様の話は江戸時代には日本中で見られた」「根拠のないつくり話」だと一蹴している。

本各地に伝わる「うつろ舟」伝説をもとにしたフィクション。

②「うつろ舟」が漂着した常陸国の地名は、実在した地名を組み合わせデフォルメした架空の地名。

③描かれている「うつろ舟」の形状は、日本に伝わる「ひさご（瓢箪）伝説」、「うつろ舟伝説」に、当時、日本各地の沿岸で目撃された欧米の黒船の知識が加わって考え出された架空の形状の可能性が高い。しかし完全には解明されていない。

④この伝説の起源には滝沢馬琴が関与しているのかも知れない（馬琴黒幕説）。

●発見された『水戸文書』

拙書出版後の2010年に驚くべきことが起こった。**同じ伝説が書かれた古文書が水戸**※⑥**で見つかった**のである。この文書を『水戸文書』（【図2ⓐ】）と呼ぶ。墨で書かれた文面に、享和3（1803）年＋謎の女性像＋UFOに似た「ウツロ船」＋「宇宙文字」が揃った明らかにこの伝説について書かれた古文書だ。

直ちに水戸に出かけ発見者との面談と、ついでに神栖市にある養蚕金色姫を奉った星福《しょうふく》寺《じ》の調査を行った。発見者との面談では文書調査と、文書の由来をお聞きするのが目的だったが、残念ながらそうした情報は得られなかった。発見者は文書を古物商から購入したからである。古物商は文書をマーケットで仕入れており、文書の由来等はマーケット取引段階で消えてしまいやすいとのことだった。分かったのは、「**文書の発見場所は京都（らしい）**」

※⑥水戸
茨城県の県庁所在地。人口約27万人。特産品は梅や納豆。行政や経済、文化の中心地として長い歴史を持つ。見どころは日本三大庭園のひとつである偕楽園や千波湖、弘道館など。

「見つかったのは2002年頃」である。

文書の実物を見せて頂き撮った写真が【図2(a)】である。薄い〝こうぞ紙〟※⑦に書かれていて、裏打ちがしてあった。※⑧状態がかなり良好なので「幕末から明治に書かれたものでは」というのが発見者の意見だった。透けるほどの薄い紙に書かれ、簡潔した文面と絵が一枚の紙の中でバランスよく配置されている点から**瓦版の原稿**ではないかと推測された。

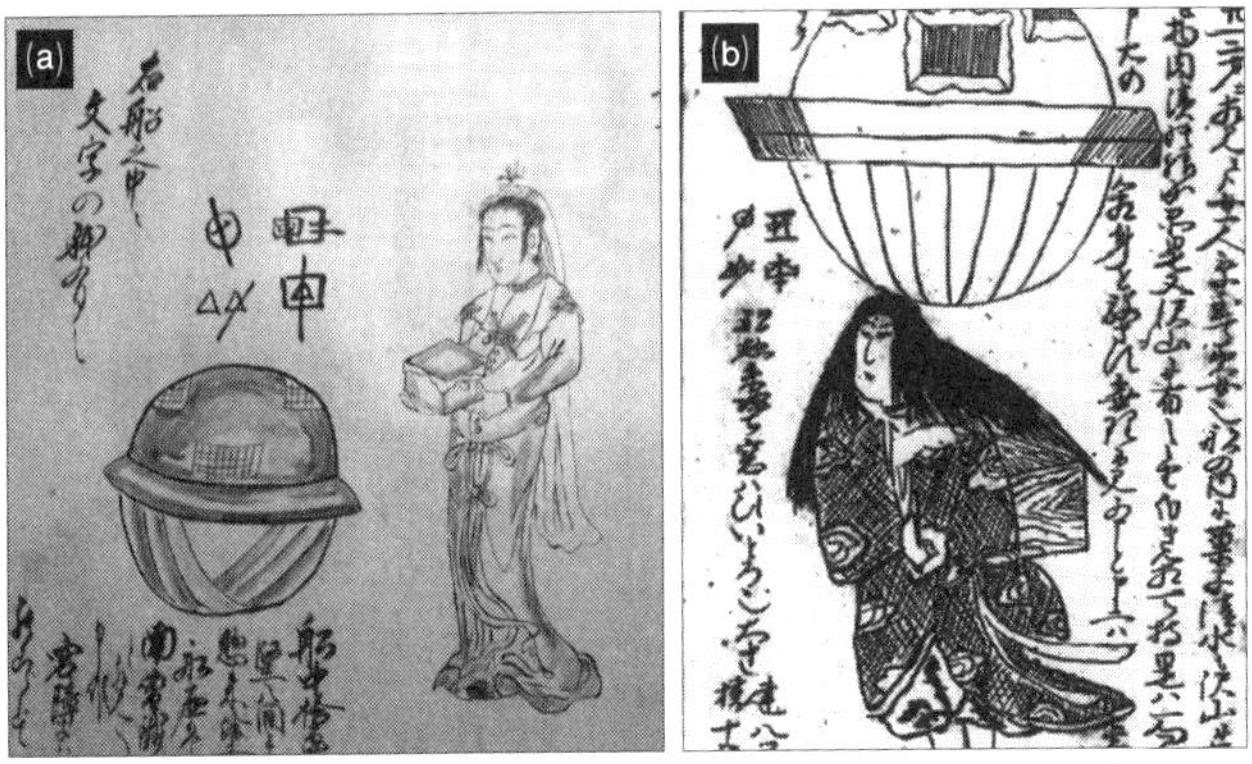

【図2】水戸文書(a)と鶯宿雑記(b)。「宇宙文字」が似ていることに注意。

●他の資料との共通点

それまで見つかった文書は描かれている絵や文章から、大きく二つに分類できる。

・『兎園小説(弘賢日記)』『梅の塵』『瓦版刷り物』『漂流記集』『外国漂流全書』……船の漂着地名が〝「原舎濱」あるいはその変形・亜流〟、「宇宙文字」「窓の配置」が類似。

・『鶯宿雑記』……漂着地名が「阿久津浦」で、宇宙文字、窓の配置、女性の服(和服)などの挿絵

※⑦こうぞ紙
クワ科の植物である楮(こうぞ)の樹皮繊維を原料とする和紙。丈夫であったため、古文書や経典・書籍などに用いられた。

※⑧状態がかなり良好
さらに文面には書き込みや訂正もなく、文書を畳んだり折ったりした形跡もなかった。

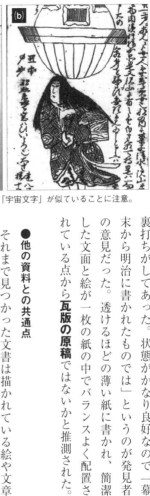

が右の文書と異なり、文の内容もかなり違う。

要するに『鶯宿雑記』だけが他の文書とかなり違うが、興味深いことに今回見つかった『水戸文書』は「宇宙文字」、「うつろ舟」※⑨の大きさ、「窓の形と配置」、「事件は8月に起きた」が『鶯宿雑記』と類似している。また漂着現場の地名「外濱」は「原舎濱」でもその変形・亜流でもない。

ところが他の文書と共通点がないかというと、そうでもなく〝箱を両手で持つ〟、〝「うつろ舟」上部形状〟、〝人物の身長が五尺〟※⑩は『梅の塵』に似ている。また、〝長く垂れる後ろ髪〟は『兎園小説』『梅の塵』『瓦版刷り物』『漂流記集』と、〝ボタン付きの洋服〟は『兎園小説』『瓦版刷り物』『漂流記集』と似ている。

『水戸文書』は江戸で流布していた『兎園小説』『梅の塵』『瓦版刷り物』とは記述内容が異なり、**当時は公表されていなかった『鶯宿雑記』に似ている**。したがって後世に誰かが『兎園小説』のような文書を参照して書いたと考えるより、**「常陸国うつろ舟伝説」を伝える独立した文書**と考える方が合理的だ。

●神栖市、蚕霊山千手院星福寺

水戸での調査を終え次の調査地の神栖市・星福寺に向かった。この時点では星福寺の調

※⑨「うつろ舟」の大きさどちらも大きさを幅10間、高さ8間と書いている（1間は約1・8メートル）。

※⑩人物の身長が5尺 1尺は約30センチ。したがって謎の女性の身長は約150センチということになる。江戸時代の平均身長は男性が150センチ代後半、女性は140センチ代前半と言われているので、当時の人々とそう変わらない背たけである。

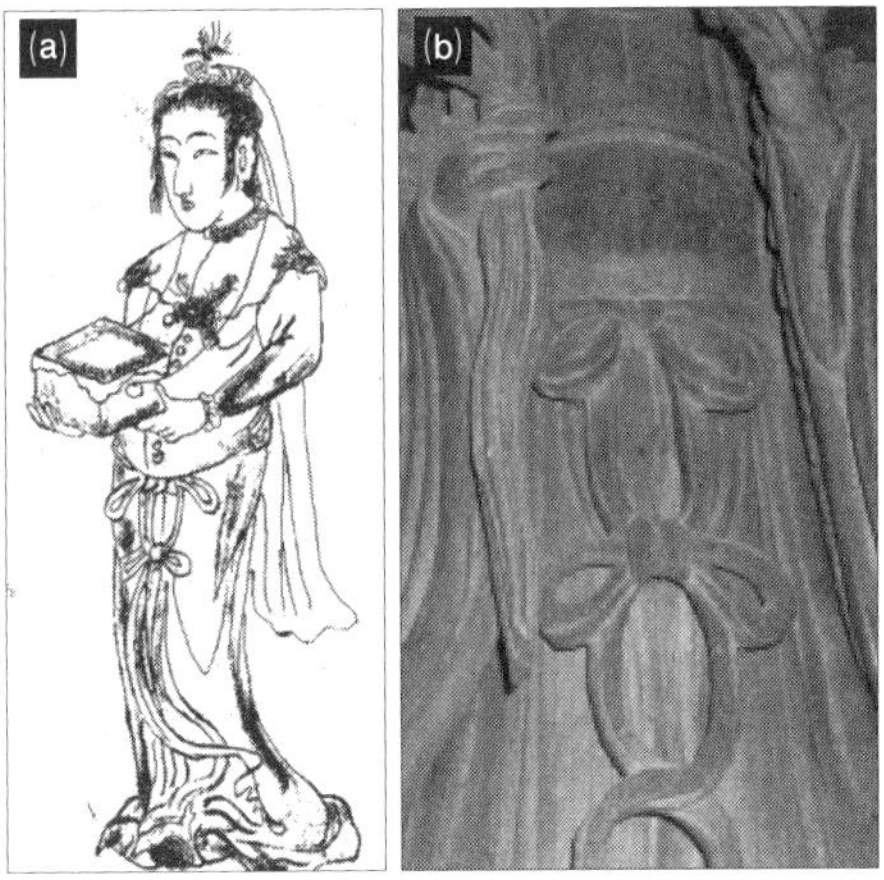

【図３】星福寺お札。「常陸国鹿嶋郡豊良浦日向川村」と書かれている（左写真）。
【図４】「水戸文書」の 女性像前帯の結び方(a)が「蚕霊尊」(b)のそれに似ている。

査で『水戸文書』が「うつろ舟伝説」ミステリーを解く鍵の一つとなる〝**トンでもない大発見**〟になるとは思ってもいなかった。

星福寺は真言宗智算山派の寺院だが、縁起によれば、欽明天皇13年（584年）に漁夫、黒塚権太夫が常陸国《ひたちのくに》鹿島郡《かしまぐん》豊良《とよら》浦日向川村（現在の茨城県神栖市日川《にっかわ》、海岸は日川浜）に、金色姫※⑪が「うつろ舟」に乗って養蚕を伝えたという養蚕信仰の寺院でもある。

星福寺での本来の目的は、以前入手した【図3】の〝養蚕お札〟の確認だった。住職さんから版木を見せて頂きお札と版木が一致することが確認できた。

ついでに星福寺本尊の一つである【図4(b)】の「蚕霊尊《これいそん》（金色姫）」を拝観したのだが、ここで筆者は思わず声を上げた。なんと前帯のデザイン（【図4(b)】）が『水戸文書』のそれ（【図4(a)】）と同じではないか。よ

星福寺

※⑪金色姫伝説
5世紀頃、天竺の王の娘「金色姫（こんじきひめ）」が継母にいじめられ、憐れんだ父が娘を助けようと桑の木の「うつろ舟」に乗せて海に逃した。「うつろ舟」は日本の常陸国豊良浦に流れつき漁師権太夫に助けられたが姫は死んでしまう。しかし姫の体は蚕に変身し日本に養蚕を伝えたという養蚕伝来伝説。実際の養蚕史では、弥生時代の遺跡から絹が見つかっている。

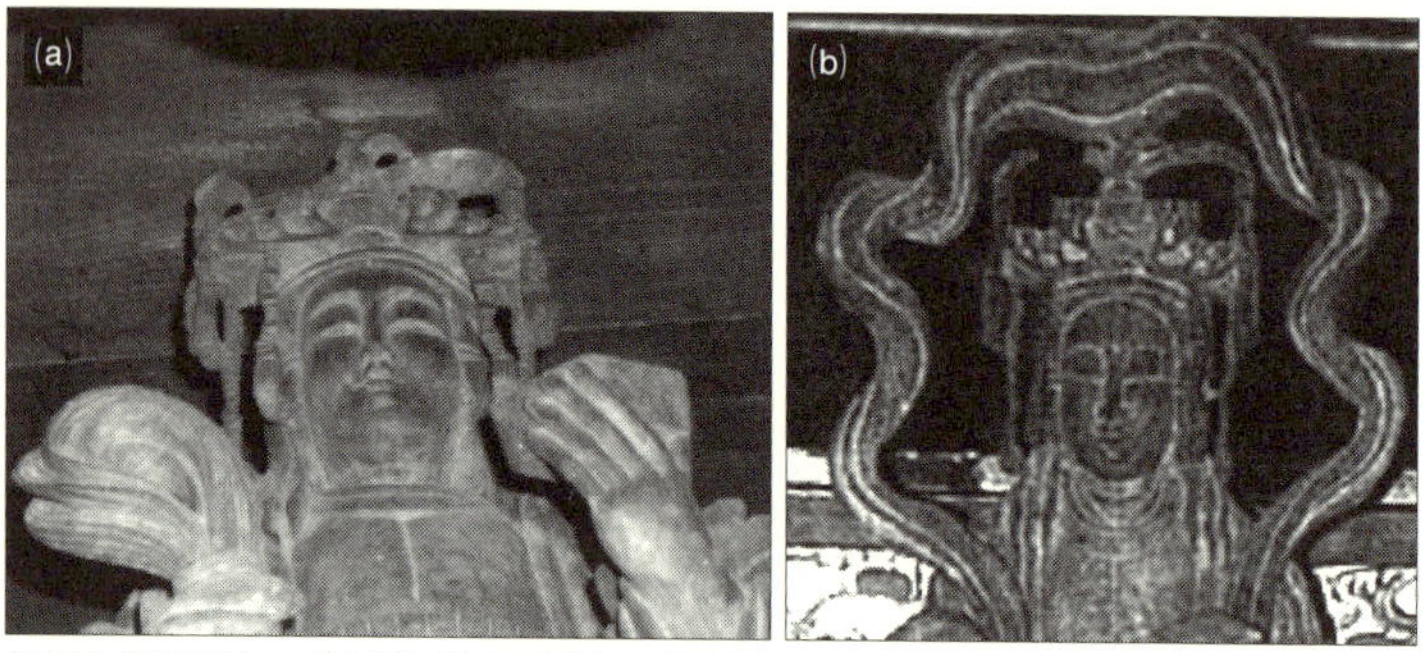

【図5】「蚕霊尊」の“お顔”を下から撮った写真(a)。三日月形状の目が「水戸文書」に似ていることに注意。正面から見た「蚕霊尊」の目は(b)のように直線に近い。（※⑫）

く見ると「養蚕お札」の前帯（【図3】）も同じだ。『水戸文書』の絵に描かれている「二段とも蝶結び」の中国風着物の前帯デザインは、星福寺の「蚕霊尊」「星福寺お札」によく似ているのだ。

しかし「二段とも蝶結び」の前帯デザインは仏像で一般的なデザインかもしれない。そこで他の養蚕信仰の絵や一般の仏像も調べたが、「二段とも蝶結び」自体、仏像では珍しいもので「蚕霊尊」と「養蚕お札」くらいにしか見つからなかった。もし『水戸文書』が「蚕霊尊」を知らずに書かれたと仮定すると、珍しい前帯デザインが、これまた珍しい「常陸国うつろ舟」というキーワードを持つ仏像のデザインと偶然に一致するのは不自然だ。**このデザインは同じものと考えるのが自然**だろう。

『水戸文書』で奇異に感じるのは人物像のヒョットコを思い浮かばせる三日月形の目の形だ（【図4ⓐ】）。【図5ⓐ】は筆者が「蚕霊尊」の〝お顔〟を下方から撮影した写真だが、目の形が『水戸文書』のそれに似てい

※⑫図5ⓑの出典
『茨城の密教寺院―真言宗智山派―』（真言宗智山派茨城智山青年会、2004年）より。

ることに注意してほしい。

「蚕霊尊」の目は正面から見ると三日月形をしていない。（【図5(b)】）。もし『水戸文書』が「蚕霊尊」を参考したなら、なぜ図5(b)のような正面から見た目の形にならず、下方から見たような目（【図5(a)】）に描いたのか、という疑問が涌く。

答えは「蚕霊尊」の安置場所にある。高さ1・5メートル足らずの仏像は、図6のような観音開きの前扉が付いた厨子の中に安置されている。前扉を開けると【図4(b)】のように仏像の下半身しか見えない。〝お顔〟を正面から見るのは不可能な構造で、見るには厨子の扉を開けて下から覗くしか方法がない。〝お顔〟は丸いので直線的に彫られた目でも**下から見ると三日月形に見える**わけである。このように『水戸文書』人物像の目にも「蚕霊尊」との関連が見えるのである。

【図6】「蚕霊尊」が入る厨子。厨子の中で仏像の“お顔”の位置は屋根のあたり。前扉を開けて下から覗かないと“お顔”は見えない。

●「外濱」はどこ？

『水戸文書』には漂着現場の地名として「常陸国鹿島郡外濱」と書かれている。この地名は伊能忠敬が作った地図「伊能図」※⑬にも『伊能忠敬測量日記』にも鹿島郡では見つからない。とこ

※⑬伊能図
伊能忠敬らが測量を行い、文政4年（1821）年に完成した日本全土の実測地図。「大日本沿海輿地（よち）全図」ともいう。伊能忠敬は鹿嶋郡沿岸を享和元（1801）年に測量している。

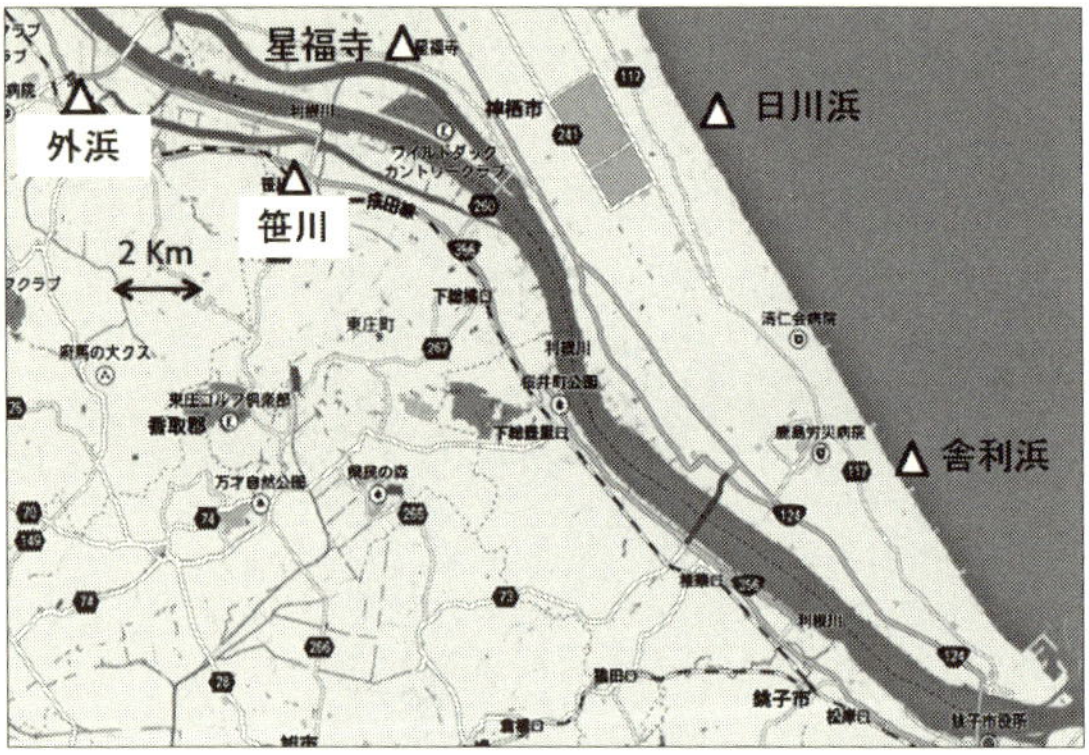

【図7】星福寺、外浜、日川浜、舎利浜の位置関係

ろが星福寺から直線距離で約5キロの利根川対岸、下総国《しもうさのこく》に存在した（現在の千葉県小見川町外浜《とはま》）。養蚕信仰が盛んな頃、星福寺への参拝は利根川対岸の笹川方面（【図7】参照）から舟で渡るのが一般的で星福寺のすぐ南に船着き場があった。「外浜」は笹川から少し北に行ったところで、江戸時代の参拝者が通過滞在した場所と考えられる。**星福寺の関係者にはなじみの地名だったはず**だ。

●作者は星福寺の関係者？

以上のことを考えると、『水戸文書』は、日頃「蚕霊尊」をよく目にしている星福寺の関係者しか書けないような気がする。地元なら誰でも間違いと分かる「鹿島郡外濱」を関係者が書いたのなら、文書は明らかにフィクションを意図したものだ。

手紙、報告書、記録なら現場の地名を地元の人が間違えるはずがない。したがって『水戸文書』は鹿島の地名に不案内な江戸※⑭や京都での出版を狙ったフィクション、前に述べたように**瓦版の原稿**と考えれば辻褄が合う。

※⑭江戸や京都での出版を狙った　瓦版は江戸だけではなく京都、大阪の大都市でも販売された。例えば安政2年（1855）に起きた江戸大地震の瓦版は2日後に江戸で、5日目には大阪で出版されている。

●**常陸原舎利濱**

今年（2014）5月14日の茨城新聞に〝「うつろ舟」漂着は波崎？〟という記事が出てUFOファンの間でちょっとした騒ぎになった。この伝説を伝える新しい文書[※⑮]が見つかり、そこにはうつろ舟が漂着した場所として「常陸原舎《ひたちはらしゃ》り濱《はま》」と書かれていたのだ。

この地名は「伊能図」にあり、現在の茨城県神栖市波崎舎利浜で、〝事件現場の地名は架空の地名〟は間違いのようだ。となると柳田国男の「フィクション説」は怪しくなる、と思うかもしれないが、興味深いことに舎利濱は【図7】のように【図3】の「養蚕お札」に書かれた日川浜から10キロくらい南にある。「うつろ舟」漂着地がこれほど隣接しているのを偶然と考えるのはムリがある。やはり舎利濱という地名も金色姫伝説と関連すると考えるのが合理的だ。

●**結論**

・『水戸文書』は「養蚕金色姫」を信仰する**星福寺の関係者が書いた**可能性が高い。
・最近判明した「うつろ舟」漂着現場の実在した地名「常陸原舎り濱」は、星福寺に伝わる「うつろ舟」漂着場所（日川浜）と隣接している。
・『水戸文書」が見つかったとされる京都では、享和二（1802）年に有名な養蚕指導書『養蚕秘録』が出版され、翌年（1803）には大阪、江戸でも出版されている。こ

※⑮新しい文書
新資料は忍術で有名な甲賀流の跡取り、三重大学特任教授の川上仁一氏が所有。甲賀流忍術を伝える伴家の古文書などと一緒に保管されていたという。文書は江戸時代末から明治期に書かれたものと思われるが、文書の最後に「亥（い）の年（享和3年、1803年）二月二十六日」との日付があった。

の本には**金色姫伝説が記載**されている。

何だかこの伝説の外枠が見えてきた感じがしないだろうか？

「うつろ舟伝説」は**「金色姫伝説」をヒントにした**のでは、という説は茨城県の郷土史研究家・佐藤次男氏からも出されていた。『水戸文書』が発見され、女性は「金色姫」をモチーフとした形跡が見つかり氏の予想が正しかったことが明らかになった。

（加門正一）

■参考資料：

加門正一『江戸「うつろ舟」ミステリー』（楽工社、２００８年）

加門正一「常陸国うつろ舟伝説はＵＦＯ伝説か？」『怪34』（角川書店、２０１１年）

加門正一「常陸国うつろ舟伝説の新資料」『怪36』（角川書店、２０１２年）

加門正一「ＵＦＯ「うつろ舟」漂着は波崎？」『怪42』（角川書店、２０１４年）

加門正一「常陸国うつろ舟伝説－「うつろ舟」漂着現場〝はらやどり濱〟が見つかった！」『怪43』（角川書店、２０１４年）

『異国美女漂着「うつろ舟」奇談　日立の旧家に新史料』（茨城新聞、２０１２年４月23日）

『「うつろ舟」に新資料：水戸で発見』（茨城新聞、２０１０年９月９日）

『「うつろ舟」漂着は波崎？』（茨城新聞、２０１４年５月14日）

佐藤次男「海浜奇談（一）―うつろ船の異国の美人―」『郷土文化　第32号』76‐78（１９９１年３月31日）

20 オーロラ事件の真実
【テキサスの田舎町に火星人の宇宙船が墜落？】

伝説

米国テキサス州の新聞、ダラス・モーニングニュース[※①]の１８９７年（明治30年）４月19日（月）の紙面に「風車に飛行船が激突」と題した驚くべき記事が載った。

「オーロラ・ワイズ郡・テキサス州・４月17日」

今朝６時頃、早起きしたオーロラの住人は全米を航行してきた飛行船の突然の出現に驚いた。飛行船は地表近くを真北に進んでいたが、しばらくすると機械的な故障を起こしたようで、飛行速度が時速10〜12マイルくらいに落ち地表に近づいてきた。飛行船は公共広場の真上を越え町の北まで来て、プリクター判事の風車に衝突。恐ろしい爆発を起こして破片を数エーカーに渡ってまき散らし、風車と水タンクを破壊し判事宅の花壇も破壊した。

飛行船にはパイロット一人しか乗っていなかったようで、遺体はひどい損傷を受けてい

※①ダラス・モーニングニュース　１８８５年に創刊されたテキサス州ダラス地区の新聞。当初は数千部程度の発行部数だったが、現在では日刊紙で50万部、日曜版で80万部を発行している。

たが地球の住人ではないことは分かった。天文学の権威である当地の合衆国通信部士官T・J・ウィームス氏は、遺体は火星の住民だろう、と話している。遺体と共に見つかった文書は明らかに旅行記録で、未知の象形文字のようなもので書かれていて解読できなかった。

飛行船は完全にバラバラ状態になったので、その構造や推進システムについては何も分からなかった。飛行船は未知の金属、おそらくアルミニウムと銀の合金に似ていて、飛行船の重さは数トン程度と思われる。町は残骸めあての見物人や残骸から不思議な金属を集めようという人々で溢れている。パイロットの葬儀は明日の昼に予定。（S・E・ハイデン）

この事件は直後から長い間忘れ去られていたが、1967年に著名なUFO研究家である※②ジャック・バレーらがUFO研究誌に記事を書き、1973年には地元紙に事件の連載記事が掲載され注目された。オーロラの墓地には飛行船らしき絵が描かれた墓石があったが1973年に盗まれてしまった。このオーロラ事件は1947年に起きたロズウェル事件以前のUFO墜落事件として、近年、UFO研究家の注目を集めている。

真相

1897年のこの事件を1947年の※③ケネス・アーノルド事件より前にUFOが存在していた証拠と見なす研究家もいる。しかし短い記事を読んだだけで、どうして飛行船のパイ

※②ジャック・バレー　1939年生まれ。フランス出身の天文学者、電子工学者、UFO研究家。少年時代にUFOを目撃したことがきっかけで、UFO事件の研究・解析に取り組む。投資家の面もあり、投資に関する書籍も出版している。

※③ケネス・アーノルド事件　1947年6月24日に、アメリカのワシントン州カスケード山脈上空を自家用飛行機で飛行していたケネス・アーノルドが、謎の未確認飛行物体を目撃したという事件。くわしくは『謎解き超常現象DX』を参照。

【図１】プリクター判事の風車があった場所。現在はボールパーク。【図２】オーロラ墓地。「近くに宇宙船が墜落し、死亡したパイロットが墓地に埋葬された」と書かれた看板（※④）がある。

ロットが火星人と分かったのか？　なぜ人々が争って集めた飛行船の断片がひとつも残っていないのか？　歴史的な大事件なのにその後の追っかけ記事はないのか？　……とツッコミどころ満載でどう考えても実際に起きた事件とは思えない。筆者は以前にオーロラを訪れたことがあり、その調査経験をお話ししよう。

●オーロラ訪問

オーロラは東西に走るテキサス１１４号線の途中にあり、台地の西端の高台という感じの町である。道路に面した町の中心に20軒程の家と、広く散らばった地域に家や牧場がある以外は何もなく、我ながらよくこんなところまで来たと自分のモノ好き加減に呆れた。

地元の人に聞くと、みんな１８９７年のＵＦＯ墜落伝説は知っていた。[※⑤]飛行船が衝突したというプロクター判事家の跡は野球場（Ball Park）になっていたが、この場所がオーロラでも一番高い場所で飛行物体が衝突しそうな場所だった。墓地（Cemetery）に行って、有名な火星人の墓標らし

※④墓地の看板
「オーロラ事件」のことを記した、テキサス州歴史協会が認定した史跡であることを示す看板。

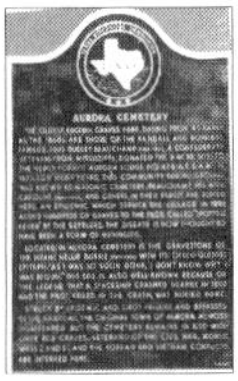

墓地の看板

※⑤飛行船
新聞記事で謎の飛行物体（ＵＦＯ?）は英語でエアシップ（Airship）と書かれているが、有名なツェッペリン号やヒンデンブルグ号のような実際に製作運行された飛行船とは違うものだが、ここでは適当な訳がないので飛行船と訳する。

きものを探したが、※⑥それらしい墓石はみつからなかった。

風景写真を撮り土産を探したが何もないので、フォートワースの公立図書館で、オリジナルの新聞記事を捜すことにした。しかし、公立図書館で尋ねるとそんな昔の新聞はないとのことで、※⑦テキサス大学アーリントン校（UTA）の図書館を紹介された。車で30分くらいかけてUTAに行き、図書館でパスポートを見せると、すぐに新聞のマイクロフィルムを探してくれた。ビューワーを使ってようやく1897年4月19日（月曜日）の新聞をみつけた。

●新聞報道の内容は？

こんな大ニュースは紙面一面を飾ったはず、と思って探したが一面にはそれらしき記事はない。二面、三面と進めていっても見つからない。ようやく**五面**で※⑧〝THE GREAT AERIAL WANDERER〟という見出しを見つけた。部分コピーから紙面全体を再構成したのが左ページの図である。全部で16編の記事があり黒枠で囲んで番号を付けた。番号のない枠の記事は前文の続きである。これら16編の記事はすべて謎の飛行船に関する記事だが、この中でオーロラ事件の記事はどれだろう？　衝撃的な内容なので一番最初の①か？　あるいは一番単語数が多い②か？　違う、**正解は⑨**だ。火星から来た宇宙船の墜落という驚くべき事件なのに、どうしてこんなに小さい？

他の記事には一体何が書かれているのだろう。個々の記事について、フィルムの傷で読めない部分以外を訳しその一部を書いてみよう。テキサス州の町の名前が出てくるので、そ

※⑥それらしい墓石はみつからなかった　近所の人に尋ねると例の墓標は大分前に火星人に盗まれた、と冗談を言われてしまった。

※⑦テキサス大学アーリントン校（UTA）　テキサス州アーリントンに本部を置く州立大学。1895年に設置。工学系の評価が高く、なかでも宇宙工学は全米のトップ5に数えられる。

※⑧THE GREAT AERIAL WANDERER　「巨大な空飛ぶ放浪者」とでも訳せるのだろうか。その下には聖書の挿話を引用して「本当か、はたまた下手なインチキか」と書かれている。

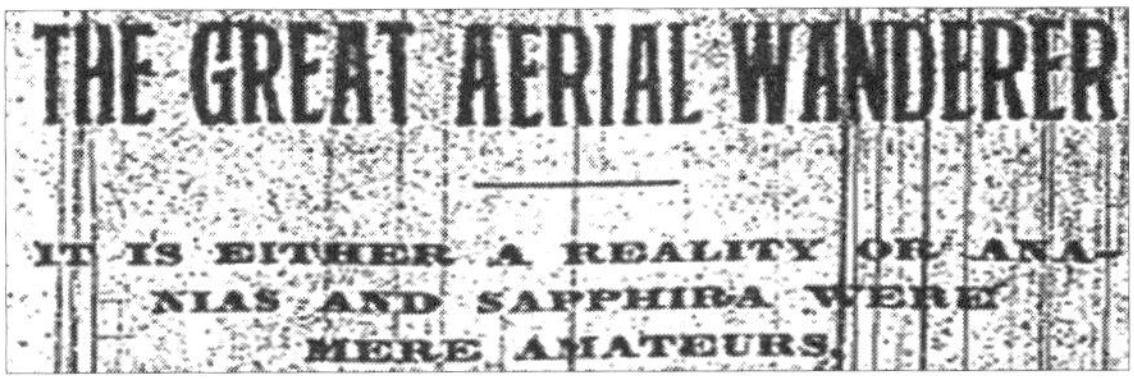
THE GREAT AERIAL WANDERER

IT IS EITHER A REALITY OR ANANIAS AND SAPPHIRA WERE MERE AMATEURS.

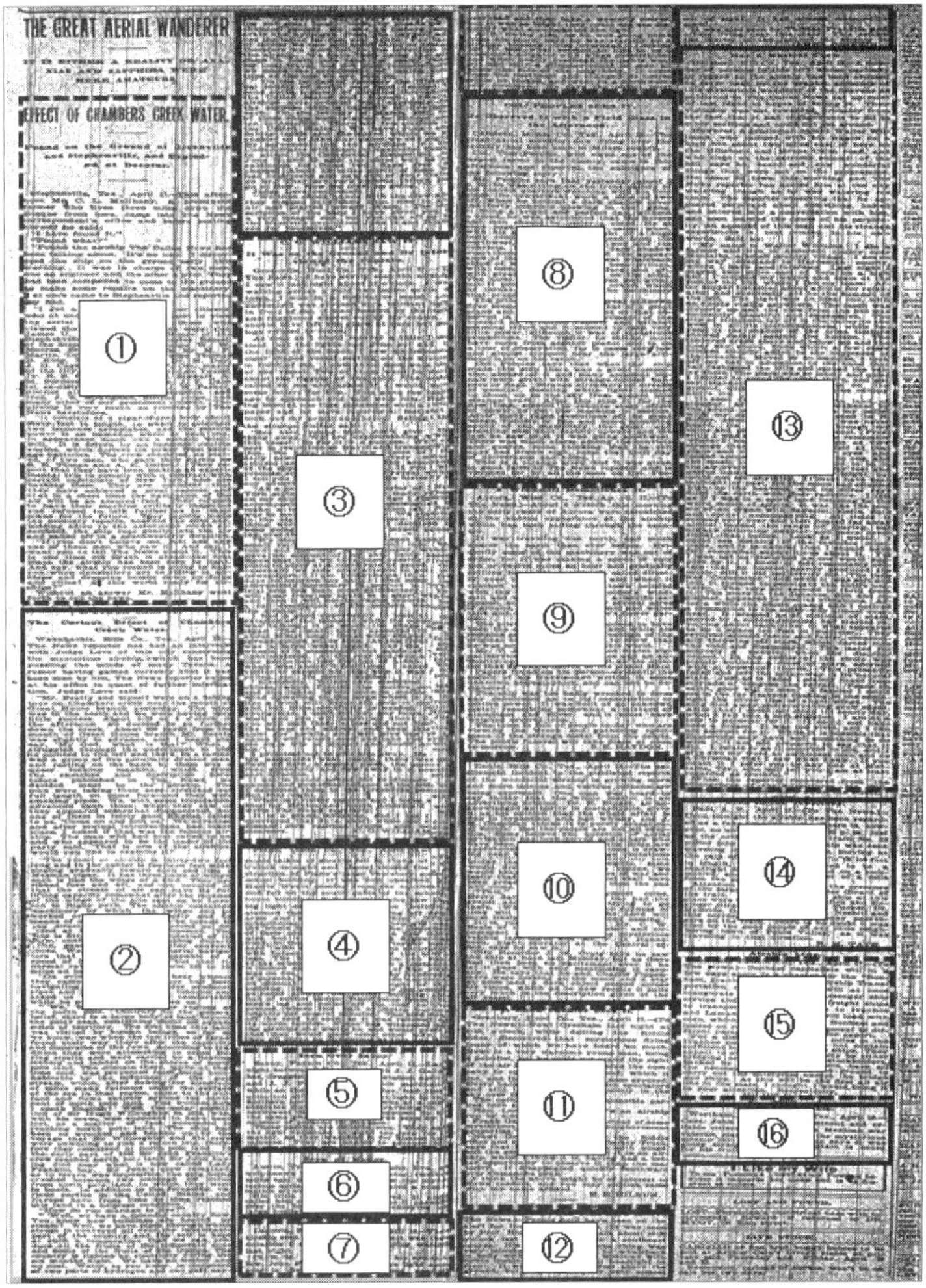

ダラス・モーニングニュース1897年4月19日（月）の第5面。大きさは日本の新聞1ページの1.5倍くらい。上は見出しの拡大。火星からの飛行船は⑨の記事。

の位置を飛行船の目撃時間と一緒に左ページの地図に示す。

記事①：マクハルニー氏の証言（スティーブンビル・テキサス州・4月17日）

本日午後、3マイル離れたボスケに住む農家マクルハニー氏が特派員のオフィスを訪れ、椅子に座るやいなや目撃した飛行船の話をした。

「飛行船の形は葉巻型で長さは約60フィート。巨大な翼が二つあって、金属で出来た前後の巨大な風車のようなもので推進するようだった。風車は電池から供給される電力で動く大きなモーターで駆動するそうだ。乗組員※⑨は2人で名前はS・E・ティルマン、A・E・ドルバー。支援者のニューヨークの資本家との契約を勝ち取るための試験飛行だそうだ。短時間で故障を直し、集まった群衆の前からゆっくりと上昇し南西の方角に飛んでいったよ」

記事②：判事の目撃談（ワクサハチー・エリス郡・テキサス州・4月18日）

記者が飛行船を見たというラブ判事にインタビュー。判事は飛行船を見たことを認めると、次のような驚くべき話をした。

「飛行船のリーダーの話では、彼らは北極ランドから来たという。北極点の向こうには大きな陸地があり、ユダヤ人の捕囚の際、分散したイスラエル10支族※⑩が流氷に乗って渡ったのが始まりなのだそうだ。今年の1月に、北極ランド歴史協会は多数の飛行船をアメリカとヨーロッパに派遣することを決めたという。6月18日、19日にテネシー州ナッシュビル※⑪で行わ

※⑨乗組員は2人
記事によれば、飛行船自体もこの2人が作ったものだという。

※⑩イスラエル10支族
聖書に記されたイスラエル12支族のうち、行方がわかっていない10支族のこと。「失われた10支族」とも呼ばれる。その一部が日本に渡った（「日猶同祖論」）という説を唱える人もいる。詳しくは第五章「『日猶同祖論』の源流を探る」（272ページ）参照。

※⑪ナッシュビルで行われる万国博
1897年にテネシー州の州制100周年を記念して開かれた「テネシー・センテニアル万国博覧会」のこと。5月1日から10月31日まで開催されたが、ミステリアスな飛行船が飛来したという記録はない。

れる万国博で船を無料で公開することになっているらしい。本物の飛行船を見たいなら博覧会に行って自分で見ることだね」※⑫

記事③：飛行船の船長にインタビュー（グリーンビル・ハント郡・テキサス州・4月17日）

私は謎の飛行船を確かに見た。昨夜の12時頃だった。目の前には着陸した巨大な葉巻型の機体があった。機体の周りを三人の男性が歩いていてその内の一人が私に話しかけてきた。

推進力を尋ねると「電気だよ。内部に推進力と照明に電力を供給する発電機がある。前に付いている大きな風車を動かすと風が起き飛行船は動き出す。必要な電力はわずかだ。これ以上は話せないが、少し経てばすべて理解できるだろう」と語った。

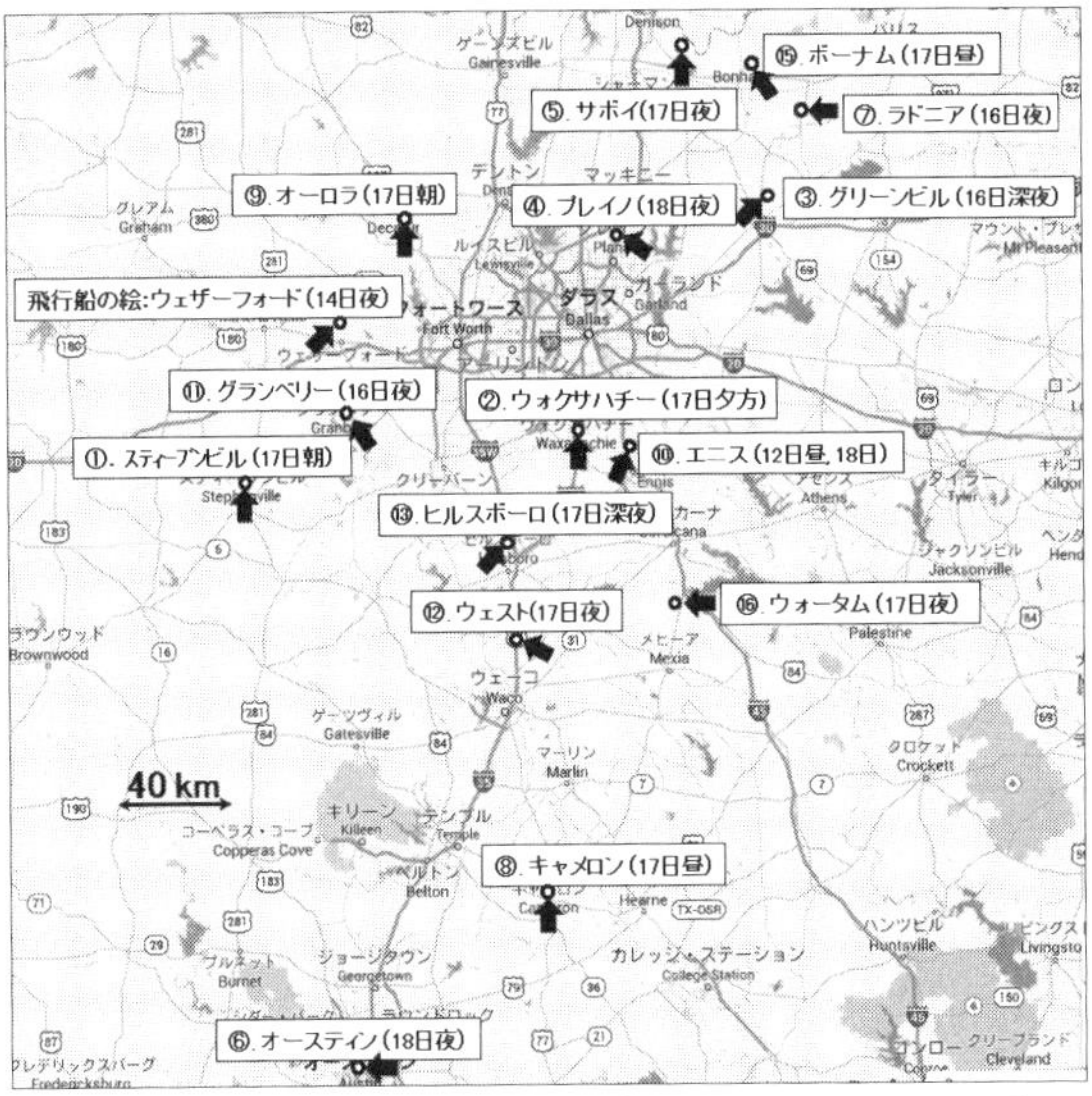

【図2】テキサス州のダラス近辺の地図。⑭の記事にあるモーリス・バレーは、ダラスの北150キロのオクラホマ州にあり地図の枠外。

※⑫ラブ判事の証言　判事の証言は独特で、飛行船の船員が英語を話せる理由を「17世紀に行方不明になったヒュー・ウィロビー卿の北極探検隊が実は無事で、北極ランドに留まったため」だと語ったり、19世紀中頃に同じく北極探検中に行方不明になったジョン・フランクリン卿を「北極ランドで生きていた」など語るなど、興味深い点が多い。

記事④：自作自演（プラノ・コリン郡・テキサス州・4月18日）

フィルムの傷ではっきり読めないが、飛行船騒動にワルノリして誰かが火のついた松明を足につけた鳥を飛ばし、鳥が降りた建物が損傷したというイタズラ騒動の記事。

記事⑤サボイ上空での目撃（サボイ・ファニン郡・テキサス州・4月18日）

昨夜、8時半から9時の間、J・J・ガラハー（薬屋）と他2名は宿舎に帰る途中、北の地平線の明るい光に気が付いた。光はかなりの明るさで北西方向に動いていた。

記事⑥エバ氏の証言（テキサス州オースティン・4月18日）

有名な商人であるジョン・エバ氏が、テキサス北部で話題の飛行船を目撃した。飛行船は南の方角に向かって町上空を通過し、大きなヘッドライトが付いていた。

記事⑦ラドニア住民も目撃（ラドニア・ファンイング郡・テキサス州・4月18日）

一昨日から当地で目撃されていた飛行船は昨夜も目撃された。退役大佐のバート、彼の妻、義理の息子であるジョン・フューガムも南東方面に大きな光を目撃した。

記事⑧ピープルズ大佐の目撃談（キャメロン・ミラム郡・テキサス州・4月18日）

この飛行船の乗客は別の惑星から来たに違いない。※⑬飛行船が近づいてきたとき、乗客の

※⑬飛行船が近づいて目撃談によると、大佐は農場の人工湖上空を低空で飛んでいるのを見た、という。

間で大騒ぎがあったようで、多くの変わった色の旗のようなものが見えた。見慣れない蒸気の筋に似た一筋のまぶしい白い光がこの奇妙な飛行船から上空に照射された。しばらく留まった後、大きな羽、舵、フィンが急速に動き、様々な機械的ハミング音が聞こえた後、巨大な飛行船は上昇し、南西方向に飛んでいった。

記事⑨飛行船が風車に激突（オーロラ・ワイズ郡・テキサス州４月17日）

オーロラ事件の記事。

記事⑩懐疑論者とビリーバー（エニス・エリス郡・テキサス州・４月18日）

飛行船騒動に関する懐疑論者とビリーバーの捉え方の違いに対する記事。※⑭

記事⑪銀行の出納係も目撃（グランバリー・フッド郡・テキサス州４月17日）

ニュート・グレシャムは昨夜の9時10分頃、不思議なメリーゴーラウンドのようなものを見た。ニュートは戦争好きな若者で、仲間に飛行船を撃つように命令した。その結果、町はすぐさま騒然となった。どの家の裏庭も見物人であふれ、町全体の動物は静かになった。

記事⑫ウェストでも目撃（ウェスト・マクレナン郡・テキサス州　４月18日）

ヒックマン教授は、昨夜10時30分頃に南東に飛行する飛行船を目撃した。クジラの背のよ

※⑭懐疑論者とビリーバーの捉え方の違いに対する記事
内容は以下の通り。ある男性がいうには「すべて何かの宣伝だ」。形而上学の権威で有名なE．エティルアート博士によれば、事件全部が催眠術に掛けられたか、質の悪いウィスキーを飲んだ結果だそうだ。Ｊ・Ｍ・チャップマンも事件は完全にセンセーショナルな作り話だと言っている。しかし人々がすべて懐疑的というわけではない。空を飛ぶ航法の技術的課題が解決されたのだ、と考える人々がいる。また聖書に詳しい人々は、そのうち世界の終りが来るのでは、不思議な訪問者は最後の審判をするための判定員ではないかと不安がっている。

うな機体にコウモリのような羽が付き、窓は中からの光で明るく輝き強力なヘッドライトが付いていたようだ。飛行高度は地上から500フィートを超えることはなかったが、飛行船は急速に上昇し視界を外れた。ほとんど流星のような速さだった。

記事⑬楽団を持っている（ヒルスボーロ・ヒル郡・テキサス州・4月18日）

ウォルター・ウィリアムスは深夜12時ごろ、丘の頂上近くで眠っている※⑮とこれまで見たこともない素晴らしい事物を見聞した。

「私は毛布の上ですぐに眠りについたが、しばらくして音楽で目が覚めた。ソフトで甘い、不気味な、聞いたことのない音楽で、不思議なことに頭の上の空から聞こえるようだった。音楽はオルガン、笙《しょう》、バイオリン、ニュート、コルネットが一緒に奏でる音楽に似ていた。音はごく近くまで来たと思うと、聞こえなくなる程遠くに飛んで行くようだった。消えていくまさにその時、私は百万の声が次の言葉を繰り返すのを聞いた。〝地よ平和なれ、男は善きあれ〟私は月夜の下で遠くの空が光るのと、銀色の天使の羽の端を見た。歌は消えてゆきすべては静寂になった。この後、私は夜が明けるまで眠れなかった」

記事⑭本地域でも目撃（パディ・I・T 4月17日）

今日の夜まで飛行船騒動は作り話と見なされてきた。しかし、今や信じない人はいない。午後8時35分北行きの12番列車が駅に入ってきた時、飛行船が時速およそ40マイルか50マ

※⑮丘の頂上近くで眠っている
ウィリアムスはその夜、ヒルスボーロから約2マイル東の高い丘で荷馬車を止めてキャンプしていた、という。

イルで南方向に飛んで行くのが目撃された。長さは75〜100フィート、機関車のものとは違うヘッドライトが付いていた。4分の1マイルくらいの高さだった。

記事⑮飛行船航空路（ボンハム・ファニン郡・テキサス州・4月17日）

ボンハムの資本家達は数日の間に〝ボンハム・アイバンホー・ラマスコ飛行船航空輸送会社〟の設立認可願いを提出する予定。認可されれば1日2便の旅客運送サービス※⑯を実施するという。この事業は国内初の航空路線になるだろう。

記事⑯ウォータムでも目撃（ウォータム・フリーストーン郡・テキサス州、4月18日）

ジョン・A・リリー大尉はメキシコ戦争の退役軍人である。彼は昨夜の9時30分にミステリアスな飛行船を見たと証言している。

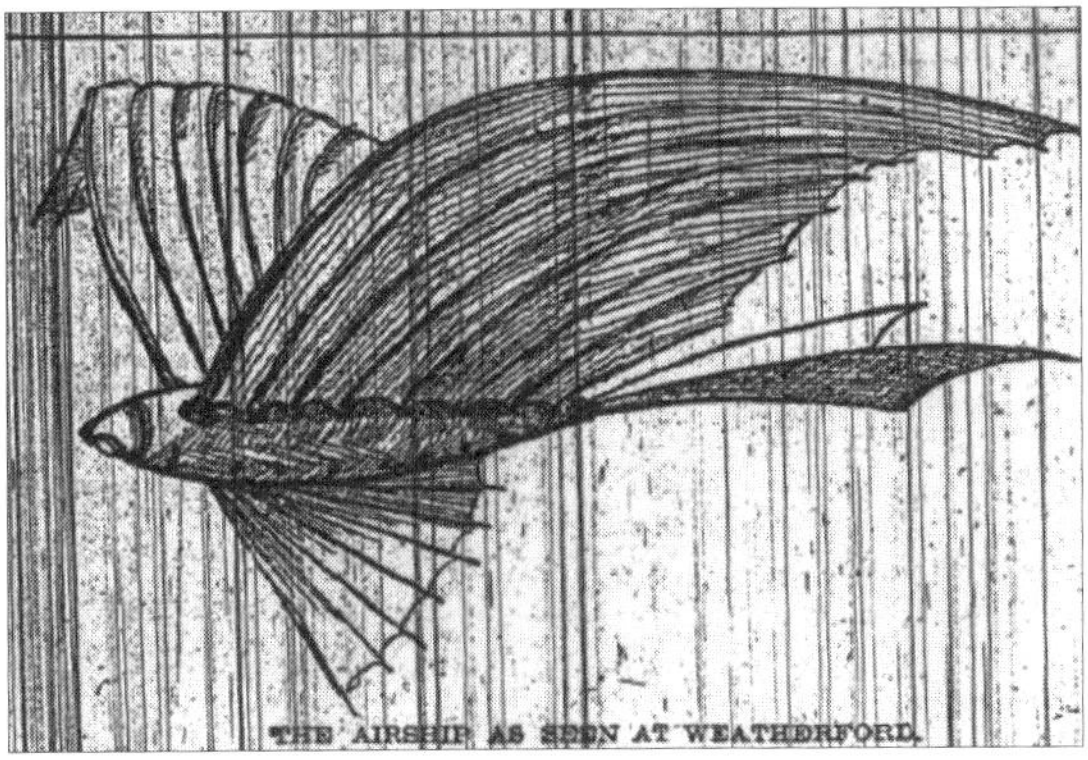

1897年4月16日のダラス・モーニングニュースに載った、ウェザーフォードで目撃された飛行船。

●飛行船騒動

この日の前後の同じ新聞を調べてみると、**4月**

※⑯旅客運送サービス
記事によると、同社はさらに十分な便数の貨物便を就航させ、貨物便はアイバンホーとラマスコまで商品を運び、帰りの便にはトウモロコシをボンハムに、積み込んだ輸出用の鉄道列車を米国各地の港に運ぶ予定であるというが、実際に会社が設立されたかどうかは不明。

16日の新聞に飛行船の記事が載っていた。こちらは単なる目撃談で飛行船の絵が載っていてこれまで紹介したいくつかの記事にあるような、大きな羽がついた鳥か魚のような姿だ。

当時、全米各地で飛行船騒動が起きていて、ツッコミどころ満載のダラス・モーニング・ニュースの記事も**ワルノリ**だと考えられるが、当時の新聞報道は娯楽記事の要素も大きかった。1960年代にこの事件を調べた研究者は、当時の生き残りから聞いた話では記事⑨の署名にある**S・E・ハイデンは綿の買い入れ業者**、合衆国通信サービス士官として記事に書かれている**ウィームスは町の鍛冶屋**だった。

UFO業界では面白い事件が起きないと、当時は**信用できないと無視された過去の事件を掘り返す傾向**がある。ロズウェル事件が有名だがオーロラ事件もその一つである。しかしマスコミがこのUFO事件を取り上げる時、事件は前掲のように16編の娯楽記事に囲まれたたった一つの小さな記事だけが根拠、と言及されることはない。（加門正一）

■**参考資料：**

C・ピーブルズ著、皆神龍太郎訳『人類はなぜUFOと遭遇するのか』（文藝春秋、2002年）

Jeff Gorvetzian, Glyn Dillon, Jonathan Baldwin and Etienne Gilfillan『Once upon a time in Aurora』（Fortian Times FT115, 34-38 ,1998）

「The Aurora Incident」（http://otherworldmystery.com/tag/texas-historical-commission）

「The Aurora, Texas Crash of 1897」（http://www.ufocasebook.com/Aurora.html）

「オカルトクロニクル」（http://okakuro.jpn.org/occu/?p=58）

21 バレンティッチ行方不明事件

【セスナが残した管制塔との謎の交信記録】

伝説

1978年10月21日、20歳の青年フレデリック・バレンティッチは、単発エンジンのレンタル飛行機※①セスナ182Lを操縦して、オーストラリア・ビクトリア州メルボルン近郊のムーラビン飛行場を日没直前の午後6時15分に離陸した（当日の日没は午後6時45分）。

彼の飛行経験時間は約150時間。目的地はタスマニア島とオーストラリア本土間のバス海峡にあるキング島。飛行目的はザリガニ（おそらくタスマニアザリガニ）を島からメルボルンまで運ぶためだった。飛行ルートは、まず海岸線に沿ってオトウェイ岬近くまで南西に飛行し、次にキング島に向かって南に飛行するコース。午後7時頃、彼は自機の上空にもう一機の飛行機を発見、メルボルン管制官のスティーブ・ロビーと無線連絡を行った。

その時の交信記録が公表されており以下のようなものである。

※①セスナ182L
アメリカのセスナ社が製造する単発プロペラ軽飛行機。巡航速度は256キロ。182L型は800機が生産された。

©Alan D R Brown

バレンティッチ（以下、バと省略）「5000フィート以下に飛んでいる航空機はいますか？」（19時6分14秒）

ロビー（以下、ロと省略）「いや、航空機は飛んでいない」（19時6分23秒）

バ「5000フィートより下に大きな飛行機が一機いるようです」（19時6分26秒）

ロ「どんな飛行機か分かりますか？」（19時6分46秒）

バ「確認できませんが、私には4個の明るい着陸灯※②のようにも見えます」（19時6分50秒）

バ「その飛行機はちょうどいま真上を通過しました。少なくとも1000フィート上です」（19時7分32秒）

ロ「了解、大きな飛行機ですか、確認して下さい」（19時7分43秒）

バ「ちょうど今、真東からこちらに向かってきます」（19時8分18秒）

バ「こちらには飛行機は何かのゲームをしているように見えます。こちらの上を二、三回、通過しました。速度はよく分かりません」（19時8分49秒）

バ「飛行機ではない……あれは（二秒沈黙）」（19時9分28秒）

ロ「どんな形か分かりますか？」（19時9分46秒）

バ「飛び越す様子から長い形をしています。それ以外は何かよく分かりません。メルボルン、今ちょうど前にいます」（19時9分52秒）

バ「※③こちらを追いかけているように見えます。今、こちらは旋回していますが、物体もこちらの上を旋回しています。緑色の光が一個付いていて金属のように見え、外壁全面

※②着陸灯
翼の前縁や下側についている照明灯。着陸の際に進入するときや、夜間飛行時、高度1万フィート以下を飛行するときなどに点灯する。ランディングライトとも呼ぶ。

©John Murphy

※③こちらを追いかけているように見えます
「止まっているように見えます」という発言だったとの説もある。

は金属光沢があります」（19時10分20秒）

バ「物体は今消えました」（19時10分43秒）

ロ「飛行機はまだ近くにいますか？」（19時11分17秒）

バ「ええと、南西から近づいてきました」（19時11分23秒）

バ「エンジンの調子が少し変です。調子がよくない」（19時11分52秒）

ロ「了解、あなたの飛行目的地は？」（19時12分04秒）

バ「こちらの飛行目的地はキング島です。ええと、メルボルン、また、あの変な飛行機は私の上をホバリングしています。飛行機ではありません」（19時12分09秒）

セスナのマイクがオンの状態で、奇妙な金属音※④のようなパルス状の雑音が聞こえる（19時12分28秒）。

記録はここで終わっている。その後10月25日まで空と海の大規模な捜索が行われたがセスナが墜落した痕跡は見つからなかった。１９８２年に航空安全局から〝航空機行方不明の原因は不明。操縦士は死亡したものと推定される〟という調査結果が発表された。しかし、現在までバレンティッチのセスナは発見されていない。海面に衝突した場合は機体の軽い断片は浮いている場合が多く、大規模な捜索で何も見つからないのは不自然である。

この事件の特徴は、バレンティッチの飛行機が多くの人に目撃されていたことである。ジャーナリストのジョージ・シンプソンは、午後6時頃、アポロ・ベイ近くの家から、バ

※④奇妙な金属音
「カチカチ」「ガリガリ」といった、金属を叩き擦り合わせたような音。

レンティッチのセスナがオトウェイ岬方向に飛行しているのを目撃している。

また、写真家のロイ・マニフォールドは同じ日に夕日の微速度撮影をしていたが、写真を現像してみると高速に移動する雲のような奇妙な物体が写っていた。彼は、撮影された時刻は午後6時47分頃と推測している。この時刻はバレンティッチのUFO遭遇時間の少し前である。米国アリゾナ州にあるUFO研究団体・グランド・ソーサー・ウォッチ※⑤が写真のコンピュータ解析を行った。解析結果は、物体は正真正銘のUFOで雲のようなものに囲まれた三次元物体というものだった。

バレンティッチにはガールフレンドもいて、自殺、あるいは保険金を目的とした自作自演のような動機は見当たらず、UFO研究者の多くは、彼は飛行機と共に空中でUFOに誘拐された可能性が高いのではと推測している。

真相

この事件は古い事件で多くの研究記録があり関連する資料はいくらでも見つかる。ここでは主にジョー・ニッケルらの懐疑的な論文と、リチャード・ハインズらのUFO研究家の論文を参考にして事件を考察してみよう。まずは懐疑的な見方から。

●懐疑的見解① バレンティッチの技量は未熟だった

※⑤グランド・ソーサー・ウォッチ
1957年に設立された、アメリカの民間UFO研究団体。1977年にCIAを相手にUFO情報の公開を求めて訴訟を起こしたことで有名。略称は「GSW」。

【図１】フレデリック・バレンティッチ（左）と事件が起きた地域（右）

バレンティッチは年齢20歳と若く、飛行時間が150時間という**操縦技術に関しては初心者**[※⑥]であった。オーストラリアの４級計器飛行資格証明を持っていたが、これは夜間飛行は、有視界飛行が可能な条件時だけ可能な資格である。バレンティッチの飛行経験歴、操縦技能を考えると、当日のように夕方から夜間に移行する薄暮では事故を起こしてもそれほど不思議ではなかった。

また、彼は**ＵＦＯマニア**でＵＦＯビデオや本を収集していた。父親によれば、彼は高速飛行するＵＦＯを目撃したことがあると話していた。また、宇宙人の乗り物から攻撃されたらどうしようとも語っていた。

さらに彼がキング島に飛行した目的もはっきりしない。空港関係者には友人を迎えに行くためと届けているが、家族や友人にはザリガニを運搬しに行くと言っている。島の空港にはザリガニの荷物はなかったし、ザリガニが採れるシーズンでもない。おそらく、彼は飛行時間を稼ぐこととＵＦＯ探索が目的だったのでは

※⑥操縦技術に関しては初心者
バレンティッチはオーストラリア空軍に入隊を希望したが、教育歴不足を理由として入隊を二回拒否されている。１９７７年に個人飛行免許を得て商用飛行免許の取得を目指していたが、試験５科目すべてに二回失敗していた。事件の１ヶ月前も３科目に失敗していた。また、バレンティッチは違反飛行を三回もしたため、当局からマークされていた。一回は飛行制限区域を飛んだこと、もう一回は意図的に視界不良の雲の中に突入したことで、当局から起訴される可能性もあった。

ないか。このようなバレンティッチの性格・嗜好・心理状態を考えると、彼が**よく分からない目撃物体をすべてUFOと判断**しても不思議ではない。

●懐疑的見解② バレンティッチが見た光やUFOは錯覚

交信記録によると19時6分50秒にバレンティッチは着陸灯のような4つの光を報告している。この日、日没直後の西の空には、金星（マイナス4・5等星）※⑦、水星（0・4等星）、火星（1・5等星）、アンタレス※⑧（1・1等星）の4つの明るい星がダイヤモンド形状を作る位置にあった。彼が目撃した着陸灯のような**4つの光はこれらの星**ではないか。4つの星を結ぶ形は縦長でこれが〝長い形をしていた〟ように見えたのだろう。UFOに付いていたという一個の緑色の光は、おそらく右翼端に付いている航空灯※⑨だろう。当時、飛行機が南に向かって飛行していたとすると、4つの星は右側に見え、緑の翼端航空灯も右側で同じ方向に見える。

陸からの目撃者らが報告しているセスナと一緒に飛ぶ緑色の光も、**右翼端航空灯**と思われる。右翼端航空灯は緑色で右翼を上げて大きくバンクする飛行機を横からみれば、飛行機の上に緑色の光が停滞しているように見える。目撃者は、光の色は航空灯のようで、光は飛行機と同じ速度で飛んでいた、と証言している。また目撃者は匿名希望で詳しい検証をしようがなく、したがって目撃証言の信憑性が高いとは思えない。

バレンティッチにとってキング島への飛行は、初めての夜間飛行だった。薄暮では海と空

※⑦等星
天体の明るさを示す指標。等級とも。数字が小さくなるほど明るい。ちなみに太陽はマイナス26・7等級。

※⑧アンタレス
さそり座で最も明るい恒星。非常に巨大な星で、直径は太陽の600～800倍はあるとされている。

※⑨航空灯
飛行機の位置や進行方向を表示するための灯火。右翼の端に緑、左翼の端に赤、尾部に白色の灯火を設置するよう規定されている。

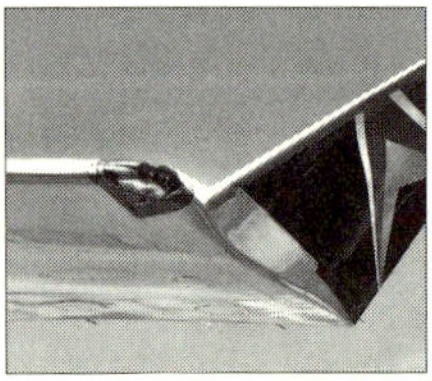

航空灯（左翼）

との境界がはっきりせず、水平線が傾いて見えることもあり計器に十分注意していないと、初心者は**空間識失調**※⑩**（バーティゴ）**を起こし易い。

空間識失調を起こすと自機姿勢の理解に混乱をきたし、自機が反転しても気がつかないこともある。もしかしたら、バレンティッチが見た4個の光は、反転した状態で海面に反射した自機の光を見たのかもしれない。

これまでバレンティッチのセスナの残骸は見つかっていないと言われるが、まったく何も見つかっていないわけではない。事件の1ヶ月後に水没したセスナらしきものを見たという証言もあり、5年後、バレンティッチのセスナと製造ナンバーが部分的に一致する残骸がバス海峡で見つかった、という記述が事件の調査記録にもある。

【図2】コンピューター解析にかけられたロイ・マニフォールドの写真

●懐疑的見解③　UFO写真のコンピューター解析は万能ではない

70年代のコンピューター画像解析は高価であったため、結果の検証も容易ではなかった。しかしパソコンでより高度な画像解析が容易になると、コン

※⑩空間識失調
航空機の操縦士が一時的に平衡感覚を失う状態のこと。これを起こすと「墓場へのスパイラル」と呼ばれるスパイラル降下に陥り墜落する可能性が高い。急激な旋回を起こすと遠心力で翼タンクからエンジンへの給油に問題が起き、バレンティッチが報告したエンジン不調は十分起こりえる。

【図3】セスナ182Lと装備されたライトの種類と色

ピューター画像解析の限界も研究者に知られるようになった。

ロイ・マニフォールド写真（前ページ【図2】）のコンピュータ画像解析から〝物体は正真正銘UFOで雲のようなものに囲まれた三次元の個体〟と断定できると考える研究家は少ない。

例えば1989年に起きたベルギーUFOフラップ[※⑪]の時撮影された三角形UFOの写真は、複数のアカデミック研究者によりコンピューター解析された。その結果、信ぴょう性が高いと判断されたが、2011年に**発泡スチロールと電球で作ったイタズラ写真**だったことが明らかになった。

●UFO研究家の見解①　空間識失調への疑問

これまで懐疑的な見方を紹介してきたが、UFO研究家からはそれだけでは説明不十分だという意見が出ている。ここでは引き続き、UFO研究家サイドの見方を紹介しよう。

懐疑的な見方ではセスナ機に装備されている照明灯がポイントとなっている。実際のセスナ182Lと装備されている照明灯を【図3】に示す。

交信記録の中からバレンティッチが報告したUFOらしき物体の特徴を取り出すと〝4個の明るい着陸灯のような光〟〝長い形状をしている〟〝外壁全面に金属光沢がある〟〝緑色

※⑪ベルギーUFOフラップ　1989年11月から92年にかけて、ベルギー国内で多数の人がUFOを目撃した事件。UFOの写真も公開されたが、後にイタズラであったことが判明した。詳しくは『謎解き超常現象Ⅲ』（彩図社）を参照。

の光が一つ付いている〟である。

例えばバレンティッチが空間識失調に陥り反転状態になったとして、はたして海面に写る照明灯が４個の着陸灯のように見えるだろうか？　照明の色を無視すれば左右翼端航空灯（２個）＋着陸灯（１個、離着陸時以外にも点灯する時もある）＋尾部航空灯（衝突防止灯と合わせて１個と数えて）の４個で細長いダイヤモンド形に見える可能性はなきにしもあらずだ。ただ、専門家によればこの飛行機は**反転すると30秒以内にエンジンが止まる**そうだ。バレンティッチが４個の光を報告してからエンジン不調を訴えるまで５分以上ある。

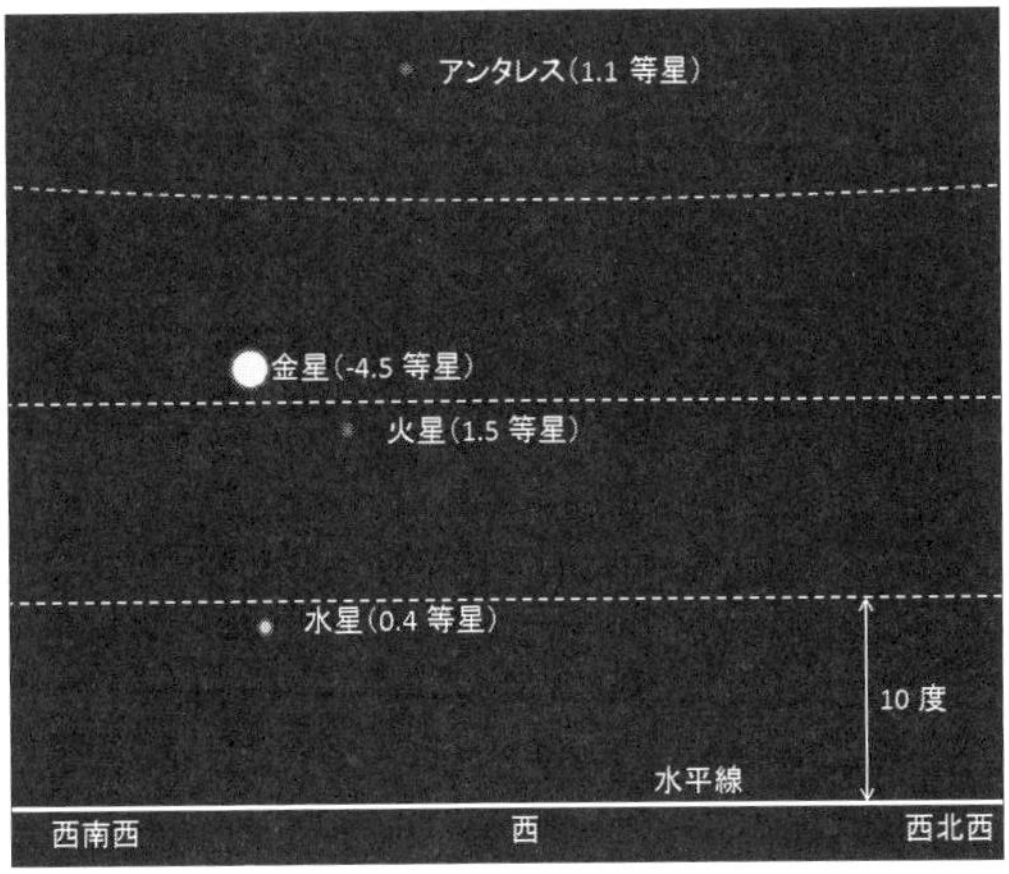

【図４】シミュレーションソフトで事件当日の午後７時６分頃の空を再現したもの。空の明るさは再現していない。

●ＵＦＯ研究家の見解②　４つ星仮説の疑問

現在では、１９７８年10月21日午後7時頃の事件現場の夜空は、天体パソコン・シミュレータで簡単に再現して仮説を検証することができる。シミュレーションソフト（ステラナビゲーター）[※⑫]で、交信記録の開始時刻午後7時6分14秒に現場近くから見えるバス海峡の夜空を【図４】に再現してみた。１・５等

※⑫ステラナビゲーター
アストロノーツ社が開発した、天体シミュレーションソフトウェア。過去から未来の星空をリアルに再現できる。

星より明るい星だけを表示した。

【図4】のように、明るい4個の星が確かに細長いダイヤモンド形に並んでいる。しかし、この頃の現場の日没は18時45分で、ソフトでUFO報告時の明るさを再現すると明るく見えるのは金星だけで、水星がかろうじて見える明るさ、**火星、アンタレスは見えない**。※⑬

アンタレスと火星は赤い星としてよく知られている。このような条件下で、果たして図4の明るい4個の星を着陸灯として見間違えるだろうか。さらにこの4個の星が作る細長い菱形を金属光沢のある物体と見間違えるものだろうか。

交信記録（19時8分18秒）に物体は真東から飛んできたというバレンティッチの通信がある。【図4】で4個の明るい星が見えるのは西の空だ。筆者にはジョー・ニッケルらの4つ星仮説は説得力が高いとは思えない。こうした疑念をはっきりさせるためには、できれば同じ星座が見える時期に、同じ場所、同じ時間に実際飛んでみるしか判定しようがないだろう。言い換えれば4つ星仮説はUFO研究では珍しい科学的検証が可能な仮説である。

●UFO研究家の見解③　緑色の光

物体に付いていた緑色の光については、地元のUFO研究家ポール・ノーマンが実際にアポロ・ベイに住む目撃者に直接インタビューをしている。

目撃者（複数）は飛行機の航空灯は見慣れていて、**目撃時すぐに航空灯とは違うと言っている**。また緑色の光の大きさは、左翼航空灯（赤色）と尾部航空灯（白色）との間隔のお

※⑬火星、アンタレスは見えない　シミュレーションソフトの明るさの再現精度は不明だが、地元に住むジョージ・シンプソンもこの時刻はまだ明るいと言っている。

よそ4倍の大きさだったと証言している。目撃者は赤色の左翼航空灯を目撃しているので、飛行機を左側から見た、すなわち飛行機は南から北に飛んでいたことになる。ということは目的地キング島を目指して南に向かって飛行していたバレンティッチは、ＵＦＯ遭遇後は旋回して北に向かった、ということになる。

●専門家の意見

米国で飛行教官の経験がある方に、事件の記事を読んでもらいプロの意見をうかがった。１５０時間の飛行時間ならほとんど初心者同然で、**薄暮の条件下で空間識失調に陥り墜落してもそれほど不思議ではない**、との意見だった。

●結論

筆者は文献資料でこの事件を調べたが、真相と思える仮説にたどりつけなかった。ＵＦＯ事件の調査では文献資料を調べても真相に近付けるとは限らない。その精度・信頼性がはっきりしないからである。

しかし、ジョー・ニッケルらが決定的原因と主張している「4つ星仮説」は、実際にセスナを飛ばして実地検証が可能である。事件は最近ＣＳディスカバリーチャンネル〝怪事件[※⑭]ファイル（The unexplained files）〟でも取り上げられた。残念ながら関係者のインタビューが主で、実際に現地でセスナを飛ばした実地検証はしていない。資金力のあるマスコミの

※⑭怪事件ファイル
超常現象を調査・検証する人気番組。バレンティッチ事件の回は「謎の飛行物体」と題して放送された。

今後の調査に期待しよう。

若い未熟なパイロットが海上夜間飛行で行方不明になり、交信記録に理解不可能な内容があったとき、パイロットが何らかの原因で混乱状態に陥り海に墜落した、と考えるのが普通で「飛行機ともどもＵＦＯに誘拐された」とは考えないことは確かである。懐疑的な研究者もＵＦＯ研究家も、**バレンティッチがバス海峡に墜落したことでは一致**しているようだ。

（加門正一）

■参考資料：
James Mcgaha and Joe Nickell, 〝The Valentich Disappearance: Another UFO Cold Case Solved〟, Skeptical Inquirer vol. 3, Issue 6 pp. 46-49 (2013).
Richard F. Haines and Paul Norman, 〝Valentich Disappearance: New Evidence and a New Conclusion〟, Journal of Scientific Exploration vol. 14, No. 1, pp.19-33 (2000)
Valentich disappearance:(http://en.wikipedia.org/wiki/Valentich_disappearance)
Jerome Clark, 〝The UFO encyclopedia Vol. 3〟, pp. 537-543 (1996)
「A Famous Unexplained UFO Case in World History (The abduction of Fred Valentich)」
(https://www.youtube.com/watch?v=jSDtJntmD7c)

22 レンドルシャムの森事件

【米兵がイギリスの森で墜落したUFOに遭遇?】

伝説

1980年12月26日午前3時頃、イギリスのサフォーク州※①レンドルシャムの森にあるウッドブリッジ空軍基地の警備兵は、輝く物体が基地東方に広がる森の中に落ちて行くのを見た。捜索のため森に入った3人の兵士は、強い光を発する、三角形をした金属製の物体を目撃した。翌日森を捜索すると、物体が着陸していたと思われるあたりに、ほぼ三角形に並んだ3つのくぼみが発見された。28日には基地副司令官のチャールズ・ホルト中佐（当時）が自ら森に入って調査を行い、やはり光を発する奇妙な物体を目撃した。

30日には、直径15メートルほどの金属製のＵＦＯが森に飛来した。驚くべきことに、その着陸現場には基地総司令官であるゴードン・ウィリアムズ大佐がおり、物体から出現した3体の異星人とその場で会見した。その模様は現場に集まっていた２００人のアメリカ軍兵士が目撃し、彼らが見守る中、修理を終えたＵＦＯは飛び去っていった。

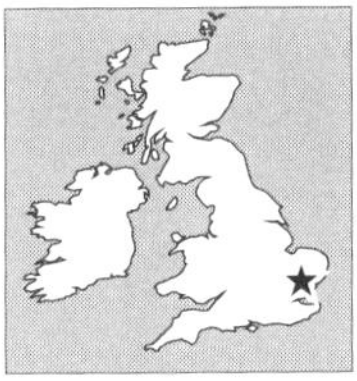

サフォーク州

※①サフォーク州
ブリテン島東部の行政州。埼玉県とほぼ同じ面積に、約67万人が暮らす。州都はイプスウィッチ。

真相

レンドルシャムの森事件は「イギリス版ロズウェル事件」とも呼ばれ、未解決のUFO事件の一つとされる。アメリカ空軍の基地司令官が、UFOから出てきた異星人と会見したというのが本当なら大変なことだ。同じ年の12月29日には、アメリカのテキサス州でキャッシュ・ランドラム事件[※②]が発生していることから、この2つの事件を関連付ける者もいる。

事件については、実際に森を捜索したホルト中佐や兵士たち、さらに他の自称目撃者たちから多くの証言が得られているが、その内容には矛盾点が多く、非常に混乱している。事件そのものが30年以上も前のことで、しかも遠いイギリスの森で発生していることから、すべての謎を解明するのも難しい作業であるが、海外でのその後の研究報告から推定すると、**謎の光の正体はほぼ特定**されている。

事件そのものについて述べる前に、レンドルシャムの森と、この事件に登場する2つの空軍基地の関係について触れておこう。

●レンドルシャムの森と2つの空軍基地

レンドルシャムの森は、イギリス東部サフォーク州の州都イプスウィッチの東方約13キロにある、総面積[※③]15平方キロほどの森で、イギリス森林管理局の管理下にある。

この森の西方からほぼ中央にかけて分断するように食い込んでいるのが、第二次世界大戦

※②キャッシュ・ランドラム事件　1980年12月29日、アメリカのテキサス州ハフマン付近で、食糧品雑貨店とレストランを経営するベティ・キャッシュ、従業員のビッキー・ランドラムとその孫コルビー・ランドラム3人が、ひし形の輝くUFOに遭遇し、放射線障害に似た深刻な健康被害を負った事件。

※③総面積15平方キロ　現在の森は、最大幅が東西、南北とも5キロ程度のいびつな形をしているが、1987年の暴風で大規模な被害を受けたため、森の状況は1980年の事件当時とは大幅に異なっているという。

中に建設されたウッドブリッジ空軍基地と付属の滑走路である。さらに森の北方には、ベントウォーターズ空軍基地というもう一つの基地がある。二つの空軍基地は、ＮＡＴＯ[※④]の枠組みの中で１９５２年からアメリカ空軍に貸し出されており、１９８０年当時もアメリカ軍の専用基地となっていた。そして当時、基地には密かに核兵器も配備されていたと言われている。

ウッドブリッジ空軍基地はベントウォーターズ空軍基地に従属しているが、それぞれ別個の司令官がおり、事件当時のウッドブリッジ基地司令官はテッド・コンラッド大佐、ベントウォーターズ基地司令官がドナルド・モアランド大佐、そして双方の基地をたばねる総司令官がゴードン・ウィリアムズ大佐だった。28日に現地調査を行ったチャールズ・ホルト中佐は、ウッドブリッジ基地の副司令官だった。

事件の舞台になったレンドルシャムの森（© Simon Leatherdale）

●〝事件〟の第一発見者

レンドルシャムの森で、アメリカ軍兵士を巻き込んだＵＦＯ事件が起きたことを最初に聞き込んだのは、森の近くにあるレイストン在住のＵＦＯ研究家

※④ＮＡＴＯ
北大西洋条約機構。ソビエト連邦を中心とする共産圏に対抗するために、アメリカや西ヨーロッパ諸国の間で１９４９年に結ばれた多国間軍事同盟のこと。

ブレンダ・バトラー※⑤だった。バトラーは、1975年以来ウッドブリッジ基地で働いていたアメリカ兵スティーヴ・ロバーツ（仮名）から、1981年1月2日にこの話を聞いた。このときロバーツは6日前、つまり1980年12月27日にUFOが森に降下し、基地司令官が小さな生物と会見したと語った。彼によれば異星人は3体おり、身長は3フィート2インチ（約96センチ）くらい、銀のつなぎを着ていて、どれも同じように見えた。彼らはUFOから出てきて、ウィリアムズ基地総司令官と時折手話を交えながらテレパシーで会話し、乗り物を修理して飛び去ったという。

同じ頃、イギリスUFO研究協会※⑥のジェニー・ランドルズも、友人のポール・ベックから奇妙な話を聞いた。話によると1980年12月27日、ワットン・レーダー基地で海岸から陸地へ向かい、レンドルシャムの森付近で消えた謎のターゲットを確認した。その数日後アメリカ軍の情報部員が来て当夜のレーダー記録の提出を求めた。係員が理由を聞くと、彼らは当夜UFOらしきものが森に落ち、地上の物体を異星人が修理していたこと、ゴードン・ウィリアムズと思われる高官が森に行ったというストーリーを語ったというのだ。

その後、バトラーと地元に住むUFO研究家のドット・ストリート、そしてランドルズの3人は共同で調査を進め、ゴードン・ウィリアムズ総司令官やチャールズ・ホルト中佐をはじめ、軍高官を含む事件関係者と面会し、新たな目撃者を探索するなど調査を続けた。その概要は3人の共著『SKY CRASH』※⑦に詳しいが、調査を進める過程で彼女たちは、事件の奇妙な側面に気付いた。UFO事件にはありがちなことだが、**新しい目撃証言が現れる**

※⑤ブレンダ・バトラー　ロバーツの話を聞いた直後から、バトラーは事件に関連する他の目撃報告を集めようとした。いくつか追加的な情報が得られたが、どれもロバーツの証言ほど具体的な内容ではなく、事件の日付も一定していなかった。そこでバトラーは、2月になって地元に住むもう1人のUFO研究家ドット・ストリートに協力を求め、2人で調査を続けることにした。

※⑥イギリスUFO研究協会　1964年に設立されたイギリスの民間UFO研究団体。略称はBUFORAで、会員は約1000名。おもにブリテン諸島で発生したUFO事件の調査を行っている。

※⑦『SKY CRASH』　邦訳は頼秀樹（矢追純一）

度に内容の齟齬も拡大していったのだ。それに、アメリカの情報部員がワットンのレーダー捜査員に特に口止めすることなくウィリアムズ総司令官のコンタクト[※⑧]・ストーリーを話しているなど、本来重大機密であってしかるべき内容が、大勢の兵士の口から語られているのも奇妙だった。そこで3人は著書の中で、核兵器に関連する何らかの事故を隠蔽するため、**アメリカ軍が意図的にコンタクト・ストーリーを広めた可能性**も示唆している。

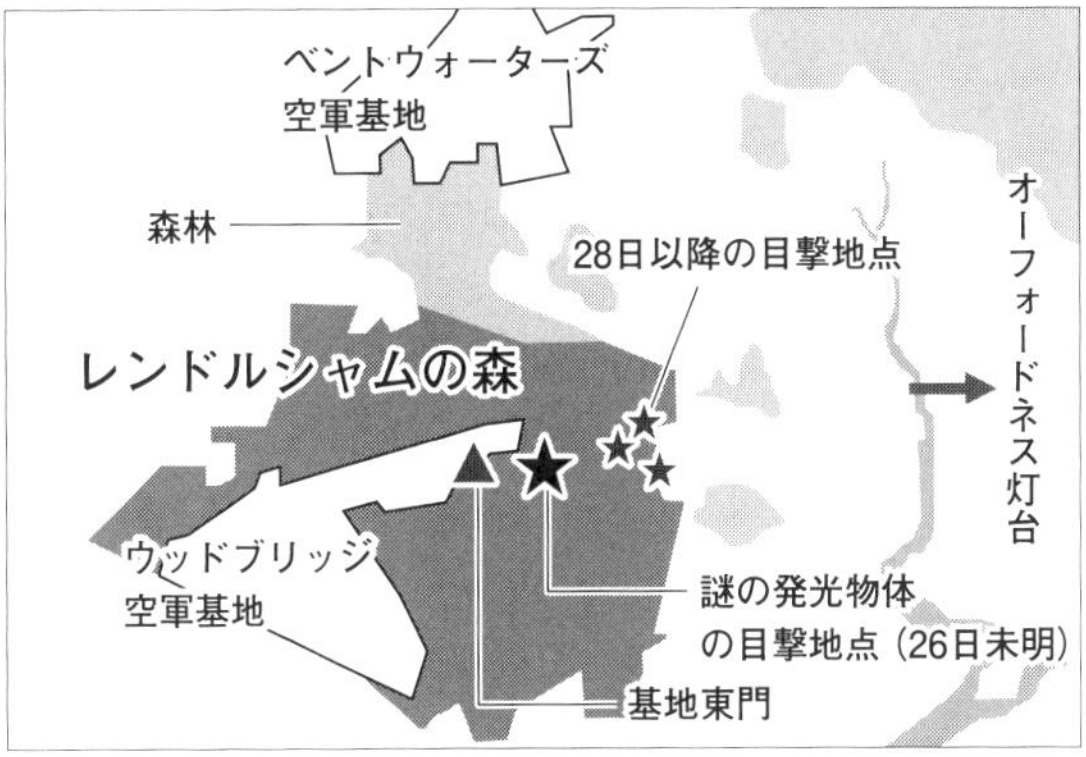

レンドルシャムの森と空軍基地、発光物体の目撃地帯の位置関係

●警備兵やホルト中佐の証言記録

3人も認めているとおり、ウィリアムズ総司令官がUFOから出てきた異星人と話したことを裏付ける物的証拠は一切なく、こうしたストーリーは自称目撃者の証言からのみ得られている。事件については、ホルト中佐や、最初に森に調査に入った警備兵など何人かの報告書、現場を調査したホルト中佐の肉声入りテープ、地元ウッドブリッジ警察の記録などが残されているが、こうした資料には、**基地司令官のコンタクト・ストーリーは一切登場しない**。これらの資料に基づく限り、事件の概要は次のような

『第四の遭遇』（二見書房、1984年と1989年に『謎のHALT文書』として再刊）だが、内容はかなりの「超訳」となっている。

※⑧コンタクト
何かと接触すること。UFOの分野では、異星人との接触という意味で使われることが多い。

ものだ。

12月26日午前3時頃、基地のゲートで警備にあたっていたバッド・スティーヴンス三等軍曹は、空から森に何か光るものが落ちるのを見た。一緒にいたジョン・バロウズ一等兵は、スティーヴンスに促される形で、森の中に怪しい光を見つけた。そこへジム・ペニストン※⑨軍曹とエド・カヴァンサグ一等兵が到着した。

航空機が墜落した恐れがあると主張したのはこのペニストン軍曹で、バロウズ一等兵及びカヴァンサグ一等兵と一緒に森の中に捜索※⑩に向かった。真冬の道路は完全に凍結してでこぼこだったので、３人はすぐに車から降りて歩き始めた。そして森の中で、彼らは間隔を置いて強い光を発する三角形の物体を見た。ただし、この物体を見たと述べているのはペニストンとバロウズのみで、しかもペニストンだけが、実際にＵＦＯに触れたと述べている。つまり、３人は行動をともにしていたはずなのに、その証言には食い違いがあるのだ。

朝になってあらためて森の中が捜索されると、物体が着陸していたと思われるあたりで、ほぼ三角形に並んだくぼみが発見され、周辺の樹木には傷が付いていた。

翌27日の夜にも不思議な光が目撃されたため、日付が変わった頃ホルト中佐自らが森の探索を行った。このとき、ホルト中佐本人も、樹木の間に「**太陽に似た赤い光**」を目撃したが、それは突然分裂して消えてしまった。そのほかにも彼は、星のような物体を３つ目撃したと述べている。

※⑨ジム・ペニストン軍曹
この４人の中ではペニストン軍曹が一番階級が上だが、彼は６ヶ月前に着任したばかりだった。

※⑩森の中の捜索
基地を一歩でも出るとイギリスの法律が適用されるため、彼らは武器を携行しなかった。

S OF THE WORLD
BRITAIN'S BIGGEST SELLING SUNDAY NEWSPAPER
No. 7,291
PLUS Sun day
STILL ONLY 25p BEST VALUE FOR MONEY

● Colonel's top secret report tells the facts
● Mystery craft in exploding wall of colour
● Animals flee from strange glowing object

UFO LANDS IN SUFFOLK

And that's OFFICIAL

A UFO has landed in Britain—and that staggering fact has been officially confirmed.

Despite a massive cover-up, News of the World investigators have proof that the mysterious craft came to earth in a red ball of light at 3 a.m. on December 27, 1980.

It happened in a pine forest called Tangham Wood just half a mile from the United States Air Force base at RAF Woodbridge, in Suffolk.

NEWS OF THE WORLD INVESTIGATES

EVIDENCE

事件を報じるガーディアン紙（1985年1月5日）

●**兵士たちが見た光の正体**

では、彼らが見た光の正体は何だったのだろう。

まず、最初にスティーヴンス三等軍曹が空に見た光は、**火球**※⑪だったと思われる。26日未明にはイギリス東部で3つの火球が目撃されており、その最大のものが目撃されたのがちょうど午前3時頃であった。事件前日25日の午後9時には、旧ソ連のスパイ衛星コスモスの打ち上げ用ロケットが大気圏に突入しているので、火球もロケットの破片ではないかとの見解もあるが、このあたりは確定できない。

バロウズ一等兵はこの時の光は見ていないが、スティーヴンスの話を聞いて森を見ると、怪しい光が見えたという。火球はすぐに消えたと思われるから、この時点でバロウズは別の光源を見たものと思われる。そしてペニストン軍曹やカヴァンサグ、そして翌日の兵士たちやホルト中佐も、この別の光源とほぼ同じ光を見ている。彼らの証言によればこれは、東方の森の樹木の間にあり、定期的に点滅を繰り返していたと言う。

この光の源を求めて森に分け入った者たち

※⑪火球
流星のうち、とくに明るいもの。一般的にはマイナス4等級よりも明るい流星を指す。

火球

が、それぞれに奇妙な体験をしているのだが、ここには一つ、非常に奇妙な点がある。じつはウッドブリッジ基地東方10キロほどのところには**オーフォードネス灯台**がある。その光は基地からもはっきり見えるはずなのだが、彼らの報告には一切その記述がない。不思議な光を見たと主張する者たちはいずれも、**一緒に見えるはずの灯台の光を認識していない**のだ。

基地のある辺りは海岸より少し高くなっているから、灯台の光は地面より少しばかり上に見える。つまり、基地東方にあって地面より少し高い位置で点滅する強い光という特徴は、**すべて灯台の特徴と一致**するのだ。

オーフォードネスの灯台（©David Merrett）

じつは、森に入った3人の兵士は、その直後に報告書を提出している。そしてカヴァンサグとバロウズはこの報告書の中で、森を抜けたとき、**自分たちが見ていたのは灯台だとわかったと報告**[※⑫]しているのだ。

こうなると、最初の夜目撃されたのは火球と灯台の光であり、ホルト中佐一行が目撃したのも灯台の光と考えるのがもっとも合理的だろう。最初に事件を広めた3人の1人ジェ

※⑫灯台だとわかったと報告している
ただしバロウズ一等兵は後にこの証言を覆している。この点については、軍内の報告書では真実が語れなかったとする説と、後年の証言は記憶の混乱によるものとの説がある。

ニー・ランドルズも、２０００年に出版した『the UFOs never were（存在しなかったＵＦＯ）』で、兵士たちが見たのは灯台としか思えないと述べている。

●三角形のくぼみはうさぎが跳ねた跡？

26日の朝に発見された樹木の傷や地面のくぼみについては、地元のウッドブリッジ警察の警官が26日に調査を行っている。しかし警官たちの目には、木の傷は**次回伐採するための目印**であり、地面のくぼみは**うさぎが跳ねた跡**にしか思えなかったという。

またＵＦＯとの遭遇をもっとも強く主張したペニストン軍曹自身、くぼみが見つかった場所は自分が見た物体の着陸場所とは異なると述べている。ということは、くぼみはＵＦＯとは関係なくできたもので、それが偶然三角形に近い形になったということだろう。ホルト中佐はまた報告書の中で、くぼみのあたりで最高0・1ミリレントゲン※⑬のベータ／ガンマ線が測定されたということだが、これは**自然界でも充分ありうる数値**である。

要は、ＵＦＯ着陸を含め、**何らかの異常な現象が起きたことを示す証拠は一切ない**。なぜペニストン軍曹が謎の物体に触れたと思ったのかは推定するしかないが、３人は森で、一瞬光を見失い、次の瞬間正面から照らされて地面に伏せたと証言している。このときペニストン軍曹が一種の変成意識状態に陥った可能性もあるだろう。

27日になると、３人が奇妙なものを見たという噂は基地内に広く広まっていたようで、実際に森にＵＦＯ探索にでかけた兵士たちもかなりいたようだ。単調な基地の生活の中で、

※⑬レントゲン　照射線量を示す単位で記号は「Ｒ」。放射線によってイオン化された空気中の原子の電荷により測定されるが、現在ではあまり使用されない。自然状態でも高い場合には1ミリレントゲンに達することがある。

こうした珍しい話題に尾ひれがついて広まることは充分考えられる。こうした兵士たちも森に謎の光を見たことで、ホルト中佐自ら調査に乗り出すわけだが、全員が灯台の光を見間違えたとすれば、事件は**一種の集団パニック事例**として捉えるべきかもしれない。

他にホルト中佐は、謎の光が分裂して消えたとか、上空の光点から基地に向かって光線が発せられたなどと報告している。こうした諸点については推測するしかないが、ジェニー・ランドルスは、光が分散して消えたのは一種の屈折による錯覚であり、光点については星、そして光線については、自主的に基地でＵＦＯ観測を行っていた兵士たちが、それらしき光点に地上からサーチライトをあてた可能性を示唆している。

ただし、ホルト中佐やペニストン軍曹、バロウズ一等兵などは、退役後さまざまな機会に会見に応じ、自分たちが見たのは灯台などではないと主張し続けている。

（羽仁礼）

■参考資料：

Brenda Butler, Dot Street, Jenny Randles『SKY CRASH』(Neville Spearman Limited)

Jenny Randles, Andy Roberts, David Clarke『UFOs That Never Were』(London House)

David Clarke『The UFO Files』（The National Archives）

第四章　未知なる怪生物「UMA事件」の真相……

23 モンゴリアン・デスワーム

【中央アジアの砂漠に潜む恐怖の猛毒生物】

伝説

中央アジア、ゴビ※①砂漠南部の中国との国境付近に恐るべき怪物の噂がある。猛毒をまき散らし、触れただけで人間を死に至らしめる死のミミズ「モンゴリアン・デスワーム」である。モンゴリアン・デスワームは全長こそ50センチ〜1メートル50センチ未満と小さいが、強烈な猛毒を持ち何人もの命を奪っているという。また、強烈な電撃を放つ能力もあり、これで敵を攻撃するとも言われている。普段は荒れ地に巣穴を掘って潜んでいるが、雨期である6〜7月には活動が活発化し、近づいてきた生き物は人だろうがラクダだろうが手当り次第に襲い始めるという。その細長く赤黒い体が牛の腸に見えることから、現地では腸虫を意味するオルゴイ・コルコイと呼ばれているという。

科学界でも実在は確実視され、動物学者のイワン・マッカール氏も詳細な調査を行った。まさに科学界も認めたUMAと言えるだろう。

※①ゴビ砂漠　総面積約130万平方キロの巨大な砂漠。中国の内モンゴル自治区からモンゴルにかけて広がる。世界第3位の広さがある。

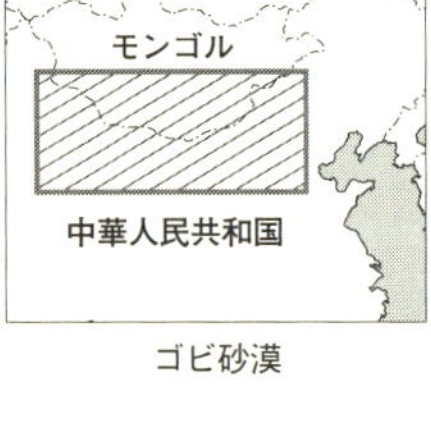

ゴビ砂漠

真相……

モンゴリアン・デスワームについては、**実在の証拠となるような物は何一つ見つかっていない**のが現実である。

UMAの常として、証拠と称する怪しげな画像がネット上に出回ることもあるが、モンゴリアン・デスワームの画像として出回っている物の中には、出所がはっきりしている物もある。例えば怪物の（もちろん偽物の）剥製の製作を手がける日系人アーティスト、ヤマダ・タケシ氏[※②]の作品「モンゴリアン・デスワーム」が本物として紹介される事がよくある。また、どう見てもヤツメウナギの干物に細工をしたとしか思えないものもあり、有り体に言って、証拠としてはろくなものがない。

「動物学者のイワン・マッカールも調査に乗り出した」と、あたかも正統な科学がモンゴリアン・デスワームを認めたかのような文脈で解説される場合も

モンゴリアン・デスワームの想像図（©Pieter Dirkx）

※②ヤマダ・タケシ
1960年生まれ、大阪府出身のアーティスト。様々な生物の部位を組み合わせた精巧な未確認生物の剥製を発表している。

荒涼とした光景が広がるゴビ砂漠（©Hons084）

あるが、イワン・マッカール氏はオカルト誌にＵＦＯや未確認生物など超常現象の記事を寄稿する**超常現象研究家**であり、モンゴリアン・デスワームの調査に乗り出すのも、別に革新的な出来事というわけではない。もちろん、だからといって即座に調査の内容にケチがつくわけではないが、いずれにせよマッカール氏はなんら物証を得られなかった。２００５年には未確認動物研究家でジャーナリストのリチャード・フリーマン氏による調査が行われたが、やはり物証は得られなかった。

　モンゴリアン・デスワームは、一説によれば地熱の高い谷の砂地、「Goyo」と呼ばれる毒草の近くに生息し、その毒素を吸収しているのだと言う。

「Goyo」とは、どうやら薬用植物の**オシャグジタケ**[※③]のことのようだ。オシャグジタケは中央アジアの乾燥地帯に分布する植物で、他の植物の根に寄生して成長する寄生植物である。一応薬効成分があり、漢方薬の原料として使われているが、モンゴリアン・デスワームのように、触っただけで死ぬような強烈な毒性があるわけではない。もちろん宿主の植物にもそれほど強烈な毒性はない。

※③オシャグジタケ
地中海海域や中央アジア、モンゴルなどに分布する寄生植物。光合成はせず、他の植物の根に寄生して養分を摂る。ヨーロッパや中東、中国などで古くから薬草として使用されてきた。

©Hans Hillewaert

電撃に関しては、電気を通しにくい土や砂を通して敵を攻撃するのは難しく、これについてはイワン・マッカール氏も話に尾ひれがついた物として疑問視していたようだ。

●モンゴリアン・デスワームにある設定上の無理

モンゴリアン・デスワームは正体不明の生き物の割に、いやに生態がくわしく知られているのも不思議だが、そこまでわかっていて発見できないのも不思議である。「調査に乗り出した」という話はいくつも聞くが、いまひとつ胸躍るような調査結果を聞くことができないのは実に残念である。もしモンゴリアン・デスワームが報告されているような大型地底生物であれば、その痕跡くらい発見されてもよさそうなものだ。

というのも、まず土を高速で掘り進む生物というものは、現在報告されている動物の中では一種もいない。地中を素早く移動できる動物といえばまずモグラが思い浮かぶが、モグラは既に掘ってある巣穴の中を走り回っているだけで、走るのと同じ速さで土を掘り進めるわけではない。これは他の地中生物でも同じことである。自分で巣穴を掘り進む種や、他の生物が掘った巣穴を利用する種など様々に存在するが、**土を掘るのは大変な肉体労働**であり、長距離を泳ぐように土を掘り進む生物など存在しない※④。映画『砂の惑星』のサンドワームや『トレマーズ』のグラボイズのような、SFにでてくる地中生物のようなわけにはいかないのだ。

従って、モンゴリアン・デスワームに襲われたという人がいた場合、必ずそこには巣穴

※④長距離を泳ぐように土を掘り進む生物など存在しない
砂に潜るという能力に限定すれば、サンドフィッシュがいる。サンドフィッシュは北アフリカや中東などの砂漠地帯に生息するトカゲの仲間で、砂の中に潜って泳ぐように進むことができる。があくまで砂の中が限界で、土を掘り進めるわけではない。

©Wilfried Berns

があるはずで、巣穴[※⑤]の位置がわかればずいぶんましな調査ができるはずだ。

　また、ゴビ砂漠周辺にはマムシの仲間が生息している事も指摘しておかなければならない。日本に生息しているニホンマムシは西アジアから東アジアにかけて広く生息しているマムシの仲間の内、東端に分布する種類で、中国からモンゴル周辺にもゴビピットバイパーなどマムシの仲間が生息している。これらは全長70〜80センチ前後で、当然ながら毒を持つ。すべてがマムシで説明できるとは考えにくいが、これらの**マムシの被害がモンゴリアン・デスワームの目撃談に組み入れられた**可能性も考慮すべきだろう。

　私個人としては、（被害は別として）荒涼とした砂漠に未知の怪獣が潜んでいてほしいと思っているのだが、モンゴリアン・デスワームに関しては「襲われて死んだ人がいると証言している人がいる」といった状況からどうしても先に進まず、画像にもろくな物がなく、もちろん物証もない。

　一部では、存在が確実であるかのように喧伝されるモンゴリアン・デスワームだが客観的に見た場合、現在のところ何の証拠も出そろっていないと言わざるを得ないのである。


（横山雅司）

■**参考資料：**
並木伸一郎『世界怪奇事件ファイル』（学習研究社、２００５年）
「Takeshi Yamada 公式サイト」（http://takeshiyamada.weebly.com/）

※⑤巣穴の位置がわかれば　巣穴に隠れる生態を持つ動物の調査は、世界中で行われている。モンゴリアン・デスワームのような論文の書きがいのありそうな怪物が実在する可能性がそれほど高いというなら、動物学者たちが放っておかないだろう。

24 【イギリスで相次いで目撃される黒い巨獣】エイリアン・ビッグキャット

伝説……

1960年代頃からイギリス全域を恐怖に陥れている恐るべき肉食UMAが存在する。その名を※①エイリアン・ビッグキャットという。体長は推定1メートル超、体重も70キロ近いという怪物で、現在までに数千件ともいわれる凄まじい目撃件数を記録している。

1993年から1995年には、その姿を捉えた写真がイギリスの新聞で報道され、1998年には防犯カメラに偶然写り込んだ映像が公開されている。2000年には11歳の少年ジョッシュ・ホプキンスが突然現れた「真っ黒い巨大な猫」に頬を引っ掻かれ軽症を負う事件も起きている。

イギリスにはこのような大型のネコ科動物は生息しておらず、その正体はわからない。

しかし、あまりにも目撃情報や写真、映像など物的証拠が多く、存在することは間違いない。同じような正体不明の巨大な猫はイギリス以外にも他のヨーロッパの国やオースト

※①エイリアン・ビッグキャット　「エイリアン」といっても異星人というわけではなく、「外からきた巨大猫」の意味。その他では、「ファントムキャット（亡霊猫）」や「フェン・タイガー（沼地のトラ）」といった呼び名もある。

2009年にスコットランド西部のアーガイルで警察官のクリス・スワローが撮影したエイリアン・ビッグキャット（※②）

ラリアからも報告されており、未知生物であるという説の他、遺伝子操作で作られた動物だという説や、元の生息地からテレポートしてきたという説もあるのだ。

真相

そもそも、エイリアン・ビッグキャットなどという仰々しい名前がついているものの、本来イギリスにはいないはず、という点を除けば**単なる大型のネコ科動物**である。

たしかにイギリスには大型の野生ネコは棲息していない。ヨーロッパ全体では北欧からロシアにかけてヨーロッパオオヤマネコが生息しているが、イギリスには分布していない。

しかし、物流が盛んになった現代においては、個人が外国の動物を手に入れるのもそれほど困難ではなくなった。

実際、サーバル※③やカラカル※④などの中型で比較的扱いやすい野生ネコは、ペット用に繁殖す

※②画像の出典
BBCのサイト（http://news.bbc.co.uk/2/hi/uk_news/scotland/glasgow_and_west/8172064.stm）より引用。

※③サーバル
アフリカ大陸のサハラ砂漠以南に生息。美しい毛皮と大きな耳が特徴。体長は大きなもので1メートルにもなる（体重は最大で18キロ程度）。ペットとしても人気だが非常に高価で100万円以上で取引される。飼育には危険動物飼育の免許や専用設備が必要。

ヒョウの突然変異体であるクロヒョウ（©Anton_Ivanov ／ Shatterstock）

るブリーダーまで存在するほどで、いささか高価だが購入することは可能である。**トラまでがペット用に売られる**ことがあり、自分の飼育能力を超えた猛獣を購入したばかりに持て余して、虐待ともいえる劣悪な環境に押し込めて飼育するという問題も起きているようだ。

オーストラリアで目撃された個体については、アメリカに駐屯していたオーストラリア軍の部隊が、アメリカで入手して部隊のマスコットとして飼育していたピューマを逃がした、という説もある。この説に関しては裏は取れていないが、この程度のことで容易に「生み出される」UMAなのも確かだろう。

　エイリアン・ビッグキャットの画像とされるものもいくつかあるが、ヨーロッパオオヤマネコに見えるものやクロヒョウに見えるものなど様々で、それらの画像がじっさいに現場で撮影された本物だと仮定すれば、**「野良猫」と化した大型捨て猫が銘々勝手に暴れている**ことになり、複数存在するのだから各地に出没するのも当然である。

　実はイギリスでは、昔から大型ネコ科動物が飼育されては逃げ出すという事件が何件も起きているの

カラカル

※④カラカル
アフリカ大陸や南アジア、アフガニスタン、イランなどに生息。体毛は短く、赤褐色。三角形の特徴的な耳の先端には黒い毛が生える。非常に俊敏で、驚異的な跳躍力がある。体長は最大で90センチ程度。

サーバル

イギリス・ウエストサセックス州の森に設置されたエイリアン・ビッグキャットの情報を求める張り紙（©Midnightblueowl）

である。

1903年にはイギリス南西部のデボン州でカナダオオヤマネコが射殺され、標本が博物館に保管されている。近年になってこの標本を調査したところ、歯に加工された肉を日常的に食べていたと思われる痕跡があり、**誰かに飼育されていた**のかもしれない、という説が提唱されている。

1980年にはスコットランドのインバネス近くで生きたピューマ※⑤が捕獲され、動物園に保護された。このピューマは人慣れしており、ほぼ間違いなく飼育個体だったと見られている。他にも似たようなケースがいくつもあるようで、大型ネコ科動物を手に入れては持て余して逃がすなり捨ててしまう不届き者がいつの時代にもいる、ということだろうか。ここまでくるとUMAというより社会的な問題という気もしてくる。イギリスでも危険な猛獣を好き勝手に輸入して捨てられてはかなわないので、1976年から危険野生動物法により大型動物や肉食獣、猛毒の爬虫類やサソリやクモ類の飼育をする際は地方自治体の許可を取る必要がある。もっとも、完璧に法が機能していればピューマが

※⑤生きたピューマが捕獲　動物園で保護されたピューマは死後、剥製にされ、インバネス博物館に展示されている。左はその写真。

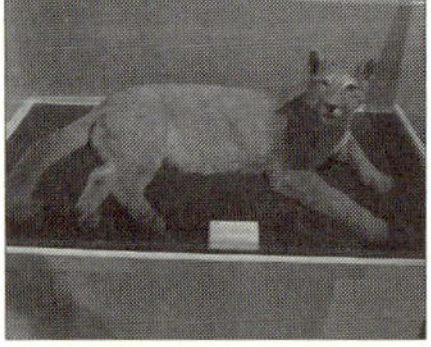

©QuintusPetillius

動物園に保護されたりはしないのだろうが。この辺りは日本での危険動物[※⑥]（特定動物）の飼育規定とさほど変わらない。

逆に言えば日本でペット用に持ち込まれたアメリカ産のワニガメが発見されるのも「エイリアン・アリゲーター・スナッピング・タートル」と言えなくもない。

もちろんまったく未知のネコ科動物であるとか、そういった話の方が夢があるが、現状ではそのように考えなければならない動機すらも存在しない。いまある証拠をふつうに検討すれば、その帰結として出てくる**エイリアン・ビッグキャットの正体は「野良猫」**である。人間が捨てたものであるので「野生ネコ」ですらない。ずいぶん巨大な野良猫ではあるが。

（横山雅司）

■参考資料：
『未確認動物ＵＭＡの謎と真実』（学研、２００６年）
英国政府公式サイト「legislation.gov.uk」（http://www.legislation.gov.uk/）
「Policeman takes 'big cat' video」（ＢＢＣのサイト）
（http://news.bbc.co.uk/2/hi/uk_news/scotland/glasgow_and_west/8172064.stm）

※⑥危険動物（特定動物）の飼育規定
特定動物とは、動物愛護法に基づき、人の生命や身体、財産に危害を加えるおそれのあると政令で定められた動物のこと。トラやタカ、ドクトカゲなど、約６５０種類が定められている。飼育するには逃走などを防ぐ一定の基準を満たした飼育施設を確保し、都道府県知事や政令市長の許可を得る必要がある。

25 メテペック・モンスター

【メキシコに現れた正体不明の謎の生物】

伝説……

２００７年５月、メキシコのメテペックにある鳥類研究所で、研究用に飼育されていた鳥が何者かに襲われる事件が多発していた。所長のマリオ・ロペスは次のように語る。

「鳥が殺されて食べられていたんだ。頭にきて罠を仕掛けたら、あれがかかってたんだよ※①」

当初はネズミの仕業だと思っていたロペスだが、罠を仕掛けてみたら思わぬ生物が捕まって驚いたという。その生物は大きな目に、とがったアゴを持ち、体長は10センチほど。それまで誰も見たことがない奇妙な外見から、メテペック・モンスターと名付けられた。

このモンスターは捕獲後、２度、水につけて殺そうとしたものの、なかなか死なず、３度目でようやく死んだという。このことから未知の水陸両棲生物だと考える者もいる。いわゆるグレイ・タイプの宇宙人にも見えるため、宇宙人の子どもではないかと考える者もいる。

ところが、モンスターの正体もはっきりしない中、渦中のマリオ・ロペスが何者かに射

※①発言の出典
「ビートたけしの超常現象㊙Xファイル」（テレビ朝日、２００８年12月30日放送）より。

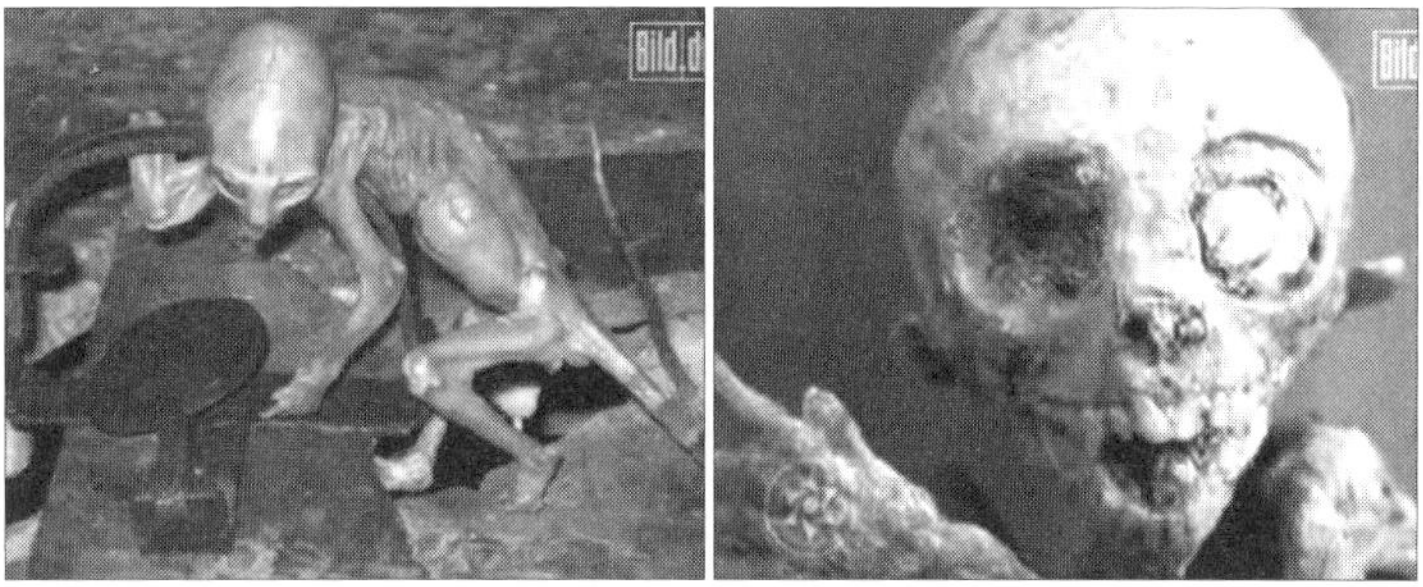

【左】罠で捕獲時のメテペック・モンスターとされる写真
【右】剥製になったメテペック・モンスター（※②）

殺されるという事件が起きた。警察によると犯人の目星はまったくついておらず、なぜ彼が殺されたのか皆目見当がつかないという。

しかしメキシコのＵＦＯ研究家で、メテペック・モンスターについても詳しく取材していたハイメ・マウサン※③によれば、ロペスの死には裏があるという。宇宙生物を必要とする組織か、子どもを殺された宇宙人が復讐のために彼を殺した可能性が考えられるというのだ。

２００９年にはメテペック・モンスターのＤＮＡ鑑定が実施され、「地球上の生物と同じＤＮＡはない」という結果が出た。メテペック・モンスターが未知の宇宙由来の生物であった可能性は高いのである。

真相

このメテペック・モンスターはマウサンが関わったことにより、メキシコ国内にとどまらず、世界各国で知られることになった。日本では、「ビートたけしの超常現象（秘）

※②画像の出典
両写真ともに「'Alien baby' stu-mps experts - is it just an elaborate hoax?」『Bild』(http://www.bild.de/news/bild-english/news/bizarre-creature-found-in-mexico-stumps-experts-9516518.bild.html)より。

※③ハイメ・マウサン
メキシコのＵＦＯ研究家、テレビ司会者。メキシコの有名なＵＦＯ事件には必ず関わっていると言っていいほど、いろいろな事件に顔を出す人物。彼がテレビで取り上げることで広く知られる事件も多く、メキシコでＵＦＯや超常現象の話題が尽きないのも、彼の影響力が大きい。

自作の剥製と写るルイス（※④）

Xファイル」で3度取り上げられ、ヨーロッパでは世界有数のタブロイド新聞『ビルト』でも取り上げられている。読者の皆さんの中にも、写真を見たことがある、という方はおられるかもしれない。

筆者（本城）が、メテペック・モンスターの写真を初めて見たときの感想は、**「作り物っぽい」**だった。いわゆる人魚のミイラのような不自然さを感じたのだった。

しかしよく調べてみると、組み合わせのキメラではなく、ゼロから作ったものでもないことがわかった。正体は、**リスザルの標本**だという。

これはメテペック・モンスターの第一発見者とされているエンジェル・パラシオス・ヌニェスが告白したことだ。彼は鳥類研究所で獣医の助手をしていたことになっていたが、実際はロペスの甥で、**剥製師**だった。本名もウルソ・モレノ・ルイスといい、メテペック・モンスターは[※⑤]**イタズラ目的で作った作品だったと告白**している。ルイスによれば、リスザルの死体の皮を剥ぎ、耳を取り外したものがあのメテペック・モンスターの正体なのだという。確かに[※⑥]リスザルの骨格と比べてみると、大きな目に、とがっ

※④画像の出典
Alejandro Franz「FRAUDE MAUSSAN MONO ARDIL-LA-SQUIRREL MONKEY」ALCIONE（http://www.alcione.org/FRAUDES/SER_METEPEC/）より。

※⑤イタズラ目的で作った作品だったと告白
ルイスが告白する以前、リスザルなどの小型のサルだという指摘は海外の専門家の間で当初からあった。

※⑥リスザルの骨格
リスザルの頭蓋骨の写真。James Rossie「Saimiri sciureus, Squirrel Monkey」Digimorph（http://digimorph.org/specimens/Saimiri_sciureus/336983/）より。

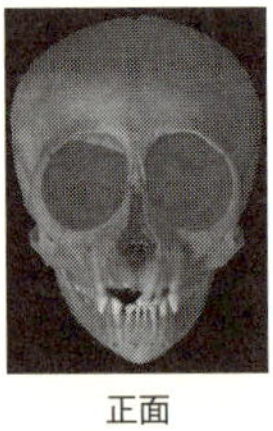

正面

たアゴと、その特徴はよく似ている。

それではDNA鑑定の結果と、ロペスの死はどうか。まず鑑定の方は、2009年7月11日に放送された「ビートたけし禁断の超常現象（秘）Xファイル」という番組の中で、スペイン語で鑑定結果が記された報告書が紹介されている。ここでは、そのときの映像を紹介しておきたい。線で示した「Conclusión」（結論）の下に鑑定結果が書いてある。翻訳してみると、そこにはサンプルはDNAの欠如を示した、とある。つまり**DNAは検出されなかった**[※⑧]ということだ。

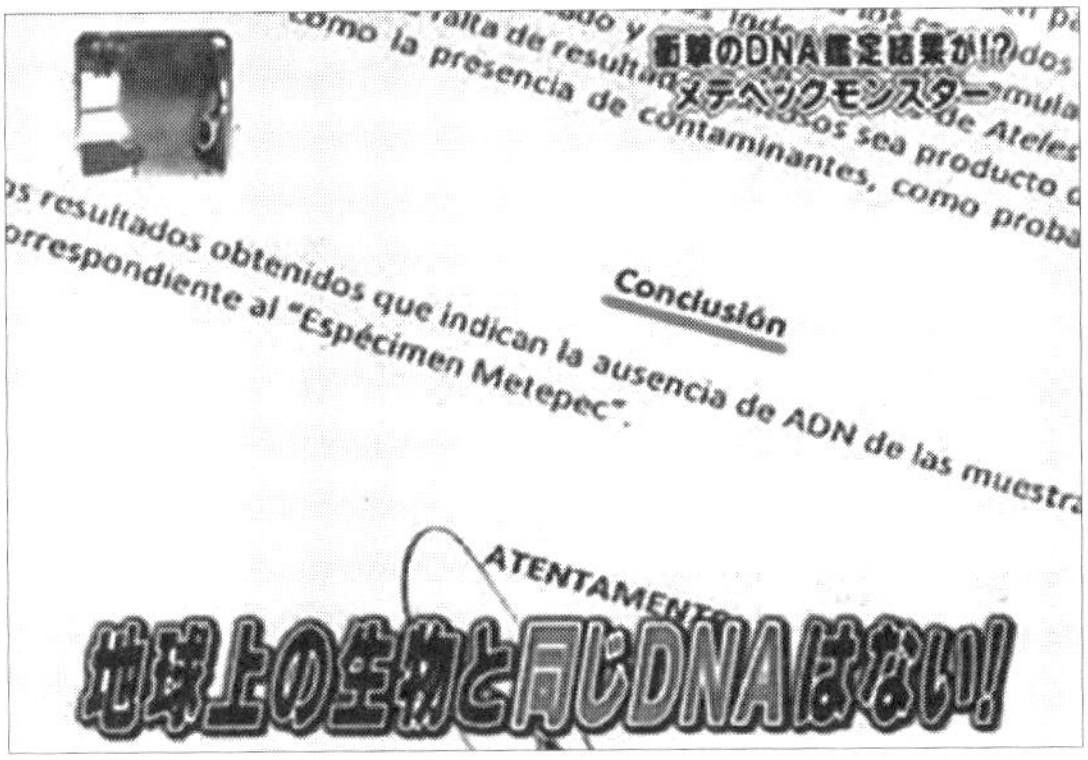

番組のキャプチャー画面（※⑦）

実は、この結果はルイスによって予測されていた。彼は2008年2月の告白時に、**メテペック・モンスターを作る際、液体処理を施していた**ので、今後、検査をしてもDNAなどは検出されないだろうと述べていたのだ。実際、その通りの結果が出た。けれどもメテペック・モンスターを宇宙由来としたい人たちは、この結果を「地球上の生物と同じDNAはない」と解釈することになった。しかし、**「検出されない」と「地球上の生物と同じDNAはない」は別物**だ。そこは誤解してはいけない。

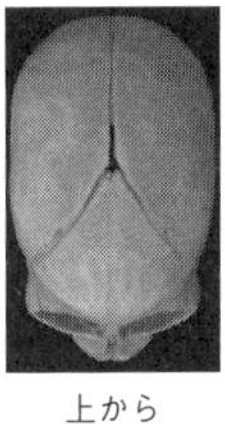
上から

※⑦画像の出典
「ビートたけし禁断の超常現象（秘）Xファイル」（テレビ朝日、2009年7月11日放送）より。

※⑧DNAは検出されなかった
2014年9月3日に放送された「世界がビビる夜」（TBS）では、2009年に行われた別の検査で人間とほぼ一致するDNAが検出されたとしていた。これはおそらく標本を素手で触ったりしていたマウサンの関係者のDNAが検出されてしまったのではないかと思われる。

それでは最後にロペスの死についてはどうだろうか。これは実際に事件を報じた記事を読んでみると、印象がだいぶ違ってくる。ロペスは鳥類研究所の所長ではなく、本職は５００台ものタクシーを有する会社の社長で、金銭トラブルを抱えていたという。犯人はまだ捕まっていないが、メキシコ※⑨の犯罪事情を考えれば、それほど不可解な事件ではない。**警察も金銭トラブルが原因とみて捜査**している。宇宙人は関係なさそうだ。

（本城達也）

■参考資料：
「ビートたけしの超常現象（秘）Xファイル」（テレビ朝日、２００８年12月30日放送）
「ビートたけし禁断の超常現象（秘）Xファイル」（テレビ朝日、２００９年7月11日放送）
「'Alien baby' stumps experts - is it just an elaborate hoax?」『Bild』27. 08. 2009 (http://www.bild.de/news/bild-english/news/bizarre-creature-found-in-mexico-stumps-experts-9516518.bild.html)
Alejandro Franz「FRAUDE MAUSSAN MONO ARDILLA-SQUIRREL MONKEY」ALCIONE (http://www.alcione.org/FRAUDES/SER_METEPEC/)
「Manual de taxidermia - Página 17 - Fororeptiles」(https://web.archive.org/web/20100719101711/http://www.fororeptiles.org/foros/showthread.php?t=23218&page=17)
James Rossie「Saimiri sciureus, Squirrel Monkey」Digimorph (http://digimorph.org/specimens/Saimiri_sciureus/336983/)
「Queman a líder de los taxistas」『Poder Edomex』1 de agosto de 2007 (http://www.poderedomex.com/notas.asp?nota_id=20963)

※⑨メキシコの犯罪事情
メキシコの犯罪被害届出件数は約１６９万件（２０１１年）。日本の犯罪被害届出件数（約１４８万件）と比べても傑出して多い数字ではないが、メキシコでは犯罪に遭っても警察に届け出ないケースが多く、実際はこの数字の数倍の犯罪が起きているとされる。

26 妖精の写真は実在するか？

【2014年にイギリスで撮影された神秘の1枚】

伝説

１９２０年、イギリスの雑誌「ストランド・マガジン」クリスマス特集号において、実に奇怪な写真が公表された。その写真には、豊かな自然を背景に、少女と妖精たちの姿がはっきりと映し出されていたのである。これはヨークシャー州の片田舎コティングリーにすむ二人の少女エルシー・ライトとフランシス・グリフィスが、いつも遊びにいっている小川のそばで撮影したものであった。そして、この雑誌の記事を執筆したのは、「シャーロック・ホームズ」で知られる作家アーサー・コナン・ドイル※①であった。少女たちの写真はいくつもの科学的な鑑定をパスしており、本物である事は疑いない。

この一件は「コティングリー妖精事件」と呼ばれ、写真の数々は妖精実在の重要な証拠と見なされているのである。

また、現在でも多くの妖精写真が撮影されている。２０１４年にはやはりイギリスで、羽

コナン・ドイル

※①アーサー・コナン・ドイル（1859〜1930）イギリスの作家、医師。日本ではシャーロック・ホームズの生みの親として知られるが、心霊研究家としても有名。巨額の私費を投じて研究していた。

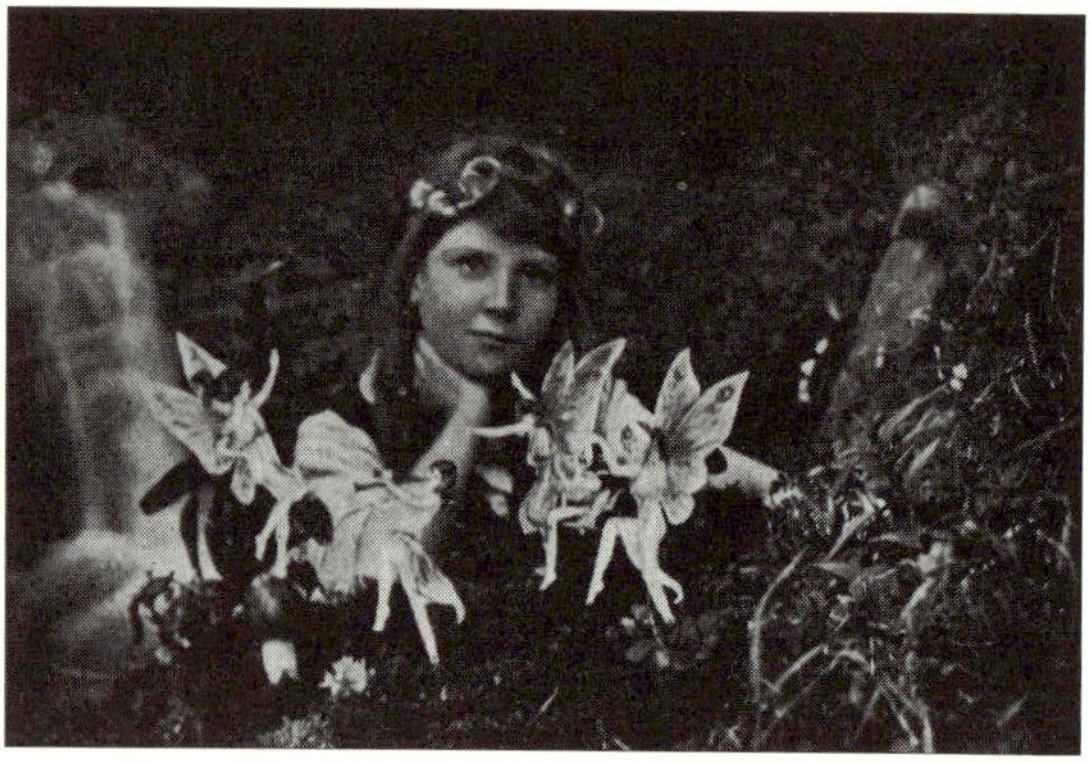

コティングリー妖精事件の写真。写っているのはフランシス。

をもった妖精のようなものが撮影されている。ドイルは妖精を霊的で超自然的な存在ととらえ、我々の世界とは別の場所に住む存在と考えていた。この説が正しければ我々の世界観は一変するに違いない。

真相

●妖精写真は偽物だった

コティングリー妖精事件は、すでに老婆になっていたエルシーとフランシス当人たちの告白によって、現在では**トリックであったことが判明**している。

もともとはエルシーとフランシスのいたずらにすぎなかったのだが、人づてに妖精写真を見る機会を得た神智学協会[※②]のエドワード・L・ガードナーという人物が、これを本物と考えてこの写真に魅了されてしまい、その噂がガードナーの妹を介して当時すでに世界的な有名作家だったドイルの耳に入る。そして田舎町のたわいない子供のいたずらは、ドイルの手により世界的な話題となるのである。晩年のドイルは心霊現象の研究にのめり込んでおり、客観的な分析ができたとは言いがたい。また、妖精写真

※②神智学協会
1875年にブラヴァツキー夫人らが創設した神秘思想結社。詳しくは、第一章「伝説の霊能者ブラヴァツキー夫人」（33ページ）を参照。

を見せられた当時、ちょうど「ストランド・マガジン」の妖精の記事を執筆する準備中だったことも、この件に強く惹かれた要因だった。

もっとも、写真を分析したのは彼だけではなく、感光板※③やプリントも専門家によって調べられていたが、偽物だと見なす証拠は発見されなかった。妖精写真のトリックは本の挿し絵にあった踊る少女を紙に描き写し、羽を描き足して切り抜き、それを固定して撮影するという素朴なもので、（紙の人形ではあるが）現にそこにあるものを撮影した以上、トリックの痕跡が感光板に残るはずもなかったのだ。ちなみにフランシスは最後の一枚は本物だと主張していたという。

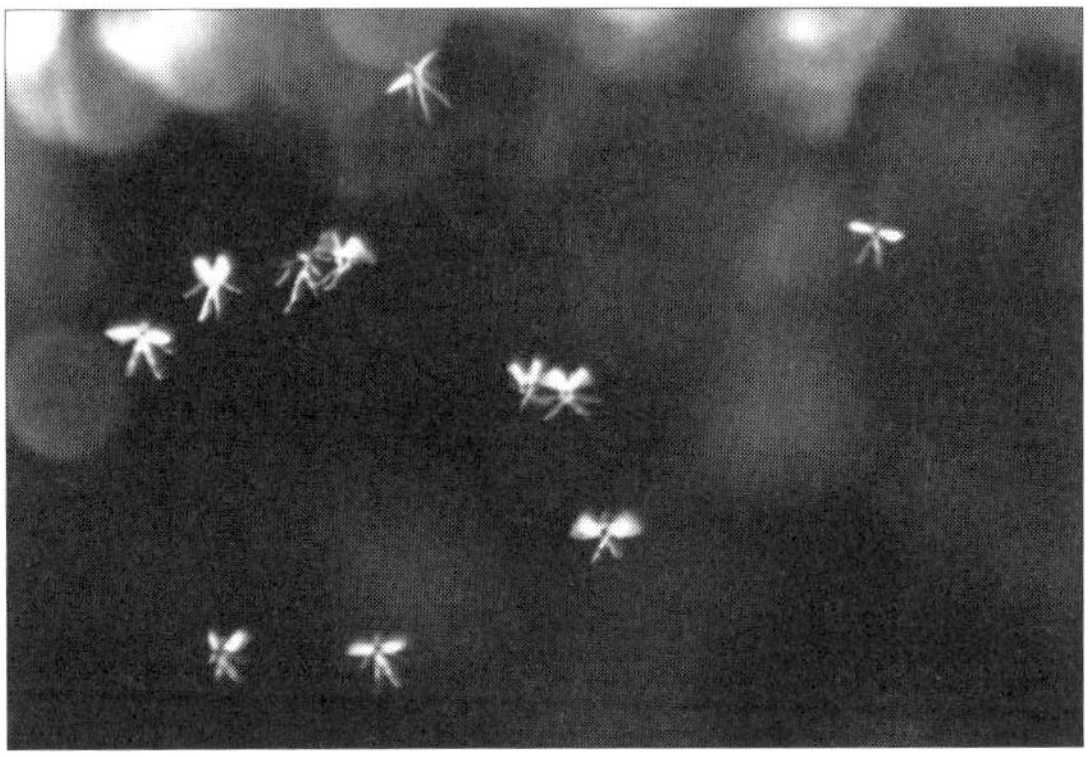

ジョン・ハイアット氏が撮影した妖精らしきものの写真（※④）

●２０１４年に撮られた妖精写真の正体

このコティングリー妖精事件はさすがに現在では本物と見なす人は少ないが、「妖精の写真」は現在においても撮影されつづけている。

２０１４年、イギリスのマンチェスター・メトロポリタン大学で講師をしているジョン・ハイアット氏は、ランカシャー州ローゼンダールの片田舎で、

※③感光板
写真乾板とも。無色透明のガラス板に光に反応する写真乳剤を塗ったもの。１８８０年代にフィルムが発明されるまで使われていた。

※④画像の出典
「マンチェスター・イブニング・ニュース」のサイト（http://www.manchestereveningnews.co.uk/news/greater-manchester-news/fairies-john-hyatt-rossendale-valley-6909619）より

2年間にわたり妖精の写真撮影に挑戦、そして撮影した写真を引き伸ばして見たところ、信じられないことに**光り輝く人の形をした生き物がたくさん飛んでいる**のが映り込んでいた。

ハイアット氏はこれを妖精だと考えたようだが、昆虫の専門家は**単なる羽虫**だろうと見ている。東京農業大学の小島弘昭教授はテレビ番組の中で、この生物を**「オドリバエ」**[※⑤]ではないかとしている。

オドリバエは他の昆虫をとらえる捕食性のハエで長い手足をもち、それを広げる形で飛行しているので光のあたり方によっては人の形に見えるというわけだ。

筆者（横山）も実際に模型をつくって実験してみた。見るからにハエの一種でしかない模型が、強い光があたった事で真っ白になり細部が消え、ピントがあっていないため不思議な光を放っているかのようになってしまい、まるで妖精のように写るのである。もちろん、オドリバエではなく他の昆虫の可能性もあるが、それはもう**「写っているのはどの虫か」**という議論であって、妖精とは無関係な話になる。

●妖精という生物は存在できる？

さて、「霊的な存在」などという、有り体に言えば説を唱える側の胸先三寸でどうとでもなる設定はいったん抜きにして、あくまで生物として考えた場合、このような妖精は、はたして実在し得るのだろうか。

そもそも生物の形というものは適当に決められたものではなく、経てきた進化の歴史と、

※⑤オドリバエ
オドリバエ科に属するハエの総称。3000種以上が確認されている。

© Hedwig Storch

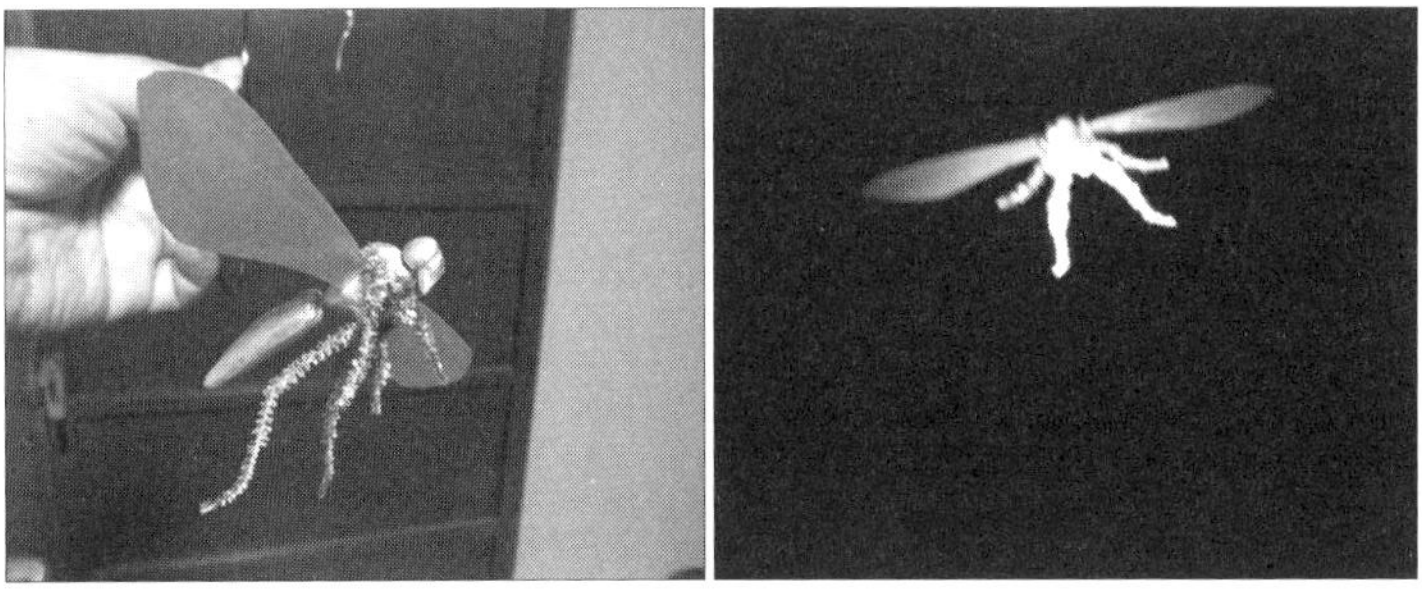

【左】自作したハエの模型、【右】強い光を当てて撮影するとピンボケして妖精のようになった。

現在の生態が反映されたものである。たとえば人間の形はまず「魚のような脊椎動物」が生まれ、それが陸上に進出する際に手足を手に入れ、乾燥に耐えるしくみを獲得して「は虫類」となり、そこからより活動的な「ほ乳類」が誕生し、ほ乳類の中から「樹上生活者」[※⑥]が現れ、樹上生活者の中から地上に戻るものが現れ、地上に適応して誕生したと考えられている。

よくＳＦなどにあるように、生き物が進化すると自動的に人間の形になるわけではない。むしろ人間の形は、環境の変化から住処をころころ変えたが故に誕生したものであり、どちらかというと**奇妙な少数派**といえるだろう。

他の生物も、その形に進化したのには明確な理由がある場合がほとんどである。昆虫もそれは同じことだ。

したがって、羽のある妖精のように、**ある生き物の体の一部が別の生き物についた形の生き物は存在し得ない**。もし、小型のほ乳類が空を飛ぶように進化したとしても、それはコウモリの飛膜のように最初から持つ器官を飛行に必要なように発達させるはずで、何の関係もない昆虫の羽が

※⑥樹上生活舎
サルの祖先はリスに似た小型の動物で、木の上で生活するうちに今のキツネザルに近い生物になったと考えられている。

突然生えてきたりはしない。

また、そもそも羽（または翼）さえあれば飛べるわけではない。羽を動かすには、体重比でかなり大きな筋肉が必要で、体内にそのような大きな筋肉を収めた場合、まず人間の形はしていられないだろう。人間のように歩行に適した大きな筋肉をもつ脚を、飛行生物がもっていても重りにしかならず、むしろその筋肉を羽を動かす部分につける必要があるからだ。

仮に人間に翼を与え、空を飛べる生物としてデザインし直すと、脚部についている筋肉は削ぎ落とされ、代わりに胸の筋肉が大幅に増量、それぞれの内臓器官はできるだけ軽量化され、**結局は鳥※⑦のような姿になる**。

羽の生えた妖精はデザインとして美しく、魅力的なキャラクターであるが、実在する生物として考えるのはむずかしいといわざるを得ないのである。

（横山雅司）

■**参考資料：**

A・コナンドイル『妖精の出現　コティングリー妖精事件』（あんず堂、1998年）

ジョー・クーパー『コティングリー妖精事件』（朝日新聞社、1999年）

JCASTテレビウォッチ「イギリスでは『妖精写真』捏造騒動！　大学講師『凄い。ついに撮影に成功したぞ』」（http://www.j-cast.com/tv/2014/04/10201733.html）

※⑦鳥のような姿
もしくは、コウモリのような姿になる、と思われる。

27 伝説の生物「人魚」は存在する？

【世界各地に伝わる「人魚のミイラ」の真偽】

伝説……

日本各地に奇妙な遺物が残されている。

「人魚[※①]のミイラ」とされるそれらは、恐ろしい形相をした顔にサルとも人間ともつかない上半身を持ち、下半身は魚類の物としか思えない。その数も一つや二つではなく、全国の博物館や寺、旧家などに保管されており、秘蔵されている物も含めれば相当数が存在すると見られている。これほどの数が存在するということは、人魚は実在するということではないだろうか。また、「河童」「大蛇」など、他の妖怪たちの遺物も、現在多く残されているのである。

近年でもネットを通じて海外で発見された人魚のミイラが話題になることがある。やはり我々の知らない深い海の底には、未知の種族が潜んでいるのではないだろうか。

※①人魚
古来から伝わる伝説上の生き物。西洋では人間の上半身（裸）に魚の下半身を持つ姿で描かれるが、東洋の場合は上半身は人型ではあるものの、異形の姿として描かれることが多い。その肉を食べると不老不死になる、といった伝説もある。

真相……

●人魚のミイラはすべて作り物？

妖怪のミイラ、死骸の一部とされる遺物は日本各地にあり、中には科学的に調べられたものもある。調べられたものほぼすべてに関して、**偽物であることが判明**している。

人魚のミイラについて大まかに解説された本などでは「猿などの上半身に魚の下半身をくっつけたミイラ」と紹介されることもあるが、実像はもう少し手が込んでいて、たとえば八戸市博物館所蔵の「双頭の人魚のミイラ」は木と針金でできた骨組みに、顔は紙塑※②の張り子が使われ、歯は魚の顎、鱗も後から貼付けられていたという。

他の個体に関しても、調べられた人魚のミイラすべてが人工的に作られており、巧妙な工芸品であったことは間違いない。ちなみに人魚以外の妖怪の遺物に関しても、たとえば「大蛇の顎」とされるもののほとんどは**サメの顎を加工**したものだし、「カラス天狗のミイラ」とされるものも**鳥の死体を粘土で整形**したものだった。

かつての日本ではこれらの奇怪な妖怪の遺物は、縁起物や見せ物として需要があり、細工師たちによって相当数がつくられていたらしく、日本から持ち出されたいくつかの遺物が現在オランダやアメリカの博物館に保管されている。

ちなみに、日本だけでなく海外でも偽物の怪動物の剥製が作られていた。かつて、海外の珍しい動物を知る手段として剥製が今よりも重要だったころは、剥製をつくる際に複数

※②紙塑（しそ）
楮（こうぞ）や木材の繊維などに糊などを混ぜ、臼でついたもので人形などを作ること。ザラッとした独特な風合いがある。

の動物を組み合わせて勝手に神秘的な珍獣を作ってしまう不届き者も多く、オーストラリアからイギリスにカモノハシの剥製が送られてきた際、そのあまりの珍妙な姿に科学者が偽物と思い込み、重要な標本にハサミを入れて解体しそうになったという。

また、最初から芸術作品として、複数の動物の剥製を合成したいわばキメラ動物の剥製を制作する芸術家もおり、ジョアン・フォンクベルタとペレ・フォルミゲーラの[※③]『秘密の動物誌』はよく知られている。

また、ホアン・カバーナというアーティストは、人魚や怪魚のミイラを作っては海岸に放置して人々をおどろかせているという。彼の作品の出来映えは素晴らしく、ネット上ではよく実物として扱われることがある。

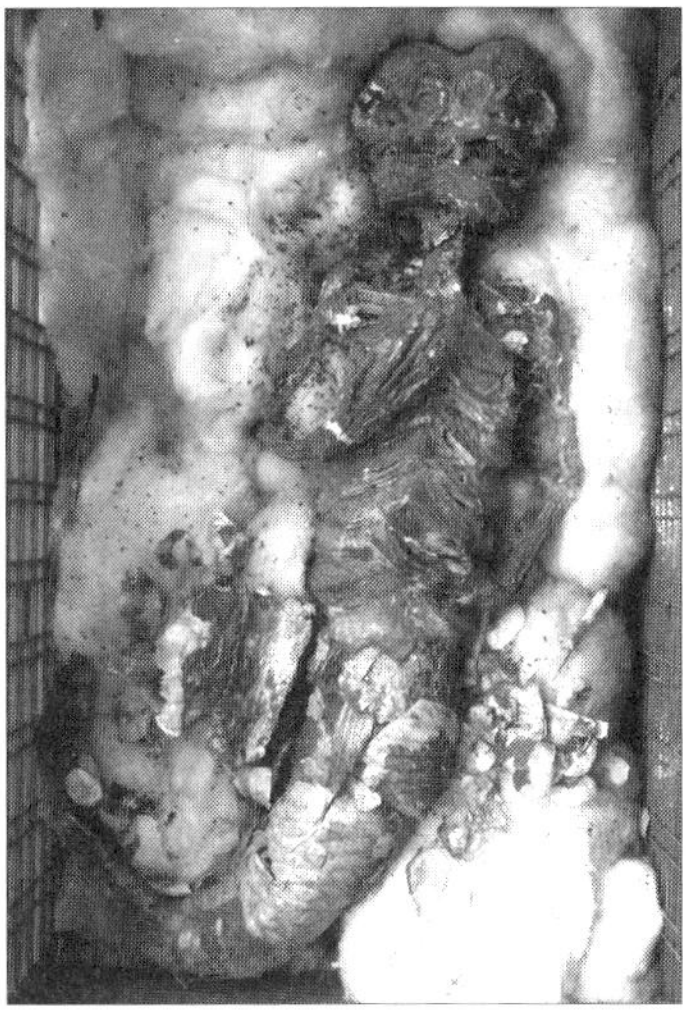
八戸市博物館所蔵の「双頭の人魚のミイラ」（写真：八戸市博物館提供）

さらに、[※④]「ジェニー・ハニバー」または「デビルフィッシュ」という名前で、宇宙人のような奇怪な干物が土産物屋で売られていることがある。これはエイの腹側の鼻孔と口の位置関係が顔に見えることを利用した、単なるエイの干物であるが、なかなかカッコいいものである。

このように、奇怪な生物のミイラや

※③『秘密の動物誌』
1991年に筑摩書房から発売された書籍。世界各地に生息する幻の珍獣を研究し、行方不明になった〝架空の〟動物学者が残した資料という設定で、翼の生えたゾウなど、奇々怪々な動物を紹介している。

※④ジェニー・ハニバー
エイの剥製の土産物。見方によっては宇宙人に見えなくもないため、エイリアンの剥製だとして、一時期、インターネットなどで話題になった。詳しくは『謎解き超常現象Ⅱ』収録「謎の生物『エイリアン・フィッシュ』」を参照のこと。

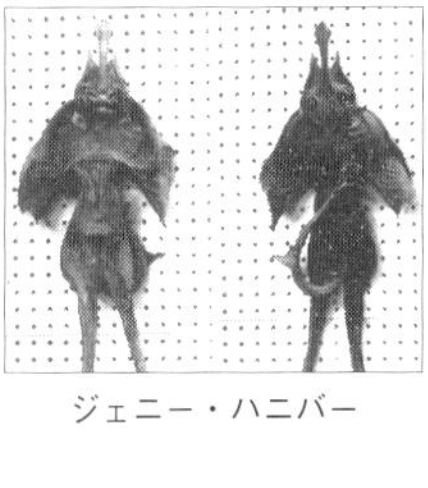
ジェニー・ハニバー

剥製を作ってしまう文化はかなり昔からあり、技術も高度で写真だけでみても、根拠をもって偽物だと断言するのはむずかしい物もある。逆に言えばUMAの証拠ねつ造の中でも特に長い歴史を持つ（なにしろ写真より古い）物であり、たとえ死体があったとされるUMA事例でも、その死体を科学的に調査するまでは、**証拠として扱うのは軽率**だと考えるべきだろう。

●人魚も生物学的に存在しない

そもそも、人魚という生き物は生物として存在しうるのであろうか。

人間の上半身と魚の下半身をもった姿から、一見すると水陸両用の生き物にも見えるが、実際のところ、この体の構造は**水中にも陸上にも適さない**。

一度陸上に進出し、その後水中生活に戻った動物[※⑤]はたくさんいる。しかし当然ながら、**下半身だけ魚になった動物は一種もいない**。たとえばイルカ、クジラ類は陸上にいたころはイタチに似た四足動物[※⑥]だったが（分類としてはカバやラクダに近い）、水辺から水中生活に適応する過程で尾を振って泳ぐ遊泳スタイルを獲得し、体を支える必要がないため前足はひれ状に、後ろ足は痕跡しか残っていない。仮に前足が陸上の獣のままだったとしたら、陸は歩けないし水中では舵を取るのもむずかしいし、まったく役に立たないだろう。陸と海を行き来するものとしてはアシカ、アザラシのいわゆる鰭脚類がいる。これらは鯨類に比べれば陸上の活動が可能だが、**やはり足はひれ状**になっている。

※⑤水中生活に戻ったほ乳類の変わり種としてデスモスチルス類がいる。2800万年前頃から1100万年前頃まで日本の海岸付近で栄えたとされる半水棲のほ乳類で、カバともセイウチともつかない奇怪な姿をしている。

※⑥イタチに似た四足動物　東京・上野の国立科学博物館には、このときのクジラの骨格標本が展示されている。

クジラの祖先

空気中と比べて著しく抵抗の大きい水中では、素早く動くためには流線型であることが望ましく、効率よく運動するにはひれが欠かせない。肩から突き出した頭と長い腕のついた、水中生活にまったく適応していない人魚のデザインでは、動きが鈍い上に疲労もしやすいだろう。

サメ、イルカ、そして恐竜時代に栄えたイクチオサウルス※⑦などの魚竜は、進化の過程も祖先の姿もまるで違うのに、それぞれがとてもよく似た姿をしている。これは脊椎動物が、水中という抵抗の大きな流体の中で素早く動くためには、**「固いひれのついた流線型の体」**という姿が最適解だったために、同じ形にたどり着いたためである。

このように別々の祖先から出発しても、その環境における最適の姿を求めた結果、似た姿に進化することを収斂《しゅうれん》進化という。

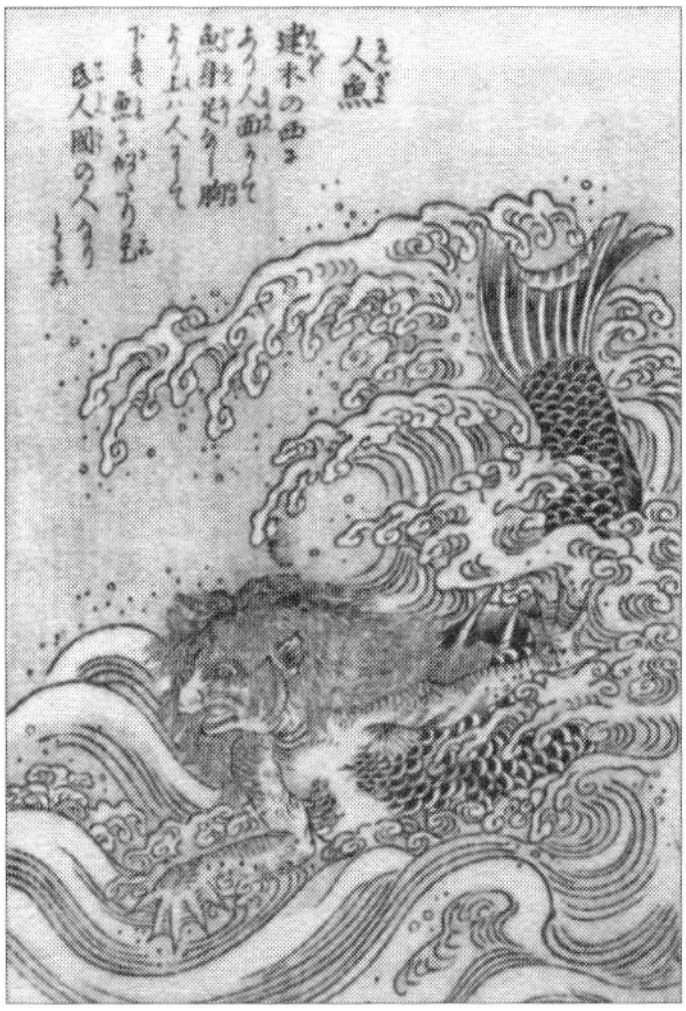

鳥山石燕『今昔百鬼拾遺』の「人魚」

陸上ではヨチヨチ歩きのペンギンもまた、水中では脂肪のたっぷりついた体が流線型となり、非常に速く泳ぐことができる。海の獲物は素早く泳ぎ回る物が多く、天敵も同じである。水中では少しの無駄も許されないのだ。また、脂肪には熱を逃がさない効果もある。水は熱伝導率が空気より高いため、

※⑦イクチオサウルス
中生代ジュラ紀に生息していた水棲は虫類。全長2メートルで、現在のイルカによく似た姿をしていた。

イクチオサウルス

冷たい水に温かい物を入れた場合冷えやすい。体内の温度環境が高すぎても低すぎても死んでしまう動物にとって、体温の維持は非常に大切である。

水中への適応が十分でなく、特徴が陸上動物に近いラッコの場合、非常に密度の高い毛皮をまとうと同時に、とにかく大量に食べて代謝で熱を生み出して対処しているが、海産物が非常に豊かな海でなければ生きられず、効率のいいやり方ではない。人間は比較的皮下脂肪が厚めの動物ではあるが、少し気温が低い時に水泳をしただけで、**ガタガタ震えるほど体が冷える**ことを考えると水中生物の上半身としては無理があるのだ。

サルとも人間ともつかない人魚の上半身は**いろいろな面で水中生活に不利**である。そもそも人間やその祖先のサルの姿形は、水中のような浮力の働かない陸上で、自分の力で木に登るために生まれたものであり、水中生物に出現することはあり得ないのである。

（横山雅司）

■**参考資料**：

山口直樹『日本妖怪ミイラ大全』（学研パブリッシング、２０１４年）

ジョアン・フォンクベルタ、ペレ・フォルミゲーラ『秘密の動物誌』（筑摩書房、２００７年）

「Juan Cabana 公式サイト」（http://www.thefeejeemermaid.com/）

※⑧とにかく大量に食べて　ラッコの１日の食事量は、体重45キロの平均的な大人のオスで約10キロ。摂取カロリーに換算すると、約４３００～５７５０キロカロリーにもなるとされる。これは人間の大人の男性の必要摂取カロリーの約２倍である。

28 シャンプレーン湖の怪物チャンプ

【目撃情報が相次ぐアメリカのネッシー】

伝説

何世紀もの間、アメリカ合衆国北東部にあるシャンプレーン湖※①のほとりに住む人たちは、15〜40フィート（4・5〜12メートル）もある大きなヘビのような生き物を目撃してきた。目撃談は、インディアンの言い伝えにまで遡る。湖にやってきた初期の開拓者たちも地元の人々が現在「チャンプ」と呼ぶ怪物を見たという。その目撃談は、３００を優に超える。近年、研究者グループが湖の水面下で大型の動物でなければ立てられない奇妙な音を感知したと述べている。シャンプレーン湖には、太古の恐竜が生き残っているのである。

真相

数多くの目撃例とこうした新しい調査による発見に基づき、過去10年、チャンプの実在を

※①シャンプレーン湖　アメリカ北東部のバーモント州、ニューヨーク州、カナダのケベック州の境界に位置する巨大な湖。面積は１２６９平方キロメートル。東京23区の２倍程度の広さがある。

シャンプレーン湖

示唆するメディアの報道の嵐が起こった。実際のところ、もし地域の地元紙だけを読んでいたら、無理なく有史以前の生物が湖に住んでいるという結論にたどり着いていただろう。だが、証拠とされるデータを見てみるとシャンプレーンの怪物の神話を存続させてきたのは、**ニュースメディアであった**ことは明白だ。

●メディアが煽り立てた神話

シャンプレーンの怪物について、メディアの多くは目撃談はネイティブアメリカンの時代までさかのぼれる、と書いている。たしかに、シャンプレーン湖には「ギタスコガック」、または「ピータスコッグ」と呼ばれる大蛇※②の話が語り継がれている。だが、こうした伝説はネイティブアメリカンにとって珍しいものではない。ほとんどの部族は湖、川などに棲むという「角のある大蛇」についての異文化接触以前の神話をひろく共有していた。チャンプの伝説もこの伝統の一部のように思える。

マスメディアがチャンプにどのような影響を与えてきたのか。その好例とも言えるのが１９７０年に「バーモント・ライフ誌」に掲載された、マジョーリー・ポーターの記事だろう。ポーターはその記事の中で、著名なフランス人探検家のサミュエル・ド・シャンプラン※③の１６０９年の航海日誌に湖で全長20フィートの**馬のような頭部を持った怪物**の目撃談が載っていると書いたのである。シャンプランの航海日誌には、実はポーターの主張する記述はなく、原住民が「シャオウサロウ」と呼ぶ魚を見たと書かれているだけだった。

※②大蛇の話が語り継がれている
この地域ではベルーガ（シロイルカ）の化石が発見されている。「大蛇の伝説」はネイティブアメリカンがそれを見たというだけの単純な話かもしれない。実際、１８４９年にバーモント州シャーロットでシャーロックジラが発掘され、後に州の公式化石に指定され現在に至っている。

※③サミュエル・ド・シャンプラン
（１５６７頃〜１６３５）
シャンプレーン湖の名前の由来になった、フランスの地理学者、探検家。フランス王アンリ4世の命を受け、カナダのフランス領を探検。ケベック植民地の基礎を築いた。ちなみに航海だが、このセンセーショナルな記事は多くの注目を集め、ポーターの説は全国の新聞で紹介された。すると興味深いことに、それまでまったくなかった**馬型の頭部を持つチャンプの目撃情報が急増**することになったのだ。

最初の目撃談は記事が発表されたその年の夏の終わりだった。2人の夫人がフェリーに乗船中、バーモント州バーリントン付近で馬頭の怪物が船を追い越していくのを目撃したのだ。それから10年以上の間にダイバー2名、地元の名士や引退した警察官を含め、1ダース以上の人々が馬型の頭部を持つチャンプを目撃したと主張している。※④

シャンプレーン湖に潜むという、チャンプの像（©Jennifer Morton）

本当は存在しないものを、なぜ人々は目撃したのだろうか。その答えは人間の知覚の中に潜んでいる。

1951年、シャンプレーン湖を訪れたテリー・メガーギーは、背中に少なくとも3つのコブがある、30フィートの長さのヘビのような怪物を目撃した。典型的なチャンプの目撃談である。

彼女は持っていた猟銃をつかむと、怪物に向けて弾丸を発射した。手応えがあって、怪物は湖の深くに姿を消した。それから数日後、湖岸にチョウザメ

日誌に見たと書いた「シャオウサロウ」は「灰色」で「豚のような鼻先」と「二重の歯」を持っているとの記述から、現在でも湖に生息する「ロングノーズ・ガーパイク」という魚のことと思われる。

※④全米に広がるチャンプ伝説
1977年11月、シャンプレーン湖付近に多数の読者を持つ「ヤンキーマガジン」誌がブライアン・バションの「シャンプレーンの怪物を探して」を掲載した。ポーターの説を上書きするだけの内容だったが、「リーダーズダイジェスト」がこの記事に注目。バションは「リーダーズダイジェスト」とその記事の要約を1978年4月に再掲載する契約を結んだ。そうして再掲載された記事は5000万人以上に読まれた。ポーターが作り出した空想の動物は、全米に広まったのである。

の死骸が打ち上げられた。**そのチョウザメには弾痕があったのだ**。

人間の知覚がどれほどあてにならないかについては、多くの実例がある。特に距離感が極めて掴みにくい水上にいる場合はまったくあてにならない。たとえば、孤独な水夫が人魚を見たと話すのはかつてよくあることだった。実際はそれはアザラシだったり、アシカだったり、海藻の塊だったり、水面すれすれの岩だったのだ。どれほど熟練した水夫であっても、**人間の目と心は簡単に騙されてしまう**ものなのだ。

だが本当に300の目撃談を知覚の間違いで説明することは可能なのだろうか？

数年前、リチャード・フレールがネス湖である実験をした。彼は湖近くの道端に立ち、写真を撮ったり、水面を指さしたりした。すぐに他のドライバーたちが寄ってきて「ネッシー」を探し始めた。何人かが水面にこぶが見えたと言い、双眼鏡を一緒に見ていた2人の男性は、はっきり**「ひれと尾が見えた」**と言った。

●ムーゲンセイラーの奇妙な報告

2003年、シャンプレーン湖沿いに住む人々は、チャンプの実在の証拠を探る上で突破口になりそうなニュースを聞いて勇み立った。エリザベス・フォン・ムーゲンセイラーが率いる調査チームが、湖の中で強力なバイオソナー※⑤を発する生物を感知したと報告したのだ。

ムーゲンセイラーによると、ソナーが感知した反響は通常の魚の10倍もの大きさがあり、湖にはこれまで知られてこなかった巨大な生物がいると主張。2005年と2009年、彼

※⑤バイオソナー
イルカやクジラなどの生物が水中で音波を発し、反響を拾うことで、エサや天敵、障害物などの位置を探ること。

女は再びシャンプレーン湖を調査し、ソナーがとらえたのは体長15フィートの発達した脳を持つ、淡水生の哺乳類との結論を出した。

私はムーゲンセイラーの経歴を調べてみることにした。わかったのは彼女がオールド・ドミニオン大学※⑥の心理学部卒の理学士で**生物音響学の有能な専門家というわけではない**ということだった。調査結果のレポートを送ってくれるように頼んだところ、米国音響協会の学会発表要旨を送ってくれた。２０１０年米国音響協会大会概要に載っている彼女のレポートは4月21日に発表されたものだ。この発表の担当者、ペンシルバニア州立大学のスーザン・パークス博士に連絡を取って、発表の評価を聞いた。彼女の返答は驚きだった。

「エリザベス・フォン・ムーゲンセイラー？ **来ませんでしたよ……発表は取り下げになりました**。なので、あの要旨で報告されたデータの発表を聞いたものは誰もいないのです」

ムーゲンセイラーがレポートの発表をしていないなら、なぜ学会発表したと思わせるような要旨を送ってきたのだろう？ 私は世界的な海洋生物音響

アメリカとカナダにまたがる広大なシャンプレーン湖（©Daniel Case）

※⑥オールド・ドミニオン大学
バージニア州ノーフォークにある州立大学。１９３０年に創設。バスケットボールの強豪校で、過去に何度も全米の大学ナンバーワンを決めるＮＣＡＡトーナメントに出場している。

学の専門家数人に質問してみた。ムーゲンセイラーのウェブサイトに掲載されたデータをいくつか見せ、カリフォルニア州のスクリプス海洋学研究所のシモーネ・ボーマン＝ピッカリング博士に見解を聞いた。博士は**データは確証を欠いており、言葉遣いも専門的ではない**ように思えると言った。

私が連絡[※⑦]した他の専門家たちも全員が懐疑的だった。その1人、南フロリダ大学のデイビッド・マン博士は「彼女の科学へのアプローチはまったく批判的ではない」とコメントした。デンマークのオーフス大学のクリスティアン・ビードホルム博士はムーゲンセイラーの調査研究はニセ科学であると見ており、「彼女は**音響学についてまったく何も知らない**のではないか」と疑問を投げかけている。

主要新聞社のこの件についての取材はお粗末なものだった。2003年にムーゲンセイラー説が最初に登場したとき、「バーリントン・フリー・プレス」のジャーナリスト、サム・ヘミングウェイは生物音響学専門家のコメントを取り損ねた。湖地域のもう一つの主要新聞である「ザ・プレス・リパブリカン」もまたムーゲンセイラーの発見を報じている。この記事を書いたジャーナリスト、ロー・マッキンズリーも生物音響学専門家のコメントを取っていない。その7年後にマッキンズリーがムーゲンセイラー説について書いたが、ここでも信頼できる証拠として扱い、生物音響学専門家の意見は聞いていない。

●マンシ写真は信用できるか？

※⑦連絡した他の専門家たち
私はチャンプに長年興味を持っているバーモントの有名な2人の地質学者、ミドルベリー大学のパット・マンリーとトム・マンリーにも連絡を取った。彼らはムーゲンセイラーの説についてはよく知っていると話してくれた。彼らは自分たちも検討しようと録音データのコピーを送ってくれるように頼んだが、彼女は渡してくれなかったという。

近年、地元メディアはある写真を大々的に報道している。サンドラ・マンシが１９７７年７月に撮影したスナップ写真だ。これはよく、湖のモンスターの史上最良の写真だと説明されている。地元メディアはこの写真に対する批判を掲載するのは控えがちである。

チャンプ実在の証拠とされる「マンシ写真」（※⑧）

２０１２年12月、私は『The Untold Story of Champ: A Social History of America's Loch Ness Monster』（『チャンプの秘密の物語：アメリカのネッシーの社会史』）を出版した。その中で私は批判的な立場からマンシ写真の主な不備を書き出した。例えば、彼女は写真の存在を公に発表してまもなく、**弁護士を雇ってこれで金を得ようとした**。また、マンシの家族が怖いので写真のネガ※⑨を捨ててしまったと話しているのを聞いた人がおり、マンシ自身も**どこで写真を撮ったか正確に思い出せない**と語っている。自分たちが有史以前の生き物と信じる写真のネガを捨ててしまうとは考えられない。

２０１３年、私は自著を「フリープレス」と「プレス・リパブリカン」に送った。チャンプに関する最初の学術的な研究で、名門出版社との定評があるニューヨーク州立大学出版部の出版物であったのに

※⑧画像の出典
CSI「New Information Surfaces on 'World's Best Lake Monster Photo,' Raising Questions」(http://www.csicop.org/si/show/new_information_surfaces_on_worlds_best_lake_monster_photo_raising_question/) より引用。

※⑨ネガを捨ててしまった
バーモント州の自然学者チャールズ・ジョンソンはマンシ本人から「ネガは怖くなったので埋めた（あるいは）燃やした」と聞いているという。マンシはジョンソンに怪物は4分ほど水上に姿を現していたと語った。充分な時間とフィルムがあったにもかかわらず、マンシはなぜ1枚しか写真を撮っていないのか。ジョンソンはその点にも疑問を持っている。

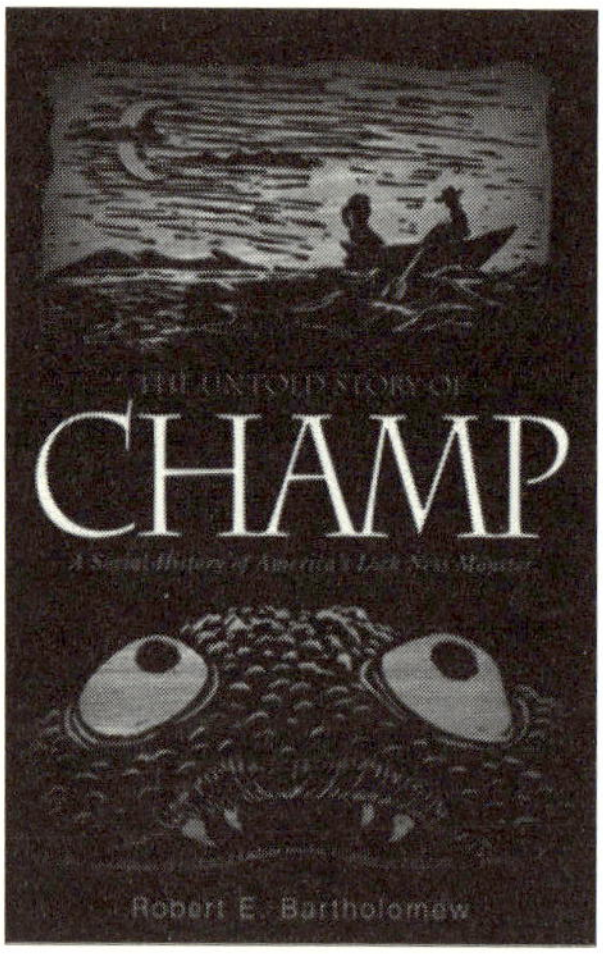

『The Untold Story of Champ』

も関わらず、**どちらのメディアも書評を載せなかった**し、本の存在にも触れなかった。両紙はチャンプを見たという人々の記事とマンシの写真を載せ続け、**チャンプのPRエージェント**として効果的な役割を果たしている。この状態は現代アメリカにおける地方新聞ジャーナリズムの哀しい偏ったあり方を映し出している。

シャンプレーンの怪物には長く魅惑的な歴史がある。人々はマンシ写真であれ、ムーゲンセイラーの音響調査であれ、多数の目撃証言であれ、未確認生物の存在を推す記事を読むとチャンプは現実にいるように思うだろう。

だがそうした姿勢に批判的な考え方をするならば、なぜ目撃談に合致する化石がないのかといった常識的な疑問を持つべきだろう。ほとんどの未確認動物学者はチャンプは絶滅して久しいゼウグロドン[※⑩]、あるいはプレシオサウルス[※⑪]だと考えている。だがこれらはどちらもたびたび水面に出て呼吸をする必要のある動物である。だがそうであればこの生き物はどうやって湖が凍ってしまう冬の季節を生き延びているのだろう？

仮に有史以前の生き物がシャンプレーン湖を住処にしているのだとしたら、一個体であるはずがない。これだけ長い時間を生き延びてきたなら**繁殖共同体がいるはず**だ。湖には

※⑩ゼウグロドン　いまから約4000万年から約3400万年前に生息していた原始的クジラ類の一種。いまのクジラと違ってヘビのような細長い体をしており、体長はオスが18メートル、メスが15メートル程度だったと考えられている。

何十匹というチャンプがいて、1日に何回も酸素呼吸のために水面に出てこなくてはならない。**統計学的にはそのうちに死体が岸に打ち上げられる**ことになる。

こうなるとチャンプは宇宙人やビッグフットの目撃談と同じ種類のものになってくる。毎年、目撃談がいくつも報告されるが、ただ一人としてはっきりした存在の証拠を出したためしがない。科学者は用心深く懐疑的な態度を保つ任務があり、驚くような説を証明する義務はそうした説を出してくる方にあるのである。

（ロバート・バーソロミュー）

■**主要参考資料：**

・Fairbanks Museum and Planetarium, St Johnsbury, Vermont, Pathways to History Curriculum Guide II, 〝Misingwe ta Gitaskogak: The Masked Hunter and the Great Serpent (Mars and Scorpio) Abenaki Nation〟 Reprinted from the Arizona Daily Star entitled 〝Return to Mars〟 April 6, 2001.
・Rands, Robert L.（1954）〝Horned Serpent Stories〟 The Journal of American Folklore 67（263）:79-81.
・Thompson, Z（1850）〝An account of some fossil bones found in Vermont, in making excavations for the Rutland and Burlington Railroad.〟 American Journal of Science, Series 2, volume 9: 256-263.
・Porter, Marjorie（1970）〝The Champlain Monster〟 Vermont Life 24（4）:47-50.
・Voyages of Samuel de Champlain. Translated from the French by Charles Pomeroy Otis. With historical illustrations and a memoir by Charles F. Slafter. New York: Ben Franklin. Volume 2, 1604-1610.（http://www.canadachannel.ca/champlain/index.php/Samuel_de_

※⑪プレシオサウルス
いまから1億3500万年前から1億2000万年前に生息していた首長竜。体長は2～5メートル。ネス湖のネッシーはプレシオサウルスの生き残りとする説もあるが、プレシオサウルスが生息していた頃は、ネス湖はまだ誕生していなかった。

Champlain%2C_Voyages%2C_Vol._II_1608-1612）
・Spear, Richard（1978）〝A USO Seen from the Ferry. Two Independent Accounts of the Same Sighting.〟Valley News [Elizabethtown, New York], August 9, 1978, pp. 14.
・Smith, Warren（1976）Strange Secrets of the Loch Ness Monster. New York: Zebra Books.
・MacNeil, Deirdre（1980）〝Lake Champlain Monster. Hudson Falls Man Describes Sighting.〟The Saratogian（Saratoga Springs, New York）, September 28, p. 5C.
・Smith, Hal（1981）〝Myth or Monster?〟Adirondack Life , 22-26, 44-45, 47. See p. 26.
・Vachon, Brian（1977）〝In Search of the Champlain Monster〟Yankee Magazine（November）:134-139, 210, 212-213, 215-216.
・〝Is There a Champlain Monster?〟 Reader's Digest 9-10, 14, 16.
・〝Lake Monsters.〟BBC Worldwide Unlimited. Discovery Channel（1999）
・Emer, Rick（2010）Loch Ness Monster: Fact or Fiction? New York: Chelsea House Publications, p. 80.
・Ober, Lauren（2009）〝A Bioacoustician records, well, Something in Lake Champlain.〟Seven Days: Vermont's Independent Voice（July 15）accessed 23 December 2010 at:（http://www.7dvt.com/2009making-sound-waves）
・Muggenthaler, Elizabeth, Gregory, Joseph, and Mardis, Scott H.（2010）〝Echolocation in a Freshwater Lake.〟Paper presented to the Acoustical Society of America, April 21, 2010.
・Hemmingway, Sam（2003）〝Lake's First `Champ-Hearing、Recorded〟Burlington Free-Press, July 18, p. B1.
・McKinstry, Lohr（2004）〝Local Legend, Champ, to Surface on the Small Screen.〟 Press-Republican（Plattsburgh, New York）, October 11, 2004.
・McKinstry, Lohr（2011）〝Video Crew Chases After Champ.〟Press Republican, October 14.
・Reilly, John（1980）〝Lake Champlain Monster – Caught on Film.〟Burlington Free Press, November 22.

第五章　失われた過去の遺産「超古代文明」の真相……

29 【東日本各地で出土する宇宙人実存の証拠】遮光器土偶は宇宙人の像？

伝説……………

遮光器《しゃこうき》土偶とは主に縄文時代晩期（約３２００〜２３００年前）に作られ青森県・岩手県・宮城県を中心とする東日本各地から出土する特異な様式の土偶（人間を模した土製品）である。遮光器というのは北方民族が雪焼けから目を守るために用いるゴーグルのことで、この土偶の眼の形がゴーグルをつけたように見えるというのがその通称の由来である。その他の特徴としては小さな口、くびれた腰、横に張り出した肩と臀部《でんぶ》、太くて丸みのある腕や足の付け根などの特徴がある。

スイスの宇宙考古学者エーリッヒ・フォン・デニケン※①は、この遮光器土偶に注目し、それが実は宇宙人の姿を模したものと主張した。

さらにＮＡＳＡ（アメリカ航空宇宙局）はその説に基づいて遮光器土偶を分析し、その形状が宇宙服として合理的なものであることを確かめた。顔にゴーグルをかけたような頭

※①エーリッヒ・フォン・デニケン
1935年生まれ。スイスの実業家、作家。1968年に人類は太古の昔に地球を訪れた宇宙人の手によっ

部はヘルメット、小さな口はマスク、横に発達した肩と臀部は耐圧構造、腕や足の付け根の太さは柔軟性を重視した関節可動部をかたどっていたのである。

東日本の縄文人は宇宙人とコンタクトしてその技術力に驚き、宇宙服を来た彼らの姿を神像として残したのだろう。実際、江戸時代に編纂された『東日流《つがる》外三郡誌《そとさんぐんし》』という古文書には古代の神像として遮光器土偶が描かれている。また、一説には、縄文人が宇宙人によって古代日本列島を襲った天変地異から救われた際、宇宙服を着てＵＦＯに搭乗した時の自分たちの姿を記念に残したのだともいう。

また、土偶には遮光器土偶の他にも写実的な人体や既知の動物とは程遠い姿の生物をかたどったものがある。それらは縄文人が出会った宇宙生物の姿を残したものである。

青森県の亀ヶ岡遺跡から出土した遮光器土偶

真相

遮光器土偶＝宇宙人像説はデニケンが最初というわけではない。デニケンに先駆け、この説を唱えた人物としてはソ連（当時）のＳＦ作家※②アレクサン

て造られたという衝撃的な内容の『Chariots of the Gods?』（1968年、『未来の記憶』として翌年に日本でも出版）を出版。世界的なブームを巻き起こした。

※②アレクサンドル・カザンツェフ（1906〜2002）
ロシア出身のＳＦ作家。1946年には、小説『爆発』で、1908年に起きたツングースカ大爆発の原因は核兵器を積んだＵＦＯが墜落したからとの説を発表、物議をかもした。

ドル・カザンツェフがいる（1962年、雑誌『アガニョーク』に発表したエッセイ）。

また、CBA[※③]（宇宙友好協会）という日本の団体の機関誌『空飛ぶ円盤ニュース』ではすでに1960年から遮光器土偶＝宇宙人像説が掲載されていたとされ、カザンツェフはこの団体の代表で交友があった松村雄亮氏からこの説を教えられた可能性がある。

また、NASA云々という話もやはりCBAから出ている。ただし、松村氏の主張はカート・V・ザイジグというアメリカ人からの書簡で、遮光器土偶が現在（60年代当時）、研究開発中の宇宙服に似ていると教えられたというだけで、NASAが遮光器土偶を研究したと**具体的に述べているわけではない**。

『東日流外三郡誌』は**戦後に書かれた偽書**[※④]であり、その偽作者も筆跡などから明らかにされている。そこに遮光器土偶が神像として出てくるのは、オカルト好きの偽作者が、デニケンらの影響で話題になった遮光器土偶をとりこんだためと見るのが妥当である。

●バラエティー豊かな土偶

縄文時代の土偶は多種多様で遮光器土偶はその様式の一つにすぎない。さらに遮光器土偶を構成する個々の要素は他の様式の土偶や土製品でも見ることができる。

たとえばゴーグルをかけたような眼は東北地方の土面といわれる人面をかたどった土製品にあるし、幅広の臀部とくびれたウエストの組み合わせは長野県を中心とするいわゆる「縄文のビーナス」[※⑤]という土偶にもみられる。そして、それらは遮光器土偶と個々の要素を

※③CBA（宇宙友好協会）
1957年に航空ジャーナリストの松村雄亮氏が設立した団体。先進的な団体で60年代には早くも「ポールシフト」や「古代宇宙飛行士説」といった現代ではお馴染みの説を主張していたとされる。

※④戦後に書かれた偽書
詳しくは『謎解き古代文明DX』（彩図社）を参照のこと。

※⑤縄文のビーナス
長野県茅野市の棚畑遺跡から出土したものが有名。縄

共有しているにも関わらず宇宙服には見えないのである。

　遮光器土偶は、縄文人が他の土偶などに共有されている要素を集めた結果、**たまたま宇宙服のようにも見える姿になった**というだけのものである。美人の定義は文化ごと、さらにいえば個人の好みごとに様々だが大きな目や小さな口の女性が好みという男性は現代もいる。遮光器土偶は縄文時代晩期の人々の好みを一つにまとめた産物とみなすのが妥当だろう。また、奇妙な姿の人物や動物についても宇宙生物を持ち出さなくてもデフォルメの結果や架空のキャラクターと考えた方が無理はない。現代日本でも、たとえば秋葉原の店頭を見れば写実的な人体や既知の動物とは程遠いフィギュアが並んでいるではないか。

左が東北地方で出土した土面、右が「縄文のビーナス」(©Takuma-sa)

　なお、遮光器土偶に限らず縄文時代の土偶は通常、壊された状態で屋内や祭祀施設に埋められている。その中には壊しやすいようにあらかじめ脆い個所ができるよう作られたと思われるものさえある。これは土偶が崇拝の対象としての神像というより壊すことを前提とした呪術用の人形であったことを示して

文時代中期のものとされ、妊娠した女性の姿を表しているともいわれる。全長27センチで、重量は約2キロ。平成7年に国宝に指定されている。

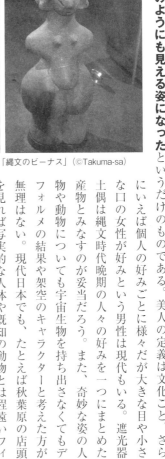

いる。その呪術の内容については考古学者などにより病気平癒の祈願や豊穣を祈るための一種の生贄などさまざまな憶測がなされているが、**少なくとも宇宙人崇拝やＵＦＯ搭乗記念のために作られたものでない**ことは確かである。

（原田実）

■参考資料：
エーリッヒ・フォン・デニケン『未来の記憶』（早川書房、１９６９年〔原書１９６８年〕）
エーリッヒ・フォン・デニケン『星への帰還』（角川書店、１９７１年〔原書１９６９年〕）
エーリッヒ・フォン・デニケン『太古の宇宙人』（角川書店、１９７６年〔原書１９７３年〕）
高坂勝巳『地球遺跡　宇宙人のなぞ』（立風書房、１９８０年）
並木伸一郎『超古代オーパーツＦＩＬＥ』（学習研究社・２００７年）
縄文造形研究会編著『縄文図像学Ⅰ』（言叢社、１９８４年）
縄文造形研究会編著『縄文図像学Ⅱ』（言叢社、１９８９年）
監修：武藤康弘取材・文：譽田亜紀子『はじめての土偶』（世界文化社、２０１４年）
原田実『トンデモ日本史の真相　史跡お宝編』（文芸社、２０１１年）
ＡＳＩＯＳ『謎解き古代文明ＤＸ』（彩図社、２０１４年）
斎藤隆一「遮光器土偶」（『北奥文化』第25号・北奥文化研究会・２００４年12月、所収）
橋本順光「デニケン・ブームと遮光器土偶＝宇宙人説」（吉田司雄編著『オカルトの惑星』青弓社・２００９年、所収）

30 イースター島とモアイの謎

【モアイ像は高度な文明で造られた？】

伝説

南太平洋上に浮かぶ、※①イースター島（ラパ・ヌイ）。

この島には、人の顔をかたどった謎の巨大石像「モアイ」がある。

モアイには、いまだに解けない大きな謎がある。それはモアイをどうやって作り、どうやって運んだのか、ということだ。モアイは10世紀ごろから18世紀にかけて作られたとされている。しかし、18世紀にヨーロッパ人が初めてこの島に足を踏み入れた時、イースター島の人々は原始的で石器時代のような暮らしを送っていた。巨石を運搬するような技術を持っていたとはとても思えないのである。

そのため、モアイはオーパーツではないかとされ、イースター島の周辺海域にかつてあったという高度な文明を持つ帝国の子孫が作ったものではないか、との意見もあった。

しかし、近年になりその謎を解くかもしれない、有力な説が登場した。その説を唱えた

※①イースター島　正式名称はパスクア島。現地語ではラパ・ヌイと呼ぶ。チリの首都サンティアゴから西へ３７００キロの太平洋上に位置。面積は北海道の利尻島とほぼ同じ大きさの約１６３平方キロ。

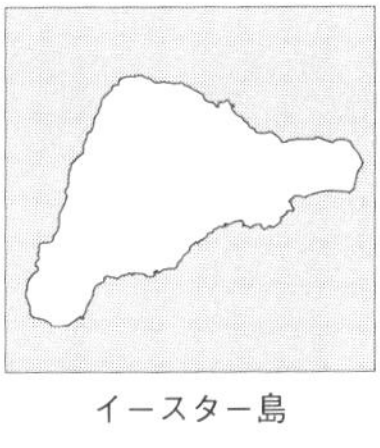

イースター島

のは、ベストセラー『銃・病原菌・鉄』の作者ジャレド・ダイアモンド[※②]である。ジャレドは2005年に出版した『文明崩壊』の中で、イースター島に言及。島はかつて豊かな森林に覆われており、そこには比較的高度な文明を持つ人々が暮らしていたとする説を展開した。モアイはそれらの人々が技術を駆使して作ったという。

だが、その後、人口増加とモアイ制作の影響で森林は次第に破壊されるようになる。その結果、イースター島の文明は崩壊し、人々の暮らしは石器時代レベルにまで後退してしまった。島を初めて訪れたヨーロッパ人が見たのは、文明を失ったイースター島の人々だったというのだ。

はたして最盛期のイースター島では大勢の島民が共同で石を刻み、森の木々を使った運搬具でモアイを海岸にまで運ぶ、古代エジプトさながらの光景が見られたのだろうか。

真相

イースター島に関するジャレドの説は、現代文明の行く末を暗示していると大いに人気を集めた。豊かさを享受しているうちに、それを支えた資源と環境を使い果たして滅びるのは、多くの古い文明がたどった道でもある。

だが2012年、2人の人類学研究者が**この説を否定する新たな仮説を提示**した。米ハワイ大学のテリー・ハントと、カリフォルニア州立大学のカール・リポは、島にはジャレ

※②ジャレド・ダイアモンド
1937年生まれ。アメリカの進化生物学者、カリフォルニア大学ロサンゼルス校の教授。ニューギニア人との対話から人類の進化・発展に興味を持ち、研究を進める。『銃・病原菌・鉄』は多言語に翻訳され、世界的なベストセラーになった。

ドがいう**人口爆発も高度で複雑な社会も存在しなかった**というのだ。

●ジャレドの説は間違い？

人間が農耕を始めると、ほとんどの場合、食料が豊富になるので人口が爆発的に増える。人が増えれば、さらに開墾を進めたり、近隣と戦争するなどして、食料や生活資材を確保できるようになり、労働力が増し、巨大な建造物も造れるようになる。

イースター島のモアイ（©Alanbritom）

これが農耕革命[※③]と呼ばれているもので、世界的に知られている大文明をはじめ、世界各地で人々の暮らしに大きな変化をもたらしたことが確認されている。ジャレドはこの定説に沿ってイースター島の歴史を描いて見せた。彼は最盛時のイースター島には森を切り開いた農地が広がり、1万人以上、2、3万人に達する人々が暮らしていたと想定する。

だが、ハントとリポはそれはあり得ないという。ポリネシア人のおもな作物はタロイモ[※④]だが、イースター島は降水量が少なく、**タロイモ栽培には不向き**

※③農耕革命
それまで狩猟や採集、漁労で主に食料を得ていたのが、農耕を始めたことによって、生活スタイルや社会システムが大きな変革を迎えたこと。これにより新石器時代が始まったため、新石器革命とも呼ばれる。

※④タロイモ
サトイモの仲間。根茎をむして食す。熱帯アジアやオセアニアの島々、熱帯アフリカなどで広く栽培されている。栽培は湿地帯で行うことが多く、河川のないイースター島では大量に栽培することができない。

タロイモ（©Yongxinge）

である。**1～3万もの人口を養えたとは考えられない**というのだ。

18世紀にオランダ人が初めてイースター島を訪れた時、人口は3000人ほどだった。[※⑤] ハントとリポはこの3000人という数がイースター島の最適人口で、500年ほど安定した暮らしを続けながら、モアイを作ったのだと主張する。

ハントとリポの説では、イースター島の人々はむしろ狩猟民族に近い暮らしを送っていたとする。島から島へと移り住んできたポリネシア人は、イースター島にくると海沿いに小さな集落を形成し、風除けの石垣で囲まれた菜園を作った。そこで作物を育て、カヌーに忍び込んで島で増殖していたネズミを捕って生活していた。海岸には祖霊を祀る石造りの祭壇を築いた。

ジャレドが言う、文明が崩壊して人々が石器時代の暮らしに戻ったというのは、20世紀初頭の冒険物語ではおなじみの筋書きだ。ムー大陸の子孫が原始的な生活をするようになったと言われても信じない人は多いだろうが、この島にもヨーロッパ人が知らない文明があったと言われれば信じたくなってしまう（実際、ヨーロッパ人に知られることなく栄えて滅びた文明は各地で発見されている）。

だが、島という限られた土地ではわずかな油断が全滅を招く。何より大切なのは、**生きのびること**、**世代を重ねること**で、文明を築くことではない。そう考えれば総人口2万人の文明社会よりも、遺跡が示しているような総人口3000人の海岸沿いに散らばる村落での暮らしの方が現実的だ。もちろん島がもっと農耕に適した気候であれば、彼らも農地を

※⑤人口は3000人ほど
イースター島の現在の人口も4000人弱である。

広げ、子孫を増やしてジャレドが想定したような暮らしをしようとしていたかもしれない。だがイースター島の環境ではそういはいかなかったのだ。

●なぜモアイを作ったのか？

18世紀後半のヨーロッパで描かれた当時のイースター島の様子

農耕社会になると、専業でものを作ったり、戦争する兵士を養えるようになる。狩猟採集社会[※⑥]にはこうした余裕はない。だが、他人を養わなくていいので、実は一日中畑で汗を流して働く農耕民より労働時間が少なく、ほかのことができる時間はたっぷりある。

ラパ・ヌイの人々は、質素な暮らしと引き替えに大量の時間を手に入れた。だが基本的には自然が頼りの蓄えの少ない暮らしだ。安心して暮らしていくためには、祖霊と聖霊に守ってくれるように祈らなくてはならない。

そこで人々は祖霊を現すモアイ作りに力を入れたのだ。ラパ・ヌイではモアイ作りは生活に欠かせない作業の一つだったのである。

※⑥狩猟採集社会
人類学の用語。野生の動植物を狩猟したり、採集するなどして生活を営む社会形式をいう。

島には倒れたまま放置されたモアイもある（©russavia）

イースター島が絶海の孤島[※⑦]で、海を渡って攻めてくる敵がいなかったことも人々の余裕を生んだ。ポリネシア人は、平和なイメージと裏腹に勇猛な戦闘民でもある。生きのびるために他の島の人々を襲って食料財産を略奪したり、土地を奪って移住したりすることも多かった。モアイが海に背を向けているのは、外敵を心配する必要がなかったからだと言うのは昔から指摘されていることである。モアイが守っているのは島で営まれる人々の暮らしなのだ。

●なぜモアイは歩いたのか？

モアイは自分で歩いたというのは、イースター島に残る伝説の一つだ。

巨大な石像物を移動させるには、木製のコロやそりを使うことが多い。こうした運搬法は[※⑧]ヘイエルダールが島で実験していて、どの程度の人数とどのくらいの木材が必要かも実証済みである。

ここで疑問となるのは、それだけの木材が島にあったのか、それだけの人数が確保できたのかの2点だ。

※⑦絶海の孤島
イースター島に最も近い島はサラ・イ・ゴメス島。しかし、4000キロ以上も離れている。

※⑧トール・ヘイエルダール
（1914〜2002）ノルウェー出身の人類学者、探検家。ポリネシア人の起源は南米から舟で渡った人々であることを立証するために、南米ペルーからイカダで出発。約8000キロの航海の末、出発から102日後にタヒチ島付近のトゥアモトゥ諸島に辿り着いた。

ヘイエルダール

ジャレドなどは過去には豊富な木材があり、人口も多かったので可能だったという説をとる。「モアイが歩いた」伝説を考慮して、立たせたままのモアイを小さめのそりに乗せたという説もあった。

一方、ハントとリポは、立たせたままのモアイにロープをかけて、バランスをとりながら交互に引けば、**比較的少人数で移動させられることを実験して証明**した。そりもコロも大人数もいらない。必要なのは**十数人の労働力とロープだけ**である。花粉分析によって、かつて島には丈夫なロープが作れる椰子の木が豊富に生えていたことがわかっている。彼らが言うモアイの道には**倒れたまま放置されたモアイ**が多数見られる。「歩かせる」のに失敗して倒れてしまったら、また新しいのを作る。ラパ・ヌイの人々には時間はたっぷりあったのだ。

ハントとリボが解明したモアイの運搬法。立たせた状態のモアイにロープを結び、左右から交互に引っ張ると歩くように進んでいく。（※⑨）

イースター島にやってきた人たちのふるさとである東ポリネシアには祖霊を祭る場所として石造りの祭壇を作る伝統と、祖霊であり精霊（神）であるティキ※⑩の像を造る伝統がある。初期のモアイ

※⑨画像の出典
National Geographic Live!「Walking with Giants: How the Easter Island Moai Moved」（https://www.youtube.com/watch?v=YpNuh-J5IgE）より。

※⑩ティキ
マオリやハワイで信仰されている伝統的な神。精霊や保護者を表すとされる。

©russavia

は大きさも小さめで体もあり、タヒチやハワイのティキ像と共通する部分も多いものだった。他の島々との交流が少ないイースター島での暮らしが続くうちに、**徐々に顔部分が大きくなってティキはモアイになった**と考えられている。像が小さい時代からロープで引いて「歩かせて」移動させていれば、「歩かせる技術」はどんどん向上していっただろう。

●そして、モアイだけが残った

では、かつて島を覆っていた森はどうしてなくなってしまったのだろう？　ハントとリポは人々と一緒にやってきた**ネズミ**のせいだという。ネズミは木の種子を食べる。中でも椰子の実にはネズミの歯形が残っているものがある。それだけではなく、ロープのためなどに椰子の木を使いすぎて生態系が崩れた可能性も高い。同じ島国である日本の場合を考えても、安定した暮らしは数百年と続かない。人間の暮らしは劇的な形ではなくても自分たちがよって立つ自然を徐々に破壊したり、災害で打撃を受けやすくしてしまって、いつかは崩壊してしまうのだ。

いずれにしろ、ヨーロッパ人がやってきたころには、もうモアイはつくられなくなっていて、森もほとんど残っていなかった。※⑪人々は争い、持ち込まれた病気でさらにダメージを受け、労働力としてヨーロッパ人に連れ去られた人も多く、島の人口は激減した。

島は近代にはイギリス領になり、**島全体で羊の放牧が行われた**。どこまでも草原が広がる現在の風景が生まれたのは主にこの羊放牧のせいである。人も歴史も自然も消えてしまっ

※⑪人々は争い
ハントとリポは否定しているが、お互いのモアイを倒したり、食人の習慣も発生したと推測する研究者もいる。

た島にモアイだけが残ったのだ。

現在のイースター島はチリ領で主産業はモアイ観光[※⑫]だ。倒れていたモアイも観光用に重機で引き起こされている。現在の写真で見られるように、ずらっと並んだモアイが過去の姿かどうかは、誰も知らないのだ。**現在立っているモアイは史上最高数**だろうとも言われているほどである。

チリ本土からやってきた人も多く、人口は5000人に増えたが、モアイを作ったラパ・ヌイの人々の子孫はごくわずかだ。かつてモアイに宿っていたラパ・ヌイの祖霊たちはモアイを求めてやってくる人々を見ているのだろうか？


（ナカイサヤカ）

■参考資料：
ナショナル ジオグラフィック日本版「謎に満ちた文明崩壊の目撃者 モアイ」(http://special.nikkeibp.co.jp/ts/article/ac0b/139205/201207/index.html)
ジャレド・ダイアモンド著、楡井浩一訳『文明崩壊 滅亡と存続の命運を分けるもの』（草思社、2005年）
Terry Hunt, Carl Lipo『The Statues that Walked: Unraveling the Mystery of Easter Island』(Free Press, 2011)

※⑫モアイ観光
イースター島には、倒れているものも含めると900近いモアイがあるとされる。その中には、近代になって複製されたものもある。

31
【発見された〝ナノテクノロジー〟の痕跡】
「デリーの鉄柱」は超文明の産物

伝説

「鉄」は錆《さ》びに弱い。人類は遅くとも紀元前15世紀にヒッタイトの鉄器文化を成熟させているが、鉄器の多くが錆びて朽ちるか再利用されてしまい、ほとんど現物が残っていない。

ところが、415年に北インドで製造された「デリーの鉄柱」こと「アショカ・ピラー」は、高さ7メートル、太さ40センチの巨大な「鉄」でありながら、1600年も屋外で風雨に晒されてきたというのに、ほとんど錆びていない。今日にいたるも、黒々とした滑らかな鉄肌が薄っすらと黒い輝きをまとっており、とても美しい。

古くは世界最大の鉄の建造物として人々を魅了してきたが、不幸にも1960～70年代に、※①古代の宇宙飛行士説を唱えるエーリッヒ・フォン・デニケンらが盛んに紹介してしまい、エイリアンの入れ知恵だのと非科学的な文脈で有名になってしまった。もし、あなたが古い超常現象ファンならば、「デリーの錆びない鉄柱」など、解決済みの地味で退屈なオーパー

※①古代の宇宙飛行士説　かつて「宇宙考古学」と呼ばれていたが、近年ではこちらの呼び方が一般的。要訳すると「太古の地球に異星人が飛んできて、凄い技術を提供してくれたのでピ

ツもどきと認識しているかもしれない。だが、それは誤解である。

最新の研究によって「デリーの鉄柱」はナノチューブ鋼である可能性が指摘され、古代インドのナノテクノロジーを示唆する証拠として再び注目されているのだ。

２００６年のこと、世界で最も権威のある科学論文誌『Nature』に、「ダマスカス鋼からカーボンナノチューブ（ＣＮＴ）構造が発見された」という※②オーパーツ魂を揺さぶる論文が掲載された。古代インドにはダマスカス鋼と呼ばれる、強靭で錆びにくい鉄鋼が存在しており、その性質からデリーの鉄柱もダマスカス鋼であると考えられている。

1600年も錆びない「デリーの鉄柱」（©Sujit kumar）

この論文を発表したのは、ドレスデン工科大学のペーター・パウフラー博士率いるドイツの研究チームである。パウフラー博士は17世紀に製造されたダマスカス剣の表層を塩素で溶かし、電子顕微鏡で観察した結果、ナノチューブ鋼に特有の格子状の構造体を発見したという。この研究を掘り下げた結果、ダマスカス鋼の優れた性質は、カーボンナノチューブとナノワイヤーが組み込まれているからだと推定し、かの有名な「デリーの鉄柱」も同じ理由で錆びないのだろうと指摘したのである。

ラミッド等を建造できたが、壁画やペンダントなどの微妙な痕跡しか残さずに消え去った」という説。オーパーツが仮説の傍証だとするが、マンモス印の電化製品やプラズマ銃が発掘されてから出直してきて欲しい。

※②オーパーツ魂を揺さぶる論文
「Materials: Carbon nanotubes in an ancient Damascus sabre」『Nature』Vol.444 2006「Carbon nanotubes: Saladin's secret weapon」Royal Society of Chemistry, 2006

さすがに『Nature』に掲載された論文であり、古代インドにナノテクノロジーが存在したとまでは書けなかったようだが、この発見は正統派考古学会の足元に設置された、大型の時限爆弾といっても過言ではない。軽々にエイリアンの助言だなんだと騒ぐ必要はないが、既存の考古学が根本的に再検討される時期に来ている証拠なのではないだろうか。

真相

実を言うと私（若島）も、長いこと「デリーの鉄柱」といえば、解決済みの地味で退屈なオーパーツもどき程度に認識していたことを白状せねばならない。今では色々と興味深い物件であることを認めているが、それは「ダマスカス鋼」だからという理由ではないし、ナノテクノロジーも関係ない。

●デリーの鉄柱とダマスカス鋼は別物

そもそも、デリーの鉄柱には誤解が非常に多い。この業界ではありがちなことだが、サイズ[※③]を含め基本的な情報から錯綜している。[※④]「アショカ・ピラー」という呼称ですら誤解で、そして、案の定というべきか、デリーの鉄柱とダマスカス鋼の関係も大きく誤解されている。

両者には**古代インドの錆びにくい鉄鋼というレアな共通点**があるため、同じ鋼材だとみなしたくなる誘惑は理解できるが、混同するには違いが大き過ぎる。

※③鉄柱の大きさ　1961年にASI（インド考古学会）が地中部分まで発掘調査をしており、サイズも正確に測定されている。地表部分は6・26メートル、地中部分は0・94メートル、重量は推定6トン、直径は先端付近から根元にかけて30～42センチと測定された（『NML TechnicalJournal』Vol.5 , 1963）。

※④「アショカ・ピラー」という呼称ですら誤解　アショカ王は紀元前3世紀マウリヤ朝の王で、国中に仏塔を建造したことでも知られ、それらが「アショカ・ピラー」（アショカ王の柱）である。デリーの鉄柱は5世紀のグプタ朝の時代であり完全に別物だが、昔は混同されていた。ちなみに金属工学の分野では問題の鉄柱は「DIP」（Delhi Iron Pillar）、つまり「デリーの鉄柱」と表記するのが一般

実のところ製鉄の歴史は、技術史家や金属学者が意外なほど詳しく調べている分野である。とりわけ「ダマスカス鋼」は、強靭で優れた鋼材でありながら、18世紀に製造方法が失伝してしまい、※⑤多くの研究者を惹きつけてきた。

ダマスカス鋼について現存する記録から判ることは、遅くとも10世紀、十字軍の時代にはシリアのダマスカスで生産された「ダマスカスの剣」が、抜群の切れ味と強靭さ、独特の美しい文様から西欧世界で有名になり、その鋼材が「ダマスカス鋼」と呼ばれていたということである。シリアに輸出されたダマスカス鋼は、**南インドの「ウーツ鋼」**であることが知られており、古くは紀元前3世紀頃まで遡れるようだが、初期のウーツ鋼については完全に解明されているわけではない。

20世紀初頭のシリア・ダマスカスの刀剣工房

「デリーの鉄柱」は、5世紀の初頭、北インドの統一によって最盛期を迎えたグプタ朝の治世で※⑥鍛造された。完成当時は柱頭にガルーダ像が載せられ、ヴィシュヌ神への捧げものとして、東部のウダヤギリに立てられていたことが判っている。これが12世紀になると、同地方に侵入したイスラム勢力に抜き取られ、現在の場所まで強制的に移設されたようである。

的である。

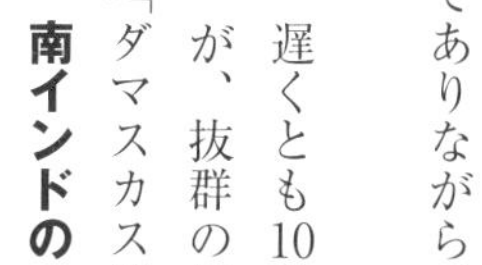
アショカ王の柱（©Rajeev kumar

※⑤多くの研究者を惹きつけてきた　19世紀初頭には、かのマイケル・ファラデーがダマスカス鋼の現物を研究しているほどである。

※⑥鍛造（たんぞう）　鉄製品を製造する過程で、飴状になるまで熱した鉄材をハンマー等で叩いて鍛える工程を指す。目的の形状に成形するだけではなく、金属の隙間が潰れ不純物が絞り出され結晶が微細化されることで鉄の品質を高めることができる。

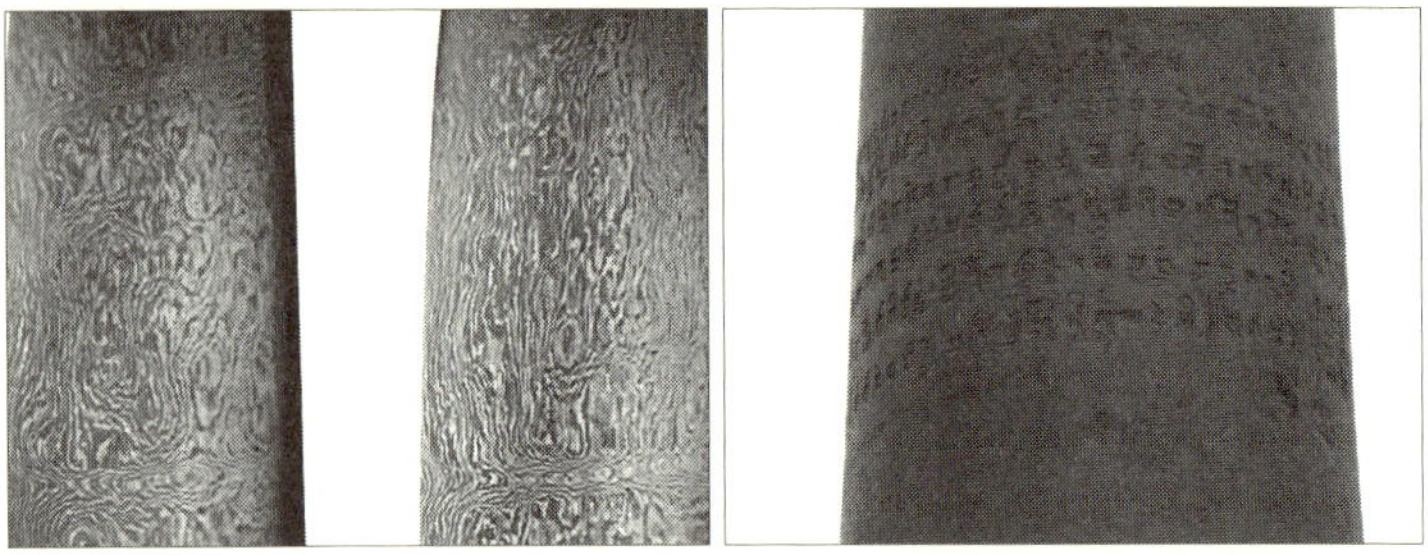

ダマスカス鋼の表面（左、©Rahil Alipour Ata Abadi）。「インドの鉄柱」（右）には独特な文様がない。

西欧世界では19世から知られるようになり、錆びない大きな鉄柱は、以降、多くの冶金学者を魅了している。20世紀初頭には組成の分析も始まり、華やかさには欠けるが、地味な研究が粛々とおこなわれてきたのである。要するに、ダマスカス鋼とデリーの鉄柱には、それぞれに十分な研究があり、手間を惜しまなければ両者を比較することは容易である。

まず、ダマスカス鋼の最大の特徴は、**表面に浮かび上がる美しい縞の文様**である。ダマスカス鋼を再現する研究は、この文様が得られる製鋼法の探求でもある。一方、デリーの鉄柱は、黒々とした滑らかな鉄肌をしている。ダマスカス鋼は南インドの間接製鋼法※⑦に分類される方法で生産された、炭素含有量が1・7%の**超高炭素鋼**である。デリーの鉄柱は直接製鋼法※⑧で鍛造された錬鉄であり99・72%の**高純度鉄**である。

つまり「デリーの鉄柱」と「ダマスカス鋼」は、外見的特徴も生産された場所も職人文化も製鋼法も組成も異なり、金属工学からも歴史的証拠からも完全に**別モノ**である。したがって、ダマスカス鋼によってデリーの鉄柱を説明しようとするのは、ナンセンスだと言わざるを得ない。

※⑦間接製鋼法
高温で鉄材を溶融して得られた銑鉄（せんてつ）を、炭素量を調整するなどして目的にあった鉄鋼を得る方法である。なお、炭素含有量が0・02%〜2・1%の鉄が鋼（はがね）と呼ばれる。鉄を溶融させるには最低でも1200〜1500度の高温が必要であり古代では珍しいが、南インドと中国で用いられていたことが分かっている。まったく不可能ではないが、北インドでは使われていない。

※⑧直接製鋼法
炉に木炭などの炭素源と鉄鉱石を入れて熱し、数百度の低温で還元した鉄を得る方法。鉄を溶融する工程を挟まないため直接製鋼法と呼び、最初得られるスポンジ状の鉄を塊鉄（かいてつ）と呼ぶ。これを鍛造すると錬鉄（れん鉄）になり、不純物が十分に少なければ高純度鉄である。古代では一

●カーボンナノチューブとはなにか

WEB上の記事や報道ではダマスカス鋼とデリーの鉄柱が同一視されているが、パウフラー博士は、インド※⑨の鉄鉱石や還元剤（古代インドでは果物の皮や植物などの有機原料）、作業工程が原因で、意図せずしてカーボンナノチューブが生成されたのだろうと推測している。

カーボンナノチューブとは1991年にNEC基礎研究所の飯島澄男によって発見された炭素の同素体である。カーボンとは炭素のことであり、最高級ジュエリー（ダイヤモンド）でありながら、鉛筆の芯（黒鉛）でもあるという世知辛い存在としても有名である。その差は果てしなく大きいが、人間のスケールでは知覚すらできない結晶構造（炭素原子の配列）などの違いで生じているに過ぎない。元素のレベルでは、ダイヤモンドも黒鉛も――そしてカーボンナノチューブも炭素の同素体なのである。

ダイヤモンドは炭素原子が上下左右に結合しているが、黒鉛は炭素原子が平面的に結合したシートを重ねたような構造を持つ。このシートを重ねるのではなく、**筒状に丸めたもの**※⑩**がカーボンナノチューブ**である。現在のところ未解明な要素もあるが、筒の先を閉じたり、ねじったりすることで性質が変わることから、新しい半導体、寿命が長い電池、痛くないナノ注射針、さらには強靭で錆びに強いナノチューブ鋼などに応用する研究が盛んである。

このようにカーボンナノチューブがナノテクノロジーを象徴する存在であることは事実

般的な方法であり、生産効率が恐ろしく悪いことを除けば、不純物が少なく職人の腕次第で良い鋼材になるなどのローテクならではのメリットもある。

※⑨インドの鉄鉱石
インドで採掘された鉄鉱石は、リンが通常よりも多いなど組成が特徴的であり、わずかながらバナジウムや他の希土類も含んでいる。古くから経験的に優れた鉄鉱石として知られており、これが紀元前の昔からインド鋼が優秀であった要因の一つと考えられている。

※⑩筒状に丸めたもの
左はカーボンナノチューブの幾何学構造図。

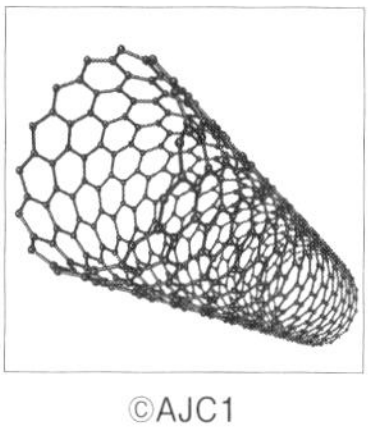

©AJC1

だが、量産や目的に沿った構造に加工する技術、そして**電子顕微鏡があってこそのナノテクノロジー**だということは強調せねばなるまい。パウフラー博士の研究については、現段階では評価しかねるが、真相がどうであれ古代のナノテクノロジーを示唆する内容ではない。

（若島利和）

■参考資料：
M.C.Joshi, S.K.Gupta『King Chandra and the Meharauli Pillar』（Kusumanjali Publications,1989）
『NML Technical Journal』（Volume 5, 1963）
John D. Verhoeven「The Mystery of Damascus Blades」『Scientfic American』（2001）
「Materials: Carbon nanotubes in an ancient Damascus sabre」『Nature』（Vol.444, 2006）
「Carbon nanotubes: Saladin's secret weapon」（Royal Society of Chemistry, 2006）
Upinder Singh『Delhi: Ancient History』（Social Science Press, 2007）
R. Balasubramaniam『Story of the Delhi Iron Pillar』（Foundation Books, 2005）
天野哲也、池田榮史、臼杵勲『中世東アジアの周縁世界』（同成社、２００９年）
エーリッヒ・フォン・デニケン『未来の記憶』（早川書房、１９６９年［原著１９６８］）
ルードウィヒ・ベック『鉄の歴史』第一分冊一巻（たたら書房、１９６８年［原著１８８８］）
「錆びないハガネ」（http://tojiro.net/jp/guide/material_stainless.html）
「ダマスカス鋼の研究」（http://www.nittech.co.jp/M99/M9906.html）

32 【インド人研究者が暴いた驚きの仕組み】「デリーの鉄柱」が錆びない理由

伝説……

鉄柱が錆びないだけで「ナノテクノロジー」だの「UFOの素材」だのと、いやはや「デリーの鉄柱」というのは、知性の欠如した連中のお気に入りらしい。

だいたい「錆びない鉄柱」というが、これがかなりの誇張である。意外と知られていないが、地中部分は錆びてぼろぼろに腐食しており、しかも1997年には、鉄柱の劣化が原因で鉄柵が設置されているのである。なんてことはない本当は錆びているのだ。

もちろん、鉄製品にしては長命であるが錆びにくい性質は不思議というほどではない。そもそも「デリーの鉄柱」は組成の分析から99・72%※①の純鉄であることが確認されている。「鉄」という物質は、不純物が多いほど錆びやすくなるため、高純度鉄であるということは、それだけでも錆びにくい。さらに、所在地であるメヘラウリ村は乾季が多いため、コンディション維持にも有利であろう。

※①99・72%の純鉄　最初期の分析（『J.Iron & Steel Inst』Hadfield,1912）では99・72%、99・67%、99・77%である。その後、1945年（Lal）、1961年（Ghosh）などが、鉄柱の異なった個所から試料を採取し追認している。

それればかりか、鉄柱に背中をつけて後ろ向きに両手を回し、手が届く人は幸運だという話が伝わっているため、長年に渡って多くの人々が鉄柱を撫でまわしてきた。インドには太陽光から肌を守るため身体に油を塗っている者もおり、人間に由来する油脂が鉄柱をコーティングすることで、防錆に一役買っていることが指摘されている。

これほど錆びにくい条件が重なっているのだが、ついに完全決着と呼べる最後のピースが特定された。日本テレビの「特命リサーチ200X」[※②]という番組で紹介されたリン酸鉄の皮膜による防錆効果である。これは簡単に説明しておこう。

デリーの鉄柱を造るには、溶融した鉄を型に流し込み、少し冷えたところで型を壊し、全方向からハンマーで叩く工程が必要になる。そうすることによってスラグ（鉄滓）と呼ばれる不純物が鉄の表面に絞り出され、結果として高品質な鉄に仕上げることができる。さて、インドで産出される鉄鉱石にはリン（P）が普通よりも多いことが知られている。さらに、当時は炉のなかにカッシア・アウリキュラータ（ミミセンナ）というリンを豊富に含む植物を投入していた記録もあるという。そのため、鉄柱の表面に絞り出されたスラグにはリンが豊富に含まれている。リンは鉄と結合することでリン酸鉄（$FePO_4$）になり、これがリン酸鉄の皮膜になることで、鉄柱の表面を腐食性の錆から保護するのである。

この皮膜は不動態皮膜[※③]と呼ばれ、リン酸鉄のそれは高い防錆効果が期待できる。なにしろリン酸塩[※④]（リン酸鉄やリン酸亜鉛）皮膜処理は、現代の代表的な防錆処理であり、錆び止めとして理に適っている。もちろん、現代のような金属工学に基づいた化成処理ではない

※②「特命リサーチ200X」
1996年10月～2002年1月まで日本テレビ系で放送された超常現象を解明する番組。デリーの鉄柱は「オーパーツ アショカ・ピラーの謎を追え！」の副題で1999年5月23日に放送。

※③不動態皮膜
ステンレスやチタン等の合金鋼に生じる、目に見えないほど薄い（つまり色では識別できない）酸化皮膜。

のだから、効果のほどは知れている。だが、もともと錆びにくい高純度鉄が、気候や人間の油脂などの好条件によって守られているのだから、錆びに強いのは当然なのである。たしかに5世紀の鍛冶職人が経験則からリンを増量したことは称賛に値するが、デリーの鉄柱は「本当は腐蝕している錆びにくい鉄柱」に過ぎないということもまた事実である。

デリーの鉄柱。周囲の人と比べるとその大きさがよくわかる（©S3kahell）

真相

●通用しない“常識的な説明”

前項で「デリーの鉄柱には誤解が非常に多い」と論じたが、実のところ鉄柱の謎を貶める議論にこそ当てはまるということを強調したい。

冷静に考えて欲しい。「デリーの鉄柱」はステンレス鋼でも特殊な合金でもない6トンの純鉄である。それが1600年も屋外で野晒しにされているのに、黒々とした美しい状態を維持しているのだ。新婚旅行中の腐食防食学者が新妻の機嫌を損ねるほど危険で魅惑的な存在であり、軽々と解決できるような「偽の不思議」ではない。

緻密で安定した薄膜で鋼材を錆から保護しているばかりか、破壊されても再生するため強い耐蝕性を与える。しばしば黒錆などの緻密な酸化被膜とも混同されるが厳密には異なる。

※④リン酸塩（リン酸鉄やリン酸亜鉛）皮膜処理
鉄の表面等にリン酸塩の溶液を塗布するなどして防錆効果に優れた緻密なリン酸塩皮膜を生成させる化成処理である。古代でも鉄材をリン酸塩の溶液に漬けるなど基本原理が同じような処理は存在していたが、耐蝕性の向上はさほど望めない。現代の一般的なリン酸鉄処理は、リン酸塩皮膜処理のなかでも防錆効果に劣るため、デリー郊外の環境化で錬鉄を千年も大気腐食から保護できるかは疑問である。

腐食している鉄柱の根本部分（R. Basubramaniam『New insights on the 1600 year-old corrosion resistant Delhi iron pilar』,2000）より

とりわけ「本当は錆びている」という議論は質が悪い。地中部分の腐蝕は1961年にＡＳＩ※⑤（インド考古学会）の発掘調査で確認されており、これは事実である。だが、原因は鉛のシートによる異種金属接触腐蝕※⑥であり、**相応の原因が解明**されている。もし、デリーの鉄柱が何をしても絶対に錆びない金属だと主張している者がいるならば、反論には成り得るだろう。だが、本質的な謎とは関係のない極端なトンデモ論だけを否定したところで、謎の解明には一歩も近づいていない。

耐蝕性の要因を99・72%の高純度に期待する説も誤解である。これが99・995%以上の「超」※⑦高純度鉄であれば話は別だが、デリーの鉄柱は**「超」がつかない高純度鉄**である。不純物が少ない分、高い耐蝕性は期待できるが、せいぜい10年単位の話であり、大気中で１６００年も美しい姿を維持する要素ではない。

人間に由来する油脂皮膜説も、かつては提唱する者もいたが、**すでに棄却**されている。

１９９７年に鉄柵が設置されたのは事実である。ところが、長い年月に渡って人が触り続

※⑤ＡＳＩの発掘調査『NML Technical Journal』Vol.5（1963）に掲載。

※⑥異種金属接触腐蝕　鉄(Fe)の方が鉛(Pb)よりも標準電極電位が低いため鉄がアノード、鉛がカソードになってしまい、鉄の腐食ばかりが電気化学的に促進されることになる。

※⑦「超」高純度鉄　99・72%の高純度でも大気中では数十年で腐蝕するが、99・995%以上まで「超」高純度化されると、鉄でありながら性質が著しく変化する。銀色に輝き、軟らかいのに切れにくく、塩酸に溶けず、大気腐蝕に強くなる。この現象は２０１１年に99・９９９６%の「超」高純度鉄の製造に成功した安彦兼次（東北大学客員教授）によって発見された。デリーの鉄柱とは小数点以下の違いだが、限界付近では０・２%の差が「超」の壁なの

けてきた部分、鉄柱の下腹部が赤茶けてきてしまい、だからこそ人が触れないように鉄柵が設置されたのである。油脂皮膜説など、今となっては皮肉でしかない。

乾燥した気候に原因を求める説も難しい。なぜなら、鉄柱が415年頃に北インドで鍛造されてから強引に移設されるまでの700年間、東部のウダヤギリで近くの河川から湿気の影響を受けてきたことが判っているからだ。しかも、現所在地のメヘラウリ村は乾季だけでなく雨季もあり、1997年に設置された鉄柵は数年も経たずして錆び始めている。

このようにデリーの鉄柱に関する「常識的な説明」は、俗説が大半を占めており、**謎そのものを不当に過小評価する議論が先行**しているに過ぎないのである。

●「特命リサーチ200X」のリン酸鉄皮膜説

唯一取り合う価値があるのは「特命リサーチ200X」が紹介した、**リン酸鉄の皮膜による防錆効果説**である。現在、日本のインターネット上では、この説がまことしやかに語られており、一番人気の仮説かもしれない。もっとも同番組で否定されていた円盤※⑧を重ねて鉄柱にしたという誤った説がセットで紹介されているのだが……。

それはさておき、この仮説が真相なのかというと、残念ながら答えはノーである。

放映された番組を視聴したところ、初歩的な間違い※⑨も見つかるが、基本的には最高の専門家に取材をしており、きちんと核心にも迫っている。ところが「**鉄柱の表面で何が起きていて錆びないのか**」という結論の部分だけは、**見事なほど誤っている**のだ。それも当然で、

である。

※⑧円盤を重ねて鉄柱にしたという誤った説　5世紀の北インドには溶鉱炉がなく、一度に精製できる鉄は20～30キロ程度に過ぎない。そのため円盤状にした鉄を何枚も何枚も重ねて鍛接し、鉄柱に仕上げたというのが定説であった。しかし、インド国立研究所の実験で、超音波が鉄柱を通過する速度が一定だったことから円盤説は棄却されており、当人であるクマール博士が番組内で説明している。現在は数ブロックに分けて造られたことが判っている。

※⑨初歩的な間違い　たとえば鉄柱を製造する工程として「炉のなかに溶けた鉄を流し込む」と説明しているが、少なくとも5世紀の北インドでは鉄を溶融する間接製鋼法は使われていない。

リン酸鉄皮膜説は、**わずか23秒で説明**されている雑な仮説である。個人的には、取材の水準とのギャップが大き過ぎるため、番組制作側としても不本意かつ、※⑩やむを得ない事情による妥協策だったのではないかと推測している。

ともあれ、それが苦渋の決断であろうが「特命リサーチ」のリン酸鉄皮膜説がおかしいことは事実である。ざっと指摘するだけでも、デリーの鉄柱は黒々としているが、リン酸鉄（$FePO_4$）の皮膜は黄色から茶色である。また色以上に厄介な問題もある。同番組の説明を前向きに受け入れても、できあがる鉄柱は古代北インド製の標準的な錬鉄でしかない。なぜなら、リンが多い鉄鉱石とカッシア・アウリキュラータの組み合わせは、デリーの鉄柱限定レシピではないからである。

要するに、デリーの鉄柱の謎を解明するには、6トン7メートルの高純度鉄が、①黒々とした美しい鉄肌になるような、②1600年も腐食性の錆から保護される強力な原因が、③5世紀の北インドの技術で実現され、④デリーの鉄柱のみに生じた理由。この4点を満たすことがスタートラインなのである。

「特命リサーチ」の仮説は①と④が無視され、②が核心には迫ったが誤っており、③に関してのみ説明できているに過ぎないのである。したがって「特命リサーチ」のリン酸鉄皮膜説は棄却せざるを得ない。

しかしながら、これらの仮説が全て誤っているからといって、デリーの鉄柱の謎が現代でも理解できない謎なのかというと、そうではない。なぜか専門分野の人々にしか知られ

※⑩やむを得ない事情による妥協策
この「リン酸鉄の皮膜」という「仮説」は、あまりにも雑であり不勉強や誤解が原因だとするには難易度の高い不思議な間違い方である。「デリーの鉄柱」を深く調べ出すと、あちこちから知的好奇心を刺激する話題に出会うので、番組制作者も当初の想定以上に紹介したい話が増えてしまったことが想像できる。結局、放送時間の枠内で好奇心を刺激する話題を出来るだけ紹介することを優先し、「リンが特別な役割を果たした緻密な保護性錆」という、恐らくは取材で得られていたはずの結論を泣く泣く犠牲にしたのだろう。ともあれ、古代の製鉄、不純物が鉄柱の表面に集まる仕組、鉄とリンの結合、これらの説明を含む「仮説」をわずか23秒で説明する羽目になった、武蔵大学の平井教授は気の毒という他ない。

ていないようだが、20世紀末にきちんと解明されているのである。

●すでに解かれていた錆びない謎

この謎を解明したのは、惜しくも２００９年に48歳で夭折されたインド工科大学のバラスブラマニアム教授である。金属工学・材料工学の分野で数々の受賞歴を持つ、インド有数の権威にして、**世界で最もデリーの鉄柱を研究した人物**でもある。ちなみに「特命リサーチ」にも顔出し※⑪で登場している。

バラスブラマニアム博士（※⑫）

バラスブラマニアム教授が解明したことは、デリーの鉄柱が鍛造された5世紀初頭に、北インド東部の環境で**「保護性錆」**が生成されたメカニズムである。

錆には種類があり、問題となるのは赤錆（ヘマタイト）などの腐食性の錆である。こうした厄介な錆とは異なり、腐食性の錆から酸化被膜となって鉄の表面を保護する黒錆※⑬（マグネタイト）なども存在する。

保護性錆とは、ひと昔前まで「安定錆」と呼ばれており、簡単に表現すれば鋼材を錆から守る層状の錆である。鉄鋼や合金鋼が長年にわたって大気に晒され続けていると、環境の変化（湿度や気温など）に応じた

※⑪顔出しで登場
「特命リサーチ」も取材しており、番組にも少し登場している。そのため同番組は黒錆に類似した保護性錆が真相であることを知っていたはずなのである。

※⑫画像の出典
「特命リサーチ２００Ｘ」の「オーパーツ　アショカ・ピラーの謎を追え！」より。

※⑬黒錆（マグネタイト）
黒錆は四酸化三鉄（Fe_3O_4）の「錆」ではあるが、水蒸気処理等の酸欠かつ高温の環境下で生成させた場合、黒々とした美しい緻密な酸化皮膜となって腐食性の錆から鉄を保護することができる。

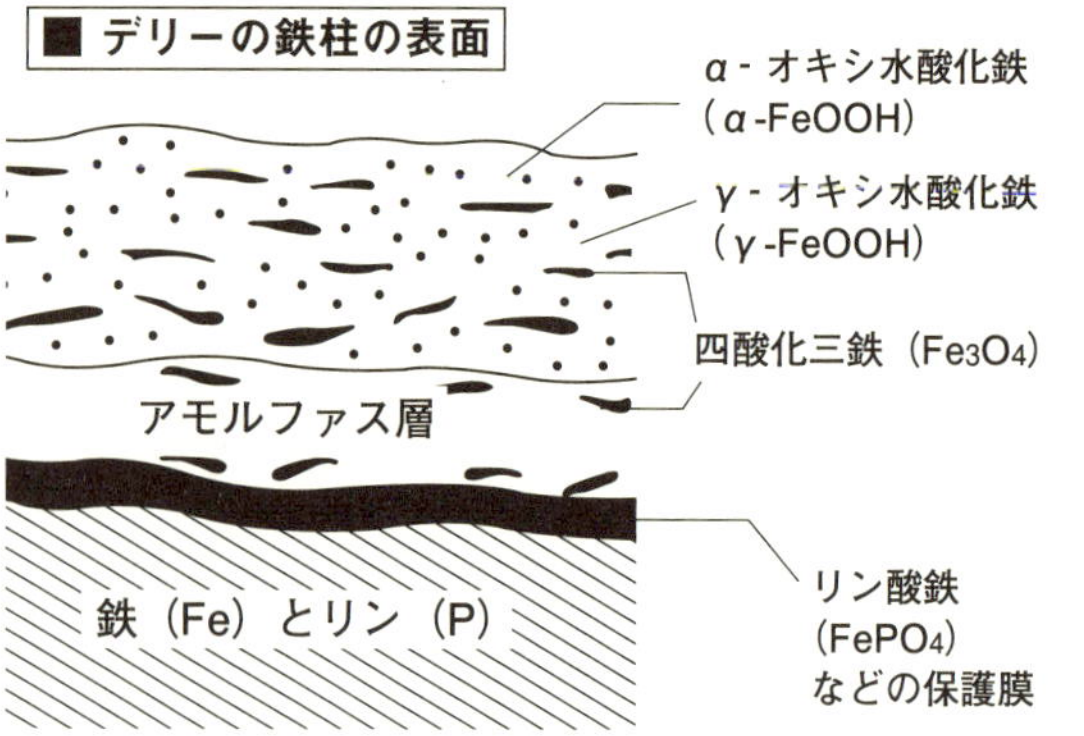

R. Balasubramaniam『On the corrosion resistance of the Delhi iron pillar』（2000）の図を参考に作成（※⑭）

錆の層が生成され、しばしば高い耐蝕性をもたらしてくれる――場合がある。

言葉で表現すると簡単だが、大気の環境は千差万別であり、鉄鋼の種類もとんでもない数が存在する。その膨大な組み合わせのうち、環境と鋼材の条件が揃った場合に保護性錆が生じるのである。保護性錆の生成を前提とした鋼材は**「耐候性鋼」**と呼ばれており、現在も製鉄会社などが熱心な研究を続けている。

耐候性鋼の特徴は、大気に晒された初期段階に緻密なアモルファス層という不動態の薄い膜が生成され、その上に、数年かけて環境と相互作用しながら腐食性の錆から鉄を守る緻密な錆層が成長していくことにある。

デリーの鉄柱も初期に形成された層に、アモルファス層が確認されており、その上に長い年月をかけて**黒錆**※⑮**の酸化被膜に類似した保護性錆**が成長し続けることに成功していたのである。興味深い点は、鉄鉱石とカッシア・アウリキュラータに由来する豊富なリンが、保護性錆の成長を促進していたことである。バラスブラマニアム教授は、その過程を詳しく

※⑭図の補足説明
上図が最終的な保護性錆である。鉄柱が大気に暴露された初期に、濃縮されたリンによってリン酸鉄の被膜が固着し、各種オキシ水酸化鉄が還元反応を繰り返すことで、黒錆（Fe_3O_4）等を含むアモルファス層、さらに適度な密度のα-オキシ水酸化鉄による最終的な保護性錆が形成されたことがわかる。ただし耐候性鋼の研究は歴史が浅く、日本でも25年かけて成長した保護性錆の研究が行われたことで有力な説が覆ったことがあり、未解明な要素は多い。今後も研究が進むことで錆の成長やスラグの影響など、筋書きが変わる可能性はあるが、鉄柱を覆う黒い保護性錆の組成は詳細に分析されている。

解明したというわけだ。かつて、リンは不純物のなかでも鉄材を脆くすることから、要らない子と考えられていたが、日本の耐候性鋼やインド鋼の保護性錆に関する研究によって、**保護性錆の生成に貢献**することが判明したのである。

おそらく、古代インドの鍛冶職人は、身近なインドの鉄鉱石から錆に強い鉄を得るために気が遠くなるほどの研究を続け、リンを豊富に含んだ「カッシア・アウリキュラータ」（ミミセンナ）を還元剤にする方法に到達したのであろう。それでも、実際はほとんどの鉄が100年単位ですらコンディションを維持することは難しかっただろう。だが、手探りでありながらも保護性錆が成長し得る下地を持った鉄を鍛造し続けたからこそ、※⑯大気と鉄の相性によって「1600年も美しい姿を保つ黒き鉄柱」が生まれ得たのである。漫然と奇跡的な偶然を期待しているだけでは実現し得なかった、大気腐蝕に対する人類の記念すべき初勝利と表現しても大袈裟ではあるまい。

結論としては、古代の技術史に大幅な修正を要求する「真のオーパーツ」ではなかったが、**世にも珍しい古代の耐候性鉄**であり、保護性錆の研究が進むまでは完全決着するはずのない本物の謎だったのである。

（若島利和）

■参考資料：
R. Balasubramaniam『New Insights on the CorrosionResistant Delhi Iron Pillar』(2001)

※⑮黒錆の酸化皮膜に類似した保護性錆
メカニズムが特定できる以前から黒々とした表面錆だけの組成も分析されており、黒錆（マグネタイト）の四酸化三鉄（Fe_3O_4）が67.0%、酸化第一鉄（FeO）が13.1%、リン酸第二鉄（$FePO_4$）1.7%等々の結果が得られている。見た目から予想できるように、黒錆に類似した酸化被膜が鉄柱を保護していることは、鉄柱を調べた専門家にとっては周知であり、鉄柱本体のリンがヒントになっていることも20世紀後半には合意が形成されていたようである。

※⑯大気と鉄の相性
デリーの鉄柱が最初の700年間置かれていた東部のウダヤギリと、無理やり移設されたデリー郊外の環境が、それぞれ保護性錆の成長を促進した可能性も指摘されている。

R. Balasubramaniam『On the corrosion resistance of the Delhi iron pillar』(1999)
M.C.Joshi, S.K.Gupta『King Chandra and the Meharauli Pillar』(Kusumanjali Publications,1989)
Ashok Kumar 他「Ultrasonics International '89 Conference」(1989) ※議事録
『NML Technical Journal』(Vol.5 , 1963)
『CURRENT SCIENCE』Vol.82 2002
R. Balasubramaniam「On the growth kinetics of the protective passive film of the Delhi iron pillar」(2002)
Upinder Singh『Delhi: Ancient History』(Social Science Press, 2007)
R. Balasubramaniam『Story of the Delhi Iron Pillar』(Foundation Books, 2005)
馬淵久夫、富永健『続 考古学のための化学10章』(東京大学出版会、1986年)
中沢護人『鋼の時代』(岩波新書、1969年)
特命リサーチ200X「オーパーツ アショカ・ピラーの謎を追え!」(1990年)
『まてりあ』(37号・6、日本金属学会、1998年)
正橋直哉『金属の魅力をみなおそう 第五回 ステンレス』(「ステンレスの基礎 ものづくり基礎講座」)
ルードウィヒ・ベック、中沢護『鉄の歴史』第一分冊一巻(1968、原著1888)
安彦兼次「極限環境状態における現象」『日経サイエンス』(2000年10月号)
中山武典『放射光・中性子を用いた耐候性鋼のさびの構造解析』(2011年)
中山武典、石川達雄「鉄鋼材料の耐食性改善の人工合成さび実験によるアプローチ」『神戸製鋼技報』(59号、2009年)
平松博之監修「錆に負けない鋼 ―ステンレス鋼」上『モノづくりの原点 科学の世界』(22号、2005年)

33 ミッキーマウスの壁画

【中世のフレスコ画に描かれたあの有名キャラクター】

伝説

2002年、オーストリア南部ケルンテン州のマルタ村にある修復中の教会で、あの世界的に有名な人気キャラクター、ミッキーマウス※①によく似たフレスコ画が発見された。その特徴的な大きな耳は、まさにミッキーマウスである。

ところが、このフレスコ画が描かれたのは、今から700年も前、14世紀のことである。日本では鎌倉時代後期の頃だ。

なぜ、そんな時代にミッキーマウスが描かれているのか。タイムマシンで過去に行ったタイムトラベラーが落書きでもしたのだろうか。それともウォルト・ディズニーは、このフレスコ画をもとにミッキーマウスを創作していたのだろうか。謎は深まるばかりである。

※①ミッキーマウス
ウォルト・ディズニーらが1928年に生み出したキャラクター。円定規と楕円定規で簡単に書けるようにデザインされたとされる。年齢は不明だが、公式設定では、ティーンエイジャーとされている。

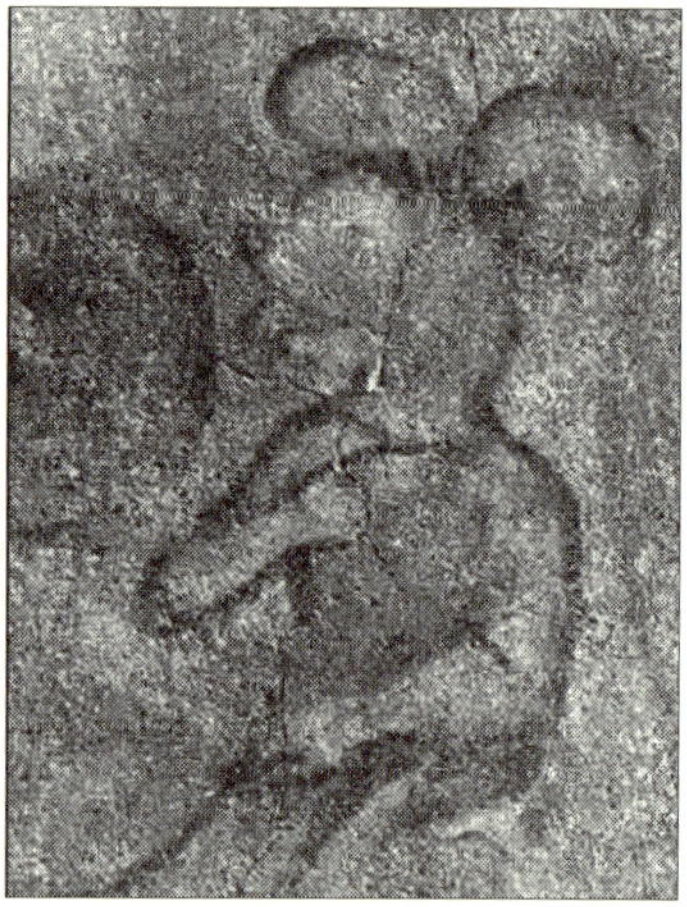
ミッキーマウスらしきものが書かれた問題のフレスコ画（※②）

真相

フレスコ画の写真を見ると確かによく似ている。ミッキーのパクリです、と言われれば、そのまま信じてしまいそうだ。しかし、よく調べてみると、この**フレスコ画のモデルとミッキーは無関係**のようだ。まず発見場所の教会は聖※③クリストファーという聖人をまつっていて、問題のフレスコ画も、この聖人をメインに描かれたものだった。ミッキーらしきものは、聖人の前でひざまずき、見上げるようにして描かれている。

それでは、このミッキーもどきの正体は何か。美術史家、修復家のエドゥアルド・マールクネヒトによれば、**イタチかビーバーの可能性が高い**という。

もともと聖クリストファーは、動物に囲まれて描かれることがあり、なかでも聖人伝説にまつわる川や水に関連した動物が描かれることが多い。

またイタチの場合は、口で妊娠し、耳※④から生まれてくるという中世の伝承がある。1310年～20年頃に書かれた中世の本『The Queen Mary Psalter』（『メアリー女王の詩篇』）には、この伝承が紹介されており、**時代的にもほぼ一致**する。つまり伝承のイタチ

※②画像の出典
「Mouse fresco 'challenges Mickey'」BBC News,15 November, 2002（http://news.bbc.co.uk/2/hi/entertainment/2481749.stm）より。

※③聖クリストファー
クリストフォロスともいう。川の渡し守をしていたとされる。伝説では、ある少年を背負うことになった際、だんだん重くなり、気づくとイエス・キリストになっていたという。キリストは全世界の人々の罪を背負っているので重かったとされる。他の伝説では犬の頭を持った巨漢として描かれることもある。カトリックでは水夫、巡礼者、旅人などの守護聖人。

※④耳から生まれてくる
右耳から生まれればオスで、左耳ならメスになるという。

にとって耳は重要な器官であるため、その**耳を誇張して描いた**絵が、フレスコ画に描かれていたミッキーもどきだったのではないか、ということである。

ちなみに余談ながら、フレスコ画のミッキーもどきの横には、※⑤カモらしき水鳥も描かれている。もしこれをアヒル（白くないが）として見た場合、ミッキーもどきとドナルドもどきのコンビになる。ちょっとした遊びとして見ると、なかなか面白い組み合わせだと思う。

（本城達也）

■参考資料：

Michael Leidig「Mickey Mouse takes a bow in ancient fresco」『The Telegraph』15 Nov 2002（http://www.telegraph.co.uk/news/worldnews/europe/austria/1413293/Mickey-Mouse-takes-a-bow-in-ancient-fresco.html）

「Mouse fresco 'challenges Mickey'」BBC News, 15 November, 2002（http://news.bbc.co.uk/2/hi/entertainment/2481749.stm）

「700-year-old picture of 'Mickey Mouse' found in Austrian church」『Ananova』14 November 2002（http://www.ananova.com/news/story/sm_709660.html）

『The Queen Mary Psalter』British Library, 1310-1320（http://www.bl.uk/manuscripts/FullDisplay.aspx?ref=Royal_MS_2_B_VII）

「700 Hundred Year-Old Mickey!」VillaDirect」（http://www.villadirect.com/vacation-rental-news-guests/700-Year-old-Mickey.html）

須藤隆仙『世界宗教用語大事典』（新人物往来社、２００４年）

※⑤カモらしき水鳥
ミッキーらしき絵のすぐ左に描かれた水鳥。もしかしてドナルドダック？ 画像の出典は、「700 Hundred Year-Old Mickey!」（http://www.villadirect.com/vacation-rental-news-guests/700-Year-old-Mickey.html）より。

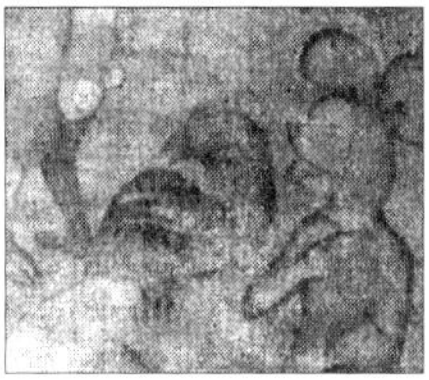

水鳥の絵

34 【マクラウドが明治の日本で見た〝幻想〟】「日猶同祖論」の源流を探る

伝説……

「日猶同祖論」[※①]とは「日本人とユダヤ人のルーツが同じだという」説のことである。

その〝開祖〟とされるのは、日本人ではなく明治維新初期に横浜に来日したスコットランドの商人ノーマン・マックレオドである。マックレオドは、来日すると日本と古代ユダヤとの相似性に気付いて一書を書き、明治8年（1875）に横浜で、あるいは同11年に長崎の日の出書房から英文冊子『日本古代史の縮図』と題して発表したのだ。

本書のなかでマックレオドは、日本の祭式・食物・衣服などの伝統的な行事を調査し、日本人だけが他の東洋人と異なる文化をもっていることを明らかにしている。その理由としてマックレオドは、2500年前のユダヤ人の十二部族のうち〝失われた十部族〟の一つが日本に渡来・居住したと理解すればよく説明がつくと論じたのである。

マックレオドの英文冊子はユダヤ人読者向けに書かれたものだったが、日本では昭和13

※①日猶同祖論（にちゆどうそろん）　かつてイスラエルにいたというユダヤ十二部族のうち、北王国イスラエルがアッシリアに滅ぼされた後に行方がわからなくなった十部族が日本に渡り、日本人のルーツになったとする説。日本の風習とユダヤの風習が似通っていることなどが根拠とされるが、学術的に認められているわけではない。

年（1938）、安江《やすえ》仙弘《のりひろ》と酒井勝軍《かっとき》が大きく紹介したことから、広まったとされる。

真相

●『古代日本史梗概――附日本案内記』成立の背景

N※②・マクラウドの『※③古代日本史梗概《こうがい》――附日本案内記』は、1875年（明治8）に長崎で刊行された。発行所については、標題紙に「the author at the 〝Rising Sun〟 Office, ct. Nagasaki, Japan.」とあるためか、「長崎〝日の出〟書房」「日の出書房」などと訳されているが、そんな版元があったわけではない。同時期に長崎で発行されていた週刊英字新聞（毎週土曜発行）の『Rising Sun & Nagasaki Express（ライジング・サン・アンド・ナガサキ・エクスプレス）』紙（明治3年創刊『The Nagasaki Express』の明治7年改題）の発行所のことである。当時、英文活字を所有した出版社はどこにでもあったわけではなく、ライジング・サン&ナガサキ・エクスプレス社が著者の依頼によって印刷刊行したのが（**すなわち自費出版**）、『古代日本史梗概――附日本案内記』初版

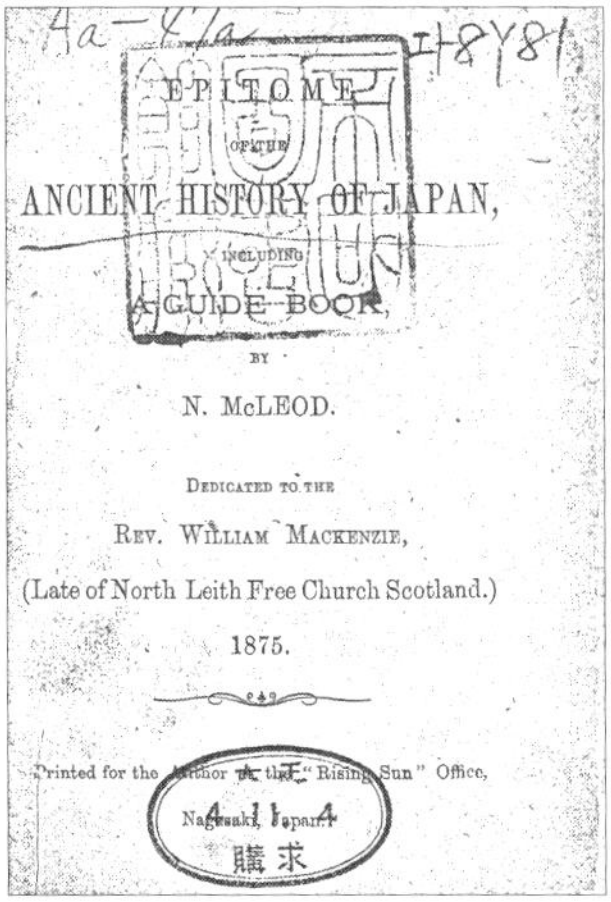
EPITOME
OF THE
ANCIENT HISTORY OF JAPAN,
INCLUDING
A GUIDE BOOK,
BY
N. McLEOD.
DEDICATED TO THE
REV. WILLIAM MACKENZIE,
(Late of North Leith Free Church Scotland.)
1875.
Printed for the Author at the "Rising Sun" Office,
Nagasaki, Japan.

『古代日本史梗概』初版本標題紙（国立国会図書館蔵）

※②N・マクラウド「McLeod」は、「マクレオッド」「マックレオド」などと訳されているが、発音記号からは「マクラウド」のほうがより近いと思われるので（「マクロード」のほうがあるいは近いのかもしれないが）、以下これを使用する。ファースト・ネームについては「ノーマン」「ニコラス」説があり、現段階では確定できない。

※③『古代日本史梗概――附日本案内記』初版原タイトルは〝Epitome of the ancient history of Japan,including a guide book〟であり、「epitome」には比喩的に「縮図」の意味もあるが、『古代日本史梗概――附日本案内記』のほうが内容的にもよりふさわしいと考える。1878年の再版では附録部分（153〜165ページ）が削除され、副題もなくなった。

なのである。このことは、マクラウドが太政大臣・三条実美《さんじょうさねとみ》に宛てた書簡（明治9年4月17日付）に、「長崎表《おもて》ニ在ルライジングソン新聞社中ニ貯《たくわ》へ置候《おきそうろう》」（訳文。国立公文書館蔵）と記していることからも間違いない（傍点引用者）。

マクラウドは『古代日本史梗概』本文でしばしば「ケンペル」に言及しているが、訳本では省略された本来の序文には、「ケンペルの著書と同じく挿絵入り十二巻の発行に先立って印刷されたもの」だ、と言っている。マクラウドは先行研究としてエンゲルベルト・ケンプファー（1651〜1716。以下慣習により「ケンペル」と表記）の遺著『日本誌』（The History of Japan）を目標にしていたのである（1727年イギリスで初刊）。

『日本誌』には、日本人のバビロン起源説が述べられていた（第1章）。このバビロン起源説は、『旧約聖書』の「創世記」11章にあるバベルの塔の物語に基づくものである。ノアの洪水の後、人々はみな、同じ言葉（ヘブライ語）を話していた。バビロンにおいてイスラエル人がレンガとアスファルトで天まで届く塔（いわゆるバベルの塔）を建て始めた。この行為を傲慢ととった神は、人間を懲らしめるため言葉を混乱させた。以後、互いに言葉が通じなくなって世界に散った人々の間には多様な言語が存在するようになったとするのである（**バビロンの言語擾乱**）。ケンペルはこうした聖書的観念に言語学的分析で日本人が中国系でないとする持説を接合して、日本人が遠いバビロンから極東日本までたどり着いたと主張していたのである。※④

マクラウドを日本行に駆り立てたのは、当時流行していた**「英猶同祖論」**かもしれない。

※④ケンペル以前の日猶同祖論
牧健二や工藤雅樹によると、スペインのイエズス会宣教師ペドロ・モレホン（Pedro Mor-ejon、1562〜1639）が、『日本と中国の歴史と通信記事』（1621年刊）のなかで日本人などをユダヤ人の後裔だとする説に反対を表明している。当時、宣教師の間には中国人・韃靼人・日本人をイスラエルの十部族の系統だという考えがあったらしい。井上章一氏もモレホン以降の宣教師の間にもそうした観念が継承されていたことを指摘している（『日本人とキリスト教』）。

日猶同祖論第2の書『朝鮮とイスラエルの失われた十部族』（1879年）でマクラウドは、『我々のイスラエル起源』（1840年）の著者ジョン・ウイルソンや『イングランド――ユダヤの痕跡《レムナント》、そしてエフライムのイスラエル』（1861年）のF・R・A・グラバーに言及している（「ゴグとマゴクの戦い」）。英猶同祖論者には、ドイツ人以外のヨーロッパ諸民族も失われた十部族の末裔だと主張した前掲ウィルソンや、アメリカ人もユダヤ人の子孫と信じたエドワード・ハインのように、実際にアメリカに渡って講演旅行をした人物もあった。マクラウドもケンペルを参考に、英猶同祖論の高揚に触発され、慶応3年（1867）にはるばる極東までイスラエルの失われた十部族探索・実証の旅に出たのではなかったか。※⑤『古代日本史梗概』標題紙に「前北リース・スコットランド自由教会ウイリアム・マッケンジイ尊師に捧げる」との献辞があるところからすると、宗教的動機もあったのではないだろうか（マクラウドは無所属の宣教師だったとされる）。

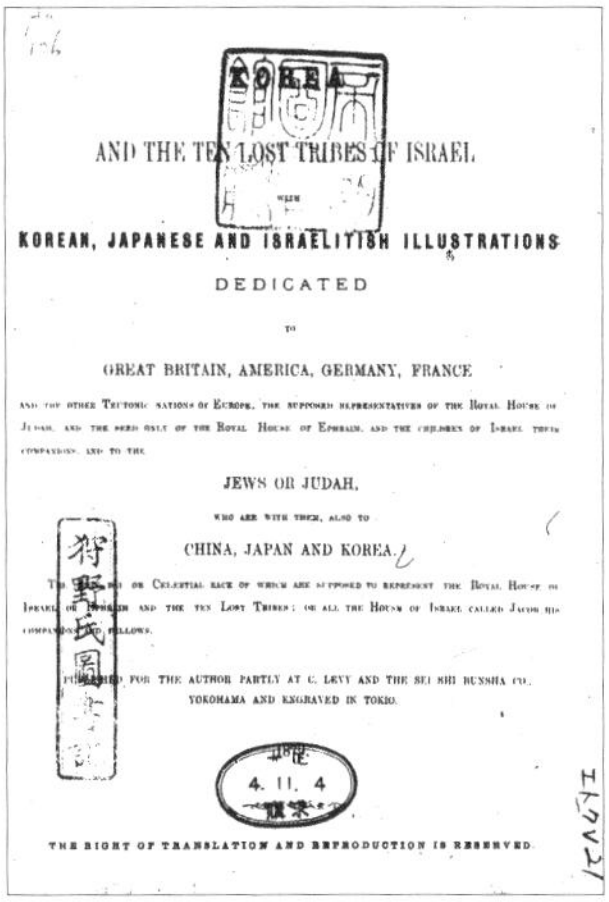
KOREA
AND THE TEN LOST TRIBES OF ISRAEL
WITH
KOREAN, JAPANESE AND ISRAELITISH ILLUSTRATIONS
DEDICATED
TO
GREAT BRITAIN, AMERICA, GERMANY, FRANCE
AND THE OTHER TEUTONIC NATIONS OF EUROPE, THE SUPPOSED REPRESENTATIVES OF THE ROYAL HOUSE OF JUDAH, AND THE SEED ONLY OF THE ROYAL HOUSE OF EPHRAIM, AND THE CHILDREN OF ISRAEL THEIR COMPANIONS, AND TO THE
JEWS OR JUDAH,
WHO ARE WITH THEM, ALSO TO
CHINA, JAPAN AND KOREA.
OR CELESTIAL RACE OF WHICH ARE SUPPOSED TO REPRESENT THE ROYAL HOUSE OF ISRAEL OF EPHRAIM AND THE TEN LOST TRIBES; OR ALL THE HOUSE OF ISRAEL CALLED JACOB HIS COMPANIONS AND FELLOWS.
PUBLISHED FOR THE AUTHOR PARTLY AT C. LEVY AND THE SEI SHI BUNSHA CO.
YOKOHAMA AND ENGRAVED IN TOKIO.
THE RIGHT OF TRANSLATION AND REPRODUCTION IS RESERVED.

『朝鮮とイスラエルの失われた十部族』標題紙（国立国会図書館蔵）

●マクラウドの「日猶同祖論」

『古代日本史梗概』の核心は、日本列島には、①アイヌ（北方ユーラシア原住民）、②矮人（南島オーストロネシア原住民）、③ヘブライ（ユダヤ）の三大民族が渡来し

※⑤マクラウドの経歴
来日前のマクラウドにはニシン漁師・ニシンの缶詰工場勤務説があるが、自身はロシア・ポーランド・フランス・ドイツやロンドン金融街での生活体験があったとする。慶応3年（1867）長崎に来日後、神戸を経て大阪で起業し、明治13年（1880）には横浜居留地28番（本町通り側）で美術骨董商となり、「ヨコハマ・キュリオ・マート」を開業した。2つの私塾を開いていたという。明治22年に出国し香港へ去ったという説と宣教師として日本で人生を終えたという2説がある。

ていたと考えるところにある（これ以外に少数派の朝鮮人と黒人がいたとする）。そのうちの③のヘブライ（ユダヤ）民族が、神武天皇に率いられてパレスチナから渡来した**「イスラエルの失われた十部族」**だというのだ。※⑥

マクラウドは日本列島の三大民族を『旧約聖書』（創世記第9章）の預言に見える、①ヤペテの子孫＝アイヌ、②ハム（カナンの民）の子孫＝矮人族、③セムの子孫＝ヘブライ（ユダヤ）民族に比定する。〝バビロンの言語攪乱〟からそう遠くない時期に、アイヌが渡来し、同じ頃に南方のマレー半島近辺から渡来した矮人族を従えていた。多数派のアイヌは日本列島の広範囲に拡散していった。ホセア王（日本の忍《おし》穂《ほ》耳尊《みみのみこと》で、「創世記」のイサク）の代にイスラエルがアッシリアに滅ぼされたがバビロン捕囚後、神武天皇に率いられたヘブライ（ユダヤ）民族はイランにあったメディア王国の都エクバタナから東方に遠征し、朝鮮にたどり着き、1つのグループは中国にもう1つのグループが日本に上陸した（エクバタナから1年半ほどの行軍を経て、日本にたどりついたという）。アッシリアとメディアの武器で完全武装した神武軍は、鹿児島県浜之市に上陸して本州中央を制し、各地のアイヌを支配下に組み込んでいったとする。

マクラウドはこうした仮説を来日以来の調査旅行※⑦（北は蝦夷《えぞ》地〈北海道〉から南は鹿児島まで訪れたらしい）による見聞や神社・古墳調査、入手した文献（『古事記』『吾妻鏡』や骨董店で購入した絵巻・三巻の御陵本・神代文字の本、肖像写真類など）によって日本の習俗・儀礼・神道・祭礼・武器・道徳や日本人の容貌（上流階級と庶民の違い）などを根拠に、

※⑥マクラウドの説
マクラウドは十部族が再編されて九部族となり、エフライム（天皇家の子孫）とマナセ（公家の子孫）、それにルベン（薩摩の武士）の三部族は確実で、他の六部族も日本に渡来していたと考えていた。

※⑦調査旅行
マクラウドは北海道でアイヌの道具や習俗を観察し、戸太山寺ではマナセの子孫である平家の末裔を探索。京都では京都博覧会や剣舞、大原の住民を見学し、奈良・大阪では古墳を調査。奈良では日葉酢媛古墳（狭木之寺間陵）を〝発見〟したという。宮崎では鵜戸神宮・天皇陵・青島を訪れ、鹿児島ではルベン（薩摩武士）を目撃し、霧島神宮を調査。黒人の矮人族を九州最南端で〝発見〟している。

ユダヤとの共通性を見出すことで証明しようと努めるのだ（外国人の内地旅行が制限されていた時代であり、大変な労力を費やしたと思われる）。

マクラウドは明治5年（1872）6月4日、第一回京都博覧会[※⑧]を訪れて大阪に向かう明治天皇と側近の容貌を伏見で実見することで、天皇家がユダヤ人の末裔であることを確信したようだ（『あなたの知らない京都府の歴史』）。

マクラウドは**「随行員は全員がユダヤ人の顔つき」**をしていたが、明治天皇は随行員の誰とも似ておらず、ワルシャワやペテルスブルクのユダヤ人銀行家である**「フォン・エプスタイン家の人々によく似ていた」**と記している。

ただし、エプスタイン家の人々の絵を別著『古代日本史梗概」のための挿絵集』（1977年）に載せるわけでもなく、客観性に乏しい。伏見宮を「皇族の中でも一番イスラエル的な顔立ち」で、豊臣秀吉にヘブライ民族の血が流れており徳川将軍はアイヌ系というのも、写真やどれだけ本人に似ていたか証明のしようもない**肖像画を見た個人的印象**でしかない。神代文字と

「ユダヤ人のタイプ」とされた日本人の絵（『「古代日本史梗概」のための挿絵集』初版本より。国立国会図書館蔵、次ページ画像も）

※⑧第一回京都博覧会　明治5年（1872）3月10日から5月30日までの80日間京都で開催された博覧会。西本願寺・建仁寺・知恩院が会場となった。入場数の伸び悩みのため、当初の4月晦日までの会期が30日間延長され、九州巡幸途次の明治天皇臨幸が嘆願された（6月2日臨幸）。それでも入場者数は3万9403人にしかならなかった。外国人の入京制限が緩和されたため、外国人770人の来場者があった。マクラウドはその1人となったようだ。

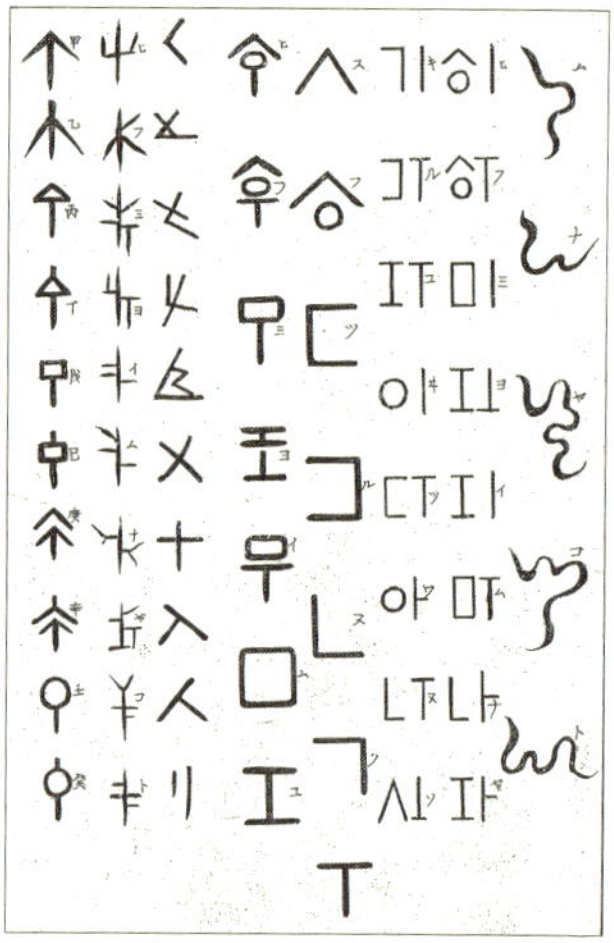

「日本で見出されたニネヴァ、バビロン、メディアの古代文字」（『「古代日本史梗概」のための挿絵集』初版本より）

ニネヴェやバビロンの楔形文字との類似説についても、マクラウドの『挿絵集』には幕末に刊行された『神字日文伝』からと思しき日本の文字しか載せておらず、なんとも判断できない。マクラウドの著作は、当時の来日外国人の見聞・印象記としては面白いが、**実証的とは言い難い**のである。

●マクラウドは日本人に読まれていたか？

『古代日本史梗概』は「大部分は翻訳して日本人向けに発行すべく、その視点で書かれている」（序文）が、初版2000部刷られながら、「間諜による汚損事件」[※⑨]によって実際にどのくらい流通したかさだかではない（マクラウドの店だけでなく、横浜・東京の本屋でも売られていた）。明治11年に再版されたものの、日本人にどの程度読まれていたかもよく分かっていない。明治15年から分冊形式で始まった『旧約聖書』の日本語訳完成は明治20年の大晦日になってからであり（明治元訳）、日本人には**マクラウド説を受け入れる素地がそもそもなかった**。また英語が理解できる日本人が少なかった上に、マクラウドの日本語表記が**ヘボン式（1867年以降）が一般化していない時期の恣意的なローマ字綴り**のた

※⑨間諜による汚損事件
明治8年（1875）後半から翌年初めに起こったと考えられるが、マクラウドの三条実美ら政府要人に訴えた手紙（訳文）しか見いだせず、詳細は判明しない。マクラウドは『古代日本史梗概』を「ライジングソン新聞社」に預けていたところ「印刷局雇ノ日本人

めに、読解に忍耐を強いられる側面もあった。

日本人で最初にマクラウド説に言及したのは歴史学者の三宅米吉《みやけよねきち》だろう。『日本史学提要』（普及舎、明治19年4月）で、熊襲《くまそ》・隼人《はやと》が「マレー種または黒人」だという持説の傍証にしている。以後も森三渓《さんけい》（貞二郎）・井上哲次郎《てつじろう》・菅菊太郎・宮武外骨《みやたけがいこつ》などがマクラウド説に言及しているものの、宮武を除いて「人類学」の流れでの言及にすぎない。

マクラウド説を「昭和十三年（１９３８）、安江仙弘と酒井勝軍が大きく紹介した」というのは赤間剛の指摘だが、そうした事実はない。「日猶同祖論」というと頻繁に引照される佐伯好郎《さえきよしろう》「太秦《うずまさ》（禹豆麻佐《うずまさ》）を論ず」（『歴史地理』明治41年1月）は、マクラウドに一切言及することはなく、日本人で初めて「日猶同祖論」を唱えたとされる小谷部全一郎《おやべぜんいちろう》『日本及日本国民之起源』（厚生閣、昭和4年）にしても、「英猶同祖論」の影響を受けているものの、マクラウドにはまったく関説していない。

したがって、マクラウド説はいったん忘れ去られ、**新たに提起されたのが今日まで続く「日猶同祖論」であり、マクラウド説は戦後「復権」を遂げたもの**なのである。

しかもその復活は、南ア在住の**オランダ系ユダヤ人**医学博士Ｓ・Ｅ・スペールマンが昭和33年に小林正之早稲田大教授に「日猶同祖論」研究を依頼する長文の手紙を寄せたことに始まる。この手紙の紹介文に**マクラウドの名前が挙げられたのだ**（「ユダヤ研究遺聞」『日本経済新聞』昭和36年1月25日付）。

ついで、昭和50年にユダヤ人ラビのトケイヤーの『**ユダヤと日本　謎の古代史**』が翻訳刊

則チ間諜」が「悉ク汚損」したと主張している。裏付けるように、初版本の残存数は極めて少ない。正院高官の三条らが「密偵」を使い、反政府運動やキリスト者らを内偵していた事実もあるが、「印刷局」（明治8年に廃された「正院印書局」か？）もそうした活動を行っていたかは分からない。

行されることで、マクラウド説がクローズアップされることになったのである。

（藤野七穂）

■参考文献：

多数の文献を参照したが、ここではマクラウドの原書以外の主なものを掲載した。

〝Jews in the Japanese Mind：The History and Uses of a Cultural Stereotype〟by David G. Goodman, Masanori Miyazawa：Lexington Books, 1995

〝A collector's guide to books on Japan in English：a select list of over 2500 titles〟compiled and annotated by Joseph Rogala.Richmond, Surrey：Japan Library, 2001.

マクラウド『日本古史』（写本。落合直澄旧蔵）

エンヌ・マクレヲド（平井希昌訳・註）『日本畧誌巻之二』（写本。国立公文書館蔵）

杉田六一『東アジアへ来たユダヤ人』（音羽書房、1967年）

牧健二『西洋人の見た日本史』（清水弘文堂書房、1968年）

マーヴィン・トケィヤー（箱崎総一訳）『ユダヤと日本　謎の古代史』（産業能率大学出版部、1975年）

寺岡寿一編『明治初期の在留外人人名録』明治初期歴史文献資料集第3集別冊〈寺岡書洞、1978年〉

工藤雅樹『研究史日本人種論』（吉川弘文館、1979年）

『明治政府翻訳草稿類纂第三十六巻　翻訳集成2』（ゆまに書房、1986年）

高橋良典編著『日本とユダヤ　謎の三千年史』（自由国民社、1987年）

『別冊歴史読本』第18巻第21号「ユダヤ／ナチス」（新人物往来社、1993年7月）

ハロルド・S・ウィリアムズ（西村充夫訳）『ミカドの国の外国人』（近代文藝社、1994年）

エンゲルベルト・ケンペル（今井正訳）『新版 改訂・増補日本誌〈1〉―日本の歴史と紀行』（霞ケ関出版、2001年）
津城寛文『〈公共宗教〉の光と影』（春秋社、2005年）
ポール・ジョンソン『ユダヤ人の歴史［古代・中世篇］』（徳間書店、2006年）
白旗洋三郎編『海外日本像集成 第3冊：1878〜1880』（国際日本文化研究センター、2013年3月）
井上章一『日本人とキリスト教』（筑摩書房、2013年）
赤間剛「謀略の時代（Ⅱ）ユダヤ・キリスト伝説と日本軍国主義の謎」『月刊ペン』1977年6月号（月刊ペン社、1977年6月）
伊藤久子「「世界漫遊家たちのニッポン」展示余話」『開港のひろば』第54号（〈財〉横浜開港資料普及協会、1996年10月）
拙稿「N・マクラウドが見た明治天皇の顔は？」『あなたの知らない京都府の歴史』（洋泉社、2014年）

【おわりに】
現代に復活した口裂け女

ＡＳＩＯＳ代表　本城達也

ある日の夕方、４時30分頃のことです。

「ウフフフフ、私きれい？」

公園で小学生の女児３人が遊んでいたところ、見知らぬ女性が近づいてきました。すると、いきなり先のように声をかけ、追いかけてきたといいます。その女性は腰くらいまでの長い黒髪、白色の上着と紺色のスカートを着用し、マスクで鼻から下を覆っていたそうです。典型的な口裂け女の話に見えますね。

実はこれ、30年以上前の話ではなく、２０１２年９月５日に、鹿児島県慈眼寺の公園で起きた話です。そう、口裂け女の伝説は現代に復活していたのです。これは放っておくわけにはいきません。

私は２０１２年11月、慈眼寺に向かいました。現地に出向き、直接、情報を記録しておきたいと思ったのです。慈眼寺では地元の人たちに話を聞けました。

すると意外だったのは、大人は口裂け女の騒ぎがあったことを知らない人がほとんどだったことです。ところが現場となった公園へ行き、そのそばにある小学校の近くで子どもたちに話を聞いてみると、こちらは大反響。子どもたちはみんな知っていたのです。「白いブラウスに紺色のスカートをはいていた」、「赤い洋服を着ていた」、「男の子3人が声をかけられたよ」「公園の近くのお墓にも現れたんだ」、「アメをくれるよ」などなど、バラエティに富んだ話が飛び交います。

しかし残念ながら、誰に聞いても直接目撃したという子は見つかりません。けれども校長にもお会いすることができ、次のお話を伺うことができました。

「なんでも公園で遊んでいた女児に声をかけ、逃げたら追いかけ回したそうです。その子たちの保護者からこちらへ連絡があり、事が事なので警察へ通報したという次第なんです」

実は、もともと今回の話は、鹿児島県警が配信する「県警あんしんメール」で紹介されたことで、一般にも知られたのでした。校長によれば、事の発端になった声かけ事案は実際にあったといいます。

私は鹿児島県警にも問い合わせてみましたが、確かに知られているとおりの通報があったことは事実だということが確認できました。ただし類似の事案というのは他にはなく、子どもたちが他に話していたようなことは把握していないとのことでした。

それでは、今回の口裂け女の正体は何だったのでしょうか。子どもたちから聞いた話の中には、慈眼寺の口裂け女の正体が「男子高校生で警察に捕まった」というものもありました。

けれども鹿児島県警はそのような事実はないとしています。通報があった不審者女性はまだ発見されていないそうです。

もともと鹿児島の事例では、口裂け女とされた人物はマスクを外していませんでした。この人物はイタズラのつもりで口裂け女のマネをしてみたのかもしれません。

その結果、行動パターンが口裂け女そっくりだったことから、子どもたちの間で一気に口裂け女の噂が広まった可能性も考えられます。

いずれにしても鹿児島で噂になった口裂け女は姿を消したままです。彼女はいまどうしているのでしょう。今回、印象的だったのは、口裂け女について話をする子どもたちの顔が、とても生き生きとしていたことでした。あの子たちの思い出の中では、これからも口裂け女伝説は生き続けていくのかもしれません。

執筆者紹介

（50音順）

◎ASIOS（アシオス）
2007年に発足した超常現象などを懐疑的に調査していく団体。団体名は「Association for Skeptical Investigation of Supernatural」（超常現象の懐疑的調査のための会）の略。超常現象の話題が好きで、事実や真相に強い興味があり、手間をかけた調査を行える少数の人材によって構成されている。主な著書に『謎解き超常現象Ⅰ～Ⅲ』『謎解き超科学』（彩図社）、『検証　陰謀論はどこまで真実か』『検証　予言はどこまで当たるのか』（文芸社）などがある。公式サイトのアドレスは、http://www.asios.org/

●加門正一（かもん・しょういち）
国立大学名誉教授。専門は光シミュレーション工学。専門学会で研究会委員長。論文編集委員等を歴任。電子情報通信学会フェロー。大学では専門科目の研究教育の外に教養科目で懐疑思考（Skeptical Thinking）を講義。その教材収集として超常現象の科学的調査にもいそしんだ。著書『江戸「うつろ舟」ミステリー』（楽工社）、共著『トンデモ超常現象56の真相』（楽工社）、『新・トンデモ超常現象60の真相』（彩図社）などがある。

●ナカイサヤカ（なかい・さやか）
1959年生まれ。慶応大学大学院修士課程を考古学で修了後、発掘調査員を経て現在は翻訳者／通訳。ASIOSでは主に翻訳を担当する。翻訳書：絵本『ティラノサウルス・レックス』、『探し絵ツアー　1～9』（いずれも文溪堂）、『超常現象を科学にした男』（紀伊國屋書店）など。最近は女性の常識となってしまっている怪しい話に取り組んでいる。

●羽仁礼（はに・れい）
1957年広島県生まれ。ASIOS創設会員。PSI（一般社団法人潜在科学研究所）主任研究員。著書に『超常現象大事典』（成甲書房）、『図解近代魔術』、『図解西洋占星術』（新紀元社）他がある。

●原田実（はらだ・みのる）
1961年広島市生まれ。古代史・偽史研究家。と学会会員。

著書『トンデモ偽史の世界』(楽工社)、『日本の神々をサブカル世界に大追跡』(ビイング・ネット・プレス)、『もののけの正体』(新潮新書)、『トンデモ日本史の真相・史跡お宝編』、『トンデモ日本史の真相・人物伝承編』(文芸社文庫)、『つくられる古代史』(新人物往来社)、『江戸しぐさの正体』(星海社新書)他。ホームページ「原田実の幻想研究室」(http://www8.ocn.ne.jp/~douji/index.htm)

●藤野七穂(ふじの・なほ)
1962年生まれ。偽史ウォッチャー。J・チャーチワード愛好家。『上津文』『竹内文献』『宮下文献』をはじめとする「偽史」の流布・受容論をフィールドとする。共著に『歴史を変えた偽書』(ジャパンミックス)、『検証 陰謀論はどこまで真実か』(文芸社)、『謎解き古代文明』(彩図社)。論稿に「現伝〝和田家文書〟の史料的価値について」「『偽書』銘々伝」「『古史古伝』未解決の噂」など。現在、連載稿『偽史源流行』の単行本化のため本気で筆入れ中。

●本城達也(ほんじょう・たつや)
1979年生まれ。ウェブサイト「超常現象の謎解き」(http://www.nazotoki.com/)の運営者。2005年より超常現象の各ジャンルの個別事例を取り上げ、その謎解きを行っていくサイトを運営。2007年からはASIOSの発起人としてその代表も務める。超常現象の真相を懐疑的なスタンスで調べることがライフワーク。

●皆神龍太郎(みなかみ・りゅうたろう)
1958年生まれ。疑似科学ウォッチャー。超常現象やニセ科学と呼ばれるものの事実について、調査、発表するのが趣味。近著に『iPadでつくる『究極の電子書斎』蔵書はすべてデジタル化しなさい!』(講談社プラスアルファ新書)。『検証 陰謀論はどこまで真実か』(文芸社)、『トンデモ超能力入門』(楽工社)、『謎解き超常現象』シリーズ(彩図社)など著書、共著多数。

●山本弘(やまもと・ひろし)
1956年生まれ。SF作家。主な作品に『神は沈黙せず』『アイの物語』『詩羽のいる街』(以上、角川書店)、『MM9』(東京創元社)、『地球移動作戦』(早川書房)、『去年はいい年になるだろう』(PHP)など。他にも子供向けのスケプティック本『超能力番組を10倍楽しむ本』、『ニセ科学を10倍楽しむ本』(以上、楽工社)を出している。ホームページ「山本弘のSF秘密基地」(http://homepage3.nifty.com/hirorin/)

●横山雅司(よこやま・まさし)
イラストレーター、ライター、漫画原作者。ASIOSではUMA担当。イヌ派かネコ派か聞かれると、自分の中では同じ肉食性哺乳類で同じカテゴリーなので返答に困る動物オタク。『極限世界のいきものたち』、『憧れの「野生動物」飼育読本』（ともに彩図社）好評発売中。

●若島利和（わかしま・としかず）
ＡＳＩＯＳ創立時副会長、２００９年から客員に移行。個人サイト「懐疑論者の祈り」を運営。２０１１年に重篤な若年性脳梗塞で入院後、奇跡的なレベルで回復したが半隠居中。現在、ＡＳＩＯＳの羽仁、本城、若島美穂が所属するＰＳＩ（一般社団法人潜在科学研究所）の事務局長を務め、超常現象とされる主張の信頼度を査定し、国内外の関連情報を収集整理している。

【特別寄稿】

●ロバート・バーソロミュー（Robert Bartholomew）
超常現象に関する言説を専門とするアメリカの医学社会学者。シャンプレーン湖畔で「チャンプ」の話を聞きながら育った。１９９７年にはジョー・ザルジンスキーが率いた最初の組織的なチャンプ探索隊にメンバーとして参加。著書は『チャンプの秘められた物語：アメリカのネッシーの社会史』（ニューヨーク州立大学出版、２０１２年）ほか多数。現在はニュージーランド・サウスオークランドのボタニーダウンズ高校で歴史と社会科を教えている。（e-mail: rebartholomew@yahoo.com）

【カバー写真】
［表1］
上段左：デリーの鉄柱（©f9photos ／ Shatterstock）
上段中：モアイ（©Leksele / Shatterstock）
上段右：東京スカイツリー（©Nonchai / Shatterstock）
下段右から2枚目：バミューダ・トライアングル
（©Anton Balazh / Shatterstock）
［背］
上画像：アダムスキー型円盤（©Victor Habbick ／ Shatterstock）
下画像：モアイ（©Leksele / Shatterstock）

著者紹介

ASIOS（アシオス）

2007年に日本で設立された超常現象などを懐疑的に調査していく団体。名称は「Association for Skeptical Investigation of Supernatural」（超常現象の懐疑的調査のための会）の略。海外の団体とも交流を持ち、英語圏への情報発信も行う。メンバーは超常現象の話題が好きで、事実や真相に強い興味があり、手間をかけた懐疑的な調査を行える少数の人材によって構成されている。

公式サイトのアドレスは、http://www.asios.org/

謎《なぞ》解《と》き 超常現象《ちょうじょうげんしょう》Ⅳ

平成27年1月22日　第1刷

著　者　ASIOS

発行人　山田有司

発行所　株式会社　彩図社
東京都豊島区南大塚3-24-4
MTビル　〒170-0005
TEL：03-5985-8213　FAX：03-5985-8224

印刷所　新灯印刷株式会社

URL http://www.saiz.co.jp　携帯サイト http://saiz.co.jp/k →

　ISBN978-4-8013-0050-7 C0076